本书是以下项目的研究成果：

1. 2020年度教育部人文社会科学研究专项任务项目（高校辅导员研究）"基于VR技术的社会主义核心价值观认同教育研究"（项目批准号：20JDSZ3118）

2. 2017年宁波大学教研重点项目"在线课程与翻转课堂教学研究"（项目编号：jyxmxzd1738）

3. 2018年宁波市高等学校思想政治教育研究会（重点资助）项目"基于VR技术的思政课教学模式探索"（项目编号：SGXSZ18002）

4. 宁波大学科研基金（思政专项）"基于VR技术的高校思想政治教育工作研究"（项目编号：XS19008）

5. 2019年度浙江省省级虚拟仿真实验教学项目"美育与思政教育虚拟仿真实验"

6. 2019年浙江省教育厅大学生思想政治教育专项"基于VR技术的高校思想政治教育研究"（项目编号：Y201941375）

新媒体视阈下基于VR技术的思想政治教育研究

于丽丽 著

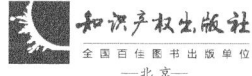

知识产权出版社
全国百佳图书出版单位
—北京—

图书在版编目(CIP)数据

新媒体视阈下基于VR技术的思想政治教育研究/于丽丽著.—北京：知识产权出版社，2020.7
ISBN 978-7-5130-7011-9

Ⅰ.①新… Ⅱ.①于… Ⅲ.①虚拟现实-应用-思想政治教育-研究-中国 Ⅳ.①D64-39

中国版本图书馆CIP数据核字（2020）第107484号

内容提要

本书对新媒体与VR技术的关系进行概述，分析基于VR技术的思想政治教育的内容和建设现状及基于VR技术的思想政治教育的相关案例，研究基于VR技术的思想政治教育的指导思想和原则，研究基于VR技术的思想政治教育的学科基础和基本要求，论述基于VR技术的思想政治教育的路径探索，从将VR技术运用于思政课教学中、将VR技术运用于美育+思想政治教育中、将VR技术运用于红色文化主题教育场馆中来阐释新媒体视阈下VR技术与思想政治教育相融合的重要意义。

责任编辑：李海波　　　　　责任印制：孙婷婷

新媒体视阈下基于VR技术的思想政治教育研究
XINMEITI SHIYU XIA JIYU VR JISHU DE SIXIANG ZHENGZHI JIAOYU YANJIU

于丽丽　著

出版发行：知识产权出版社 有限责任公司	网　　址：http://www.ipph.cn
电　　话：010—82004826	http://www.laichushu.com
社　　址：北京市海淀区气象路50号院	邮　　编：100081
责编电话：010—82000860转8582	责编邮箱：lihaibo@cnipr.com
发行电话：010—82000860转8101	发行传真：010—82000893
印　　刷：北京九州迅驰传媒文化有限公司	经　　销：各大网上书店、新华书店及相关专业书店
开　　本：720mm×1000mm　1/16	印　　张：14
版　　次：2020年7月第1版	印　　次：2020年7月第1次印刷
字　　数：230千字	定　　价：68.00元
ISBN 978-7-5130-7011-9	

出版权专有　侵权必究

如有印装质量问题，本社负责调换。

前　言

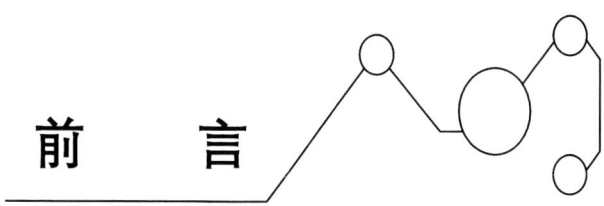

5G及人工智能的发展，使新媒体正在揭开时代变迁的新篇章，VR技术同时具备的沉浸感、多感知性、交互性、构想性与自主性等一系列优势，使其被不同的产业竞相采用。随着5G技术的普及，VR本身受网络的限制越来越淡化，其让新媒体的内容和应用从浅层到深度，从现场到全貌，从单时空到跨时空。VR技术作为一项前沿技术，基于适应未来教育发展需求的目的，其在教育领域的应用越来越广泛深入，对高等教育的变革可以带来积极的影响，其应用发展情况受到了高校的关注和重视。

新媒体视阈下高校思想政治教育存在不适应性，VR技术的应用对加强高校思想政治教育新阵地、新平台、新载体建设，实现"以生为本"的创新思想政治教育模式，提升思想政治教育工作对青年学生的影响力、吸引力研究，具有重要意义。科学技术日新月异，生活方式正经历着信息化变革，并且影响着人们的逻辑思维和学习方式，同信息技术相融合是思想政治教育适应时代发展的必然要求，也是有效服务于党和国家事业发展的内在需要。随着教育形式的多样化及前沿信息技术在教育领域的深入应用，"VR+教育"的显著优势，推动越来越多的教育学者通过重塑学习方式回归教育本质，对思想政治教育的改革产生了深远的影响。

习近平总书记强调："网络空间是亿万民众共同的精神家园。网络空间天朗气清、生态良好，符合人民利益。网络空间乌烟瘴气、生态恶化，不符合人民利益。"我们要本着对社会负责、对人民负责的态度，为广大网民特别是青少年营造一个风清气正的网络空间。5G网络到来后，VR技术这把"双刃剑"与网络技术将呈现密不可分的蓬勃发展趋势。我们可以提前在VR教育中布局，净化环境，营建网络良好生态，抵制和克服VR技术发展可能带来的消极影响，充分发挥其在思想政治教育中的积极作用，正面引导，同时防患于未然，规避VR技术发展带来的负面影响，实现思想政治教育的有效性。

可见，基于VR技术的思想政治教育研究，为思想政治教育的发展带来了巨大的机遇和挑战。它可以辅助思想政治教育尝试基于VR技术的新模式，使受教育者在教育过程中实现"知情意行"统一，走出一条创新之路。同时，推进VR技术在教育领域的应用，不仅为国家、地方政府、各行各业乃至个人"VR+教育"模式提供蓝本，也为现代化教育的发展提供理论依据和实践参照。因此，在对基于VR技术的思想政治教育进行思考与研究的基础上，在2020年度教育部人文社会科学研究专项任务项目（高校辅导员研究）"基于VR技术的社会主义核心价值观认同教育研究"、2019年度浙江省省级虚拟仿真实验教学项目"美育与思政教育虚拟仿真实验"等研究项目的资助下，我们撰写了本书。本书整体架构与思路、各章节的具体内容如下。

第一章主要是对基于VR技术的思想政治教育面临的机遇和挑战进行了梳理。首先，分析新媒体与VR技术的关系，阐释了VR技术的定义及其沉浸性、多感知性、交互性、构想性、自主性等特征。其次，探讨了新媒体视阈下基于VR技术的思想政治教育研究的背景和意义，即5G网络的到来，"VR+"蓬勃发展，在国家政策的支持下，VR技术越来越多地应用于我国的教育教学，对我国的思想政治教育具有重要的意义。最后，通过国内外研究现状的介绍，指出了本研究具有前沿性、创新性和新颖性，有较高的研究价值。

第二章主要通过新媒体视阈下思想政治教育的实现，分析指出传统的思想政治教育载体出现了一些不适应性，通过新媒体进行思想政治教育的有效途径，可以避免和解决这些不适应性。同时，论证了新媒体带给思想政治教育的挑战和机遇，以及把新媒体建成大学生思想政治教育新载体的必要性、可行性与有效途径，具有重要的现实意义。

第三章基于VR技术的思想政治教育的内容和建设现状是全书的重点。首先，对基于VR技术的思想政治教育的内容进行诠释。阐述了VR技术条件下高校思想政治教育的发展机遇、面临的挑战，尤其强调了VR技术特征与高校思想政治教育融合的契合性。用VR技术条件下高校思想政治教育的相关理论进行支持，提出了基于VR技术的高校思想政治教育的组织架构，构建的双向互动的立体化思想政治教育模式是一个深度学习场域模型。该立体化思想政治教育模式模型，是由一个基石（以情境模块、交互模块、体验模块、反思模块、提升模块为核心的学习空间塔），一个内核（学生投入），三个支持点（教师、技术人员、需求转化工具）五个模块组成的开放型学习场，模型内各组成要素之间协调互助，实现深度学习。然后进一步指出了基于VR技术的高校思想政治教育的优化策略，基于VR技术的高校思想政治教育与传统教育模式相结合的必要性。其次，就国内基于VR技术的思想政治教育的成功案例进行列举和分析，从而得到VR技术应用于思想政治教育方面的一些经验，为国内相关教育改革提供借鉴。最后，进行了基于VR技术的思想政治教育的现状分析，该节是笔者指导两名学生葛世聪、杨星宇完成的，虽然文字表述上还有继续完善的空间，但科研精神是谨慎的，问卷数据是真实可用的。

第四章主要针对基于VR技术的思想政治教育的指导思想和原则进行了探讨。首先，论述了基于VR技术的思想政治教育应遵循的指导思想主要包括马克思主义经典作家的相关重要论述、毛泽东思想的相关重要论述、中国特色社会主义理论体系的相关重要论述、习近平新时代中国特色社会主义思想的相关重要论述等。其次，把基于VR技术的思想政治教育的原则归纳为："以生为本"，协调发展原则；科学借鉴，结合实际原则；整体把握，循序渐进原则；政府主导，全社会参与原则；注重引导，显性隐性结合原则；实践检验，注重实效原则等。

第五章主要探讨了基于VR技术的思想政治教育的学科基础。首先，论述了思想政治教育学的相关原理，指出思想政治教育学是在马克思主义理论指导下，研究教育对象的思想品德的形成与发展、思想政治教育现象及其发展规律的一门具有鲜明中国特色的社会应用科学，其建立在综合运用多门学科的理论和方法并总结丰富实践经验的基础上。其次，探讨了思想政治教育学的相关方法，如理论灌输法、情感教育法、实践锻炼法、榜样示范法、自我教育法、因材施教法等。思想政治教育方法坚持在继承中发展，不断适应时代的发展，在新媒体的环境下也会存在不同学科间的教育方法交叉使用的情况，但其遵循的前提仍然是"以生为本"。

第六章也是本书的重点章节，主要论述了基于VR技术的思想政治教育的路径。第一节论述的路径是，将 VR 技术运用于思政课教学中。介绍了将 VR 技术运用于思政课教学的现实需要，VR 教学在思政课上应用的优越性，基于 VR 技术的高校思政课教学的组织建构及原理，VR 技术在高校思政课中的作用及基于 VR 技术的高校思政课教学模式与传统教学模式相结合的必要性。第二节论述的路径是，将 VR 技术运用于美育+思想政治教育中，涵盖高校开展美育的功能及基本任务、将 VR 技术应用于美育+思想政治教育的意义、将 VR 技术运用于美育+思想政治教育中的必要性和可行性，最后通过将 VR 技术应用于美育+思想政治教育的案例进行分析。第三节论述的路径是，将 VR 技术运用于红色文化主题教育场馆中。首先，阐述了建设红色文化主题教育场馆的意义、背景；其次，论证了将 VR 技术运用于红色文化主题教育场馆的必要性和可行性；最后，讨论了将 VR 技术运用于红色文化主题教育场馆的策略。

  本书在撰写过程中参阅了大量的文献，在此对这些文献的作者表示谢意。新媒体视阈下 VR 技术对思想政治教育带来的影响将是巨大而深远的，笔者的认识和研究还存在一定的局限性和不足，如有不妥之处，敬请读者批评指正。

目 录

第一章 基于VR技术的思想政治教育面临的机遇和挑战 ………… 1

第一节 新媒体与VR技术的关系 ………… 1
一、新媒体概述 ………… 1
二、VR技术概述 ………… 7
三、VR技术对新媒体的改变 ………… 15

第二节 新媒体视阈下基于VR技术的思想政治教育研究的背景和意义 ………… 18
一、新媒体视阈下基于VR技术的思想政治教育研究的背景 ………… 18
二、新媒体视阈下基于VR技术的思想政治教育研究的意义 ………… 31

第三节 国内外研究现状 ………… 42
一、国内研究现状 ………… 42
二、国外研究现状 ………… 51
三、研究现状评析 ………… 55

第二章 新媒体视阈下思想政治教育研究 ………… 56

第一节 新媒体视阈下思想政治教育的实现 ………… 56
一、新媒体进行思想政治教育的现实意义 ………… 56
二、新媒体作为有效载体的可行性 ………… 58
三、新媒体进行思想政治教育的有效途径 ………… 59
四、新媒体思想政治教育需要避免的问题 ………… 62

第二节 新媒体视阈下社会主义核心价值观教育的实现 ………… 63
一、传统的社会主义核心价值观教育模式面临的挑战 ………… 65
二、基于项目管理的社会主义核心价值观教育的可行性 ………… 65
三、基于项目管理的社会主义核心价值观教育的组织构建 ………… 67

第三章　基于VR技术的思想政治教育的内容和建设现状 ………75

第一节　基于VR技术的思想政治教育的内容诠释……………75
一、VR技术带给高校思想政治教育的机遇和挑战……………76
二、VR技术特征与高校思想政治教育融合的契合性…………79
三、VR技术条件下高校思想政治教育的相关理论……………82
四、基于VR技术的高校思想政治教育的组织架构……………87
五、基于VR技术的高校思想政治教育的优化策略……………95
六、基于VR技术的高校思想政治教育与传统教育模式
　　相结合的必要性………………………………………………98

第二节　基于VR技术的思想政治教育的相关案例……………99
一、北京理工大学基于VR技术的软件"重走长征路"
　　进行思政课教育………………………………………………100
二、2017年全国职业院校技能大赛在天津开赛，
　　VR技术创新思政教学 …………………………………………101
三、用VR技术体验别样思政课，华中师范大学启动云
　　VR+融合创新大赛………………………………………………102
四、南京城市职业学院的同学们头戴VR眼镜开展生动
　　的思想政治教育…………………………………………………102
五、5G+VR技术与思政教学的融合研究——以江苏首
　　家VR思政教育实训室为例……………………………………103
六、引入"艺术+"、体验VR技术，大学思政课还可以这样上…104
七、VR技术赋能红色教育，打造思政教育新的着力点——
　　从VR"重走长征路"看贵州师范学院的思想政治教育
　　创新探索…………………………………………………………104
八、天津大学开在实验室里的"爆款"思政课，感悟和
　　把握《共产党宣言》的真理力量虚拟仿真实验………………106
九、河南师范大学开展以红色文化资源为主要内容的
　　"立体化"实践教学……………………………………………107
十、哈尔滨医科大学用思政虚拟仿真智慧教学弘扬医大精神…108

第三节　基于VR技术的思想政治教育的现状分析……………109
一、国内VR技术教育领域需求调查……………………………109
二、探究过程………………………………………………………115
三、研究结论与建议………………………………………………119

第四章　基于VR技术的思想政治教育的指导思想和原则 …………121

第一节　基于VR技术的思想政治教育应遵循的指导思想 …………121
一、马克思主义经典作家的相关重要论述 …………………………121
二、毛泽东思想的相关重要论述 ……………………………………123
三、中国特色社会主义理论体系的相关重要论述 …………………125
四、习近平新时代中国特色社会主义思想的相关重要论述 ………126

第二节　基于VR技术的思想政治教育的原则 ………………………130
一、"以生为本"，协调发展原则 ……………………………………130
二、科学借鉴，结合实际原则 ………………………………………133
三、整体把握，循序渐进原则 ………………………………………136
四、政府主导，全社会参与原则 ……………………………………139
五、注重引导，显性隐性结合原则 …………………………………141
六、实践检验，注重实效原则 ………………………………………143

第五章　基于VR技术的思想政治教育的学科基础 ………………146

第一节　思想政治教育学的相关原理 ………………………………146
一、研究教育对象的思想品德的形成与发展 ………………………147
二、研究思想政治教育现象及其发展规律 …………………………149
三、综合运用多门学科的理论 ………………………………………151

第二节　思想政治教育学的相关方法 ………………………………152
一、理论灌输法 ………………………………………………………152
二、情感教育法 ………………………………………………………153
三、实践锻炼法 ………………………………………………………154
四、榜样示范法 ………………………………………………………155
五、自我教育法 ………………………………………………………155
六、因材施教法 ………………………………………………………156

第六章　基于VR技术的思想政治教育的路径 ……………………157

第一节　将VR技术运用于思政课教学中 …………………………157
一、将VR技术运用于思政课教学的现实需要 ……………………157
二、VR教学在思政课上应用的优越性 ……………………………160
三、基于VR技术的高校思政课教学的组织建构及原理 …………162

四、VR技术在高校思政课中的作用 ………………………………169
　　五、基于VR技术的高校思政课教学模式与传统教学模式
　　　　相结合的必要性 …………………………………………………171
第二节　将VR技术运用于美育+思想政治教育中 …………………173
　　一、美育的定义及其特点 …………………………………………173
　　二、高校开展美育的功能及基本任务 ……………………………175
　　三、将VR技术应用于美育+思想政治教育的意义 ………………177
　　四、将VR技术运用于美育+思想政治教育中的必要性和
　　　　可行性 ……………………………………………………………178
　　五、将VR技术应用于美育+思想政治教育的案例 ………………180
第三节　将VR技术运用于红色文化主题教育场馆中 ………………184
　　一、建设红色文化主题教育场馆的意义 …………………………184
　　二、红色文化主题教育场馆的背景 ………………………………188
　　三、将VR技术运用于红色文化主题教育场馆的必要性和
　　　　可行性 ……………………………………………………………190
　　四、将VR技术运用于红色文化主题教育场馆的策略 ……………196

参考文献 ……………………………………………………………………202

了61.2%。❶随着三大运营商5G试验频率的确定，5G网络的建设正如火如荼地进行着，4G时代形成的媒体生态即将面临再一次的颠覆。5G技术"高速率、低时延、大容量"等特征，为新媒体的各类应用提供了必备基础，新媒体遇到5G正是内容和技术的完美结合，5G为内容呈现提供更新颖丰富的形式，而媒体的优质内容也为5G技术注入灵魂。待配套产业链成熟之后，相信插上5G翅膀的新媒体将带我们飞翔到一片新天地，我国的网民将会有更好的用户体验。❷

2019年7月17日，由工业和信息化部指导，IMT-2020（5G）推进组❸联合中国通信标准化协会共同主办的2019年IMT-2020（5G）峰会在北京开幕。峰会以"5G商用 共赢未来"为主题，集中探讨5G标准、产业与应用等最新进展和发展趋势。❹在7月18日的"5G应用创新发展高峰论坛"上，IMT-2020（5G）推进组发布了《5G新媒体行业白皮书》。

《5G新媒体行业白皮书》指出，无线通信在过去20年经历了突飞猛进的发展，从以话音为主的2G时代，发展到以数据为主的3G/4G时代，目前正在步入万物互联的5G时代。2019年6月6日，随着5G商用牌照的发放，我国正式进入5G商用元年。5G以全新的网络架构，提供10Gbps以上的带宽、毫秒级时延、超高密度连接，实现网络性能新的跃升。新媒体行业快速发展的同时，对通信技术提出了新的需求。媒体行业激增的数据量对网络传输能力提出了前所未有的挑战。5G技术能够使媒体行业实时高清渲染和大幅降低设备对本地计算能力的需求得以落地，可以使大量数据被实时传输，降低网络延时，不仅可满足超高清视频直播，还能让VR/AR对画质和时延要求较高的应用获得长足发展。

---

❶ 第44次《中国互联网络发展状况统计报告》[EB/OL]．（2019-08-30）．http://www.cnnic.cn/hlwfzyj/hlwxzbg/hlwtjbg/201908/t20190830_70800.htm.

❷ 当新媒体遇到5G 新的时代即将来临[EB/OL]．（2019-01-08）．https://baijiahao.baidu.com/s?id=1622076333502656513&wfr=spider&for=pc.

❸ 2013年2月由工业和信息化部、国家发展和改革委员会、科学技术部联合推动成立，组织架构基于原IMT-Advanced推进组，成员包括中国主要的运营商、制造商、高校和研究机构。推进组是聚合中国产学研用力量、推动中国第五代移动通信技术研究和开展国际交流与合作的主要平台。

❹ 2019年IMT-2020（5G）峰会在北京召开[EB/OL]．（2019-07-18）．http://www.gov.cn/xinwen/2019-07/18/content_5410752.htm#1.

1. 新媒体业务分析

2011—2017年，媒体行业的发展迅猛，年复合增长率14.2%，产业体量已经达到1.9万亿。其中，广播电视等传统媒体在媒体总产业体量的占比从2011年起逐年下降，目前已低至13%。新媒体（互联网及移动互联网）在媒体总产业体量的占比从39%提升至66%。

针对以上新媒体业务分析，《5G新媒体行业白皮书》进一步指出，通信技术发展带动新媒体行业体验进一步提升，视频类业务成为主流媒体形式，围绕图像分辨率、视场角、交互三条主线提升用户体验。其中，视频类媒体图像分辨率由高清发展到4K、8K；视场角由单一平面视角向VR和自由视角发展，对通信网络带宽提出更高的要求；交互类业务的发展对通信网络的时延提出更高的要求。❶

2. 新媒体行业未来发展展望

2018年12月28日，中央广播电视总台与中国电信、中国移动、中国联通及华为公司在北京共同签署合作建设5G新媒体平台框架协议。我国首个国家级"5G新媒体平台"在中央广播电视总台开建。中央广播电视总台台长慎海雄在该签约仪式上致辞："当前，5G代表着移动通信最新最尖端的发展趋势，是世界科技发展与竞争的重要领域，也为媒体行业提供了一个全新的发展契机。现在距离5G规模商用仅剩下一年时间，中央广播电视总台将以5G新媒体平台的建设为抓手，推动广播电视媒体和传播技术实现跨越式发展。"

2019年11月20日，我国首个国家级5G新媒体平台——中央广播电视总台"央视频"5G新媒体平台正式上线。这是中央广播电视总台基于"5G+4K/8K+AI"等新技术全新打造的综合性视听新媒体旗舰。在这个平台上，实现了基于5G+VR的应用，基于5G的全国"两会"报道、春晚的报道，都通过这个平台应用，标志着中央广播电视总台媒体融合迈出了关键性步伐。

对基于5G技术的新媒体行业未来发展进行展望可以发现，VR技术即将成为新的媒体传播方式。5G网络的高速率、低时延、大连接能力等特点恰好适应了VR技术对网络的需要，虚拟场景和现实场景可以实现完美融合。可以

---

❶ VR、AR在新媒体行业如何应用？[EB/OL].（2019-07-19）. http://www.sohu.com/a/327902356_549351.

预见，在5G技术支撑下，以VR技术为代表的全新的媒体业务将迎来爆发式增长。

二、VR技术概述

（一）VR技术的定义及内涵

1. VR技术的定义

VR是Virtual Reality的缩写，中文的意思是虚拟现实，钱学森建议把Virtual Reality的技术叫作"灵境技术"，由它构成的信息处理环境称作"灵境"。❶ 金吾伦在《光明日报》提出应该将其译作"虚拟实在"。它是20世纪发展起来的一项以计算机技术为核心的全新的实用技术。虚拟现实是多媒体技术融合的应用形式，它是计算机软硬件技术、传感技术、仿真技术、机器人技术、人工智能及行为心理学等科学领域飞速发展的结晶。它是通过综合运用各种新技术，融视、听、触觉为一体的模仿现实的三维空间重构再现技术❷，主要依赖于三维实时图形显示、三维定位跟踪、触觉及嗅觉传感技术、人工智能技术、高速计算与并行计算技术和人的行为学研究等多项关键技术的发展，生成与一定范围真实环境在视、听、触感等方面高度近似的数字化三维环境，用户借助必要的装备与数字化环境中的对象进行交互作用、相互影响，通过调动用户各种感官（视觉、听觉、触觉、嗅觉、味觉）来享受更加真实的身临其境的体验。随着虚拟现实技术的发展，计算机模拟虚拟环境给人以环境沉浸感，真正地实现虚拟现实，将引起整个人类生活与发展的很大变革。❸❹

2. VR技术的内涵

就"VR技术"一词的首次提出者，有的文献指出是1960年由图形学之父伊万·萨瑟兰（Ivan Sutherland）教授提出，有的文献指出是20世纪80年代初美国VPL公司的创始人杰伦·拉尼尔首次提出，但无论是谁首次提出，我

---

❶ 汪成为，祁颂平.灵境漫话——虚拟技术演义[M].北京：清华大学出版社，1996.

❷ 张燕翔，等.虚拟/增强现实技术及其应用[M].合肥：中国科学技术大学出版社，2017.

❸ 闫坤茹.虚拟现实教育的研究现状及发展趋势——基于2014—2019中英文期刊文献分析[J].机电产品开发与创新，2019，32（5）：93-96.

❹ 李良志.虚拟现实技术及其应用探究[J].中国科技纵横，2019（3）：30-31.

们发现VR技术的定义是在不断丰富的，对VR技术的研究开启了新时代。随着社会生产力和科学技术的不断发展，各行各业对VR技术需求的日益旺盛，人们对VR技术应用的不断增多，对其认识不断加深，VR技术的内涵也更加丰富。[1][2][3]

VR技术是综合利用图形系统和各种现实及控制接口设备，在计算机上生成的、可交互的三维环境中提供沉浸感觉的技术，它创造崭新的人机交互手段，是一种可以创建和体验虚拟世界的计算机仿真系统。VR技术融合了多媒体、传感器、新型显示、互联网、人工智能等多个领域的前沿技术，由现实世界、人、计算机网络等共同建构一个独立且看似真实的模拟环境，使用者戴上立体眼镜、数据手套等特制的传感设备，通过多种传感设备全方位调动自己的视觉、听觉、触觉、嗅觉、味觉等，实现身心感受的联结。这一联结让使用者具有身临其境的沉浸感，具有与环境完善的交互作用能力，并有助于启发构思，实现沉浸—交互—构想，使用者根据自身的体验使用相关技能在虚拟世界中进行实践操作，将与动作相关联的操作数据经过计算机的分析处理，迅速地对使用者的输入作出实时的反应并反馈到参与者的五官。从而使用者能够"沉浸"在虚拟现实技术所创设的环境中，实现身心感受的联结，增强感受力。[4][5][6]

VR技术适配多种技术和硬件设备，将虚拟和现实相互结合，形成原本不存在的环境或与现实世界相同的虚拟环境，将复杂、抽象、不可见的事物模拟展示出来，这样的可视化处理可以让人们更加直观、身临其境地了解世界。这样一种给人以真实存在的感觉的新兴技术，完成沉浸互动式环境的虚拟化

---

[1] BURDEA G，COIFFET P.Virtual reality technology [M]. Hoboken：John Wiley & Sons，2003.

[2] 蔡苏，张晗.VR/AR教育应用案例及发展趋势[J].数字教育，2017（3）：1-9.

[3] 闫坤茹.虚拟现实教育的研究现状及发展趋势——基于2014—2019中英文期刊文献分析[J].机电产品开发与创新，2019，32（5）：93-96.

[4] 易雯静，张振，李流舟.浅析虚拟现实技术在高校党建思想政治教育中的应用[J].湖北函授大学学报，2018（4）：58-59.

[5] 张燕翔，等.虚拟/增强现实技术及其应用[M].合肥：中国科学技术大学出版社，2017.

[6] 顾唯薇.基于VR视角的小学基础课堂教学情境重构策略[J].电脑迷，2018（12）：109.

处理、构建，让使用者的学习兴趣被极大地激发，五维感官增强了学习体验和感受力，创设的心理沉浸感，实现了情境学习和知识迁移，在教育领域应用的潜力非常巨大。❶

（二）VR技术的特征

VR技术是在模拟环境中发生的交互式计算机生成体验，包括视觉、听觉、触觉、嗅觉、味觉的"五觉"反馈。格里戈雷·博迪和菲利普·科菲特最早在他们的著作《虚拟现实技术》中指出虚拟现实有三个特征：沉浸性（Immersion）、交互性（Interactivity）和构想性（Imagination）。❷❸但随着VR技术的发展和应用，我们发现其主要特征为沉浸性、多感知性、交互性、构想性和自主性。

1. 沉浸性

沉浸性是指VR系统采用多种输入与输出设备来营造一个虚拟的世界，该世界的真实性与现实世界难辨真假，使用者借助虚拟现实设备沉浸其中，从而与真实世界完全隔离而不受外界影响。多种传感设备能将自身的感知系统全方位调动，包括视觉、听觉、触觉、嗅觉、味觉、平衡觉、压力觉等与虚拟情境进行深度融合，让人体验到最真实的感受，有种身临其境的感觉。例如，让使用者在虚拟世界中看到的物体、听到的声音、触摸的手感、闻到的气味及抓物时的重量体验都和现实生活中的感觉一致，让使用者从抽象认识到具体感知，让体验更加直观，充满趣味性和吸引力。❹

2. 多感知性

多感知性是指VR技术具备除一般计算机提供的视觉感知和听觉感知外，还具有触觉感知、味觉感知、嗅觉感知甚至运动感知等，随着技术发展，越来越不受传感技术的限制，成熟的VR技术应该具有一切人所具有的感知功

---

❶ 石宇航.浅谈虚拟现实的发展现状及应用[J].中文信息，2019（1）：20.

❷ BURDEA G, COIFFET P.Virtual reality technology[M]. Hoboken：John Wiley & Sons，2003.

❸ 蔡苏，张晗.VR/AR教育应用案例及发展趋势[J].数字教育，2017（3）：1-9.

❹ 易雯静，张振，李流舟.浅析虚拟现实技术在高校党建思想政治教育中的应用[J].湖北函授大学学报，2018（4）：58-59.

能。由于相关技术特别是传感技术的限制，目前大多数虚拟现实技术所具有的感知功能仅限于视觉、听觉、触觉、运动等几种。

3. 交互性

交互性是指VR技术通过不同的传感器，改变了以往利用键盘、鼠标实现数字信息感知和交互的模式。应用传感器实现的虚拟场景中超强的仿真系统，让使用者作为主角在不同维度的空间内体验到交互感，同时可以使用虚拟现实交互设备（如手柄装备）来发出声音、手势、感官、运动等指令与虚拟场景进行实时的交互，操控指令第一时间给予使用者相应的反馈，完成信息的传递，实现使用中体验交互的生动性和趣味性。

4. 构想性

构想性是指VR技术可以建立需要的虚拟环境，同时可以打破时间和地域的限制，构建逼真的环境让使用者有身临其境的沉浸感，虚拟环境可能是回忆性的、仿真的、想象性的等多种场景，可以让使用者的感性和理性认知相结合，在不断加深认知的前提下还可以继续设计和丰富场景，以更好地实现使用目的，如创设具身认知的娱乐情境、培训情境、学习情境等。

5. 自主性

VR技术的应用充分体现了使用者的自主性。使用者沉浸在虚拟情境中，充分调动自己的"五觉"等多感官系统，把自己视为场景中的组成部分，实现了身心的结合，通过感触在虚拟场景中的各种交互，使用者发挥主动的反馈与操作，实现控制和构建环境，成为这个虚拟环境中的主体。

（三）VR技术的分类及应用

总体来说，VR技术的分类大致包括以下几种：桌面式VR系统、头盔式VR系统、投影式VR系统、手持式VR系统。

1. 桌面式VR系统

桌面式VR系统也称窗口VR，计算机的桌面显示屏幕是使用者观察虚拟情境的一个窗口，通过显示屏可以观察360°范围内的虚拟环境，通过佩戴立体眼镜、数据手套等交互设备在桌面呈现的三维立体空间里完成交互操作。受平面的限制，桌面式沉浸感相对差一些，体验性不够，但可以通过扮演场景里的角色来增强真实感和沉浸感。优势是其通过鼠标、手柄等多种输入设备直接在计算机虚拟环境完成交互操作，有更好的可操作性和构想性。

2. 头盔式VR系统

头盔式VR系统是指通过佩戴头盔显示器等设备进入和体验虚拟情境，可分为透视式头盔显示系统和非透视式头盔显示系统。过去在计算和传导速度较慢时，容易造成使用者视疲劳和晕眩等不良反应。现阶段，随着5G的到来，头盔式VR系统日趋成熟，类型丰富，但差距也较大。优势是其比桌面式VR系统的沉浸感更强，头盔显示器将视线所及与外界隔离，将使用者对自我身体和外界环境的感知分离，深度沉浸在虚拟世界里。[1][2]

3. 投影式VR系统

投影式VR系统又称洞穴式VR系统，"洞穴式"主要是对该系统的场地和空间进行的一个形象的描述。在一个封闭房间内使用者利用一系列投影设备及专门的眼镜沉浸到立体虚拟世界里，由于封闭房间已经相当程度地和外界隔离，防止干扰，其沉浸性更佳。同时，利用传导设备操纵杆、操纵手柄等进行交互，体验感较强。但对于设备和空间的要求较高，多用于展览馆和博物馆等。

4. 手持式VR系统

手持式VR系统与头盔式VR系统的区别之一就是设备的硬件使用方式不同，外在表现形式为后者主要戴在头上，前者则手持操作即可，不用穿戴。同时，手持式VR系统大多是一体机，更方便携带、灵活性好，有利于智能手机等智能化设备接入其中和互动。伴随着5G及不断发展的人工智能技术，其操作会更加成熟和精准，应用空间将更广。

（四）VR技术的发展

随着互联网技术的发展，衍生出许多技术，其中VR具有良好的前景。VR技术最早用得比较多的是武器研发、科学实验，由于该技术可以突破时空的限制，安全性、体验感、可操作性较高，其也被娱乐、教育、民用等越来

---

[1] 高媛，刘德建，黄真真，等.虚拟现实技术促进学习的核心要素及其挑战[J].电化教育研究，2016（10）：77-87.

[2] 叶新东，仇星月，封文静.基于虚拟现实技术的语言学习生态模型研究[J].电化教育研究，2019（2）：105-112.

越多的领域应用。北京航空航天大学计算机系是国内最早进行VR研究、最具权威的单位之一，其虚拟实现与可视化新技术研究室集成了分布式虚拟环境，可以提供实时三维动态数据库、虚拟现实演示环境、用于飞行员训练的虚拟现实系统、虚拟现实应用系统的开发平台等，并着重研究虚拟环境中物体物理特性的表示和处理。哈尔滨工业大学计算机系已经成功合成人的高级行为中的特定人脸图像，解决了表情合成和唇动合成技术问题，并正在研究人说话时手部和头部动作、语音语调的同步等问题，致力于进一步完善VR体验中对于人的真实再现。视觉传达效果能帮助用户更好地沉浸在情境中，实现更加真实的VR效果，达到身临其境的目的。但相当长的时间里，VR技术受到储存空间、传导速度、设备不适合、价格昂贵等原因的影响，发展脚步一度受限。随着硬件性能的完善、存储能力的增加，成本降低及技术日益成熟，VR市场进一步发展。2016年被叫作VR元年，VR技术迎来了首轮爆发，HTC推出了VR产品HTC Vive，同时脸书（Facebook）推出了Oculus Rift等VR产品，脸书首席执行官、联合创始人扎克伯格在访华期间曾与阿里巴巴集团创始人马云进行了一次对话。扎克伯格表示，脸书非常关注AI（人工智能）和VR（虚拟现实）技术的发展。他说，2016年会成为消费级VR元年，未来10~15年，VR技术将彻底改变人们的生活。❶由此传达出了一个重量级的商业信号。VR技术在突破了数据处理和储存等相关瓶颈后，开发迭代速度更快，使用者的沉浸体验更真实，同时其价格也趋于普及化、多元化和大众化，让其有了突飞猛进的发展，Surround 360等新的VR设备和应用不断兴起，让使用者不仅仅只是VR技术的体验者，更变成了参与者，极大地激发了人们的兴趣。5G的商用给VR技术的应用带来了更多的生机和活力。❷

2018年5月，《经济日报》在《虚拟现实技术将撬动上万亿市场》一文中指出，南昌市重点建设了VR创新中心、VR体验中心、VR展示中心、VR云中心"四大中心"和VR资本平台、VR教育平台、VR标准平台、VR交易平台"四大平台"核心生态项目。同时，南昌市设立了10亿元规模的虚拟现实

---

❶ 一文读懂VR产业格局：硬件、内容谁更靠谱？[EB/OL].（2016-03-28）.https://www.jianshu.com/p/1f9c728a2d57.

❷ 汤朋，张晖.浅谈虚拟现实技术[J].求知导刊，2019（3）：19-20.

天使创投基金，首期已到位2亿元，正在打造100亿元规模的产业创投基金平台，并成立了省级虚拟现实制造业创新中心，正在积极申报国家级制造业创新中心，全面推进VR产业发展。[1]

2018年10月19日，世界VR产业大会在江西南昌正式开幕，主办方邀请的阿里巴巴集团创始人马云在主旨演讲环节表示，VR技术和人工智能、互联网等一样，都是技术革命的重要组成部分，只有和实体经济紧密相合，VR才有稳定的未来。VR技术对整个生产、制造、社会、音乐、人的生活等方面会产生巨大的影响。[2]

中国新闻网于2019年6月20日报道的《中国虚拟现实关键技术不断突破》中讲到，工业和信息化部电子信息司副司长吴胜武表示，近年来中国虚拟现实关键技术不断突破，市场规模持续扩大，行业应用不断延伸。在2019年世界VR产业大会新闻发布会上，吴胜武表示，中国虚拟现实产业自2013年开始进入专利快速增长期，相关关键技术进一步成熟，在画面质量、图像处理、眼球捕捉、3D声场、机器视觉等技术领域不断取得突破，正在建立覆盖硬件、软件、内容制作与分发、应用与服务等环节的技术标准体系。中国已成为全球最重要的虚拟现实终端产品生产地，歌尔、小米、Pico等公司的虚拟现实终端产品出货量位居全球前列。虚拟现实消费级市场快速培育，在游戏、娱乐、影视等领域的产品形态更加丰富，商业模式逐渐走向成熟。中国5G商用为虚拟现实技术在更广泛领域的应用开辟了新天地。报道还指出，据赛迪顾问预测，到2021年中国虚拟现实市场规模将达到544.5亿元，年复合增长率达95.2%。[3]

据中国日报网《三大专题论坛助力2019国际虚拟现实创新大会》报道，由青岛市人民政府、中国信息通信研究院、虚拟现实内容制作中心主办，青

---

[1] 虚拟现实技术将撬动上万亿市场[EB/OL].（2018-05-21）.https://baijiahao.baidu.com/s?id=1601056087857789453&wfr=spider&for=pc.

[2] 李倩.2018年世界VR产业大会在江西南昌正式开幕[EB/OL].（2018-10-21）.http://www.elecfans.com/d/801236.html.

[3] 中国虚拟现实关键技术不断突破[EB/OL].（2019-06-20）.https://baijiahao.baidu.com/s?id=1636842535915198849&wfr=spider&for=pc.

岛市崂山区人民政府承办的2019国际虚拟现实创新大会于2019年6月27至29日在青岛国际会展中心举行。此次大会涉及7大板块近40场活动，以"VR融合发展创新引领未来"为主题。三大专题论坛助力大会，分别是5G+内容应用论坛、开发者论坛和影视科技论坛，有利于推动VR技术与各界的交流及合作。第一，5G+内容应用论坛。该论坛邀请了著名专家学者及机构和企业代表一起深入探讨5G+内容的应用。例如，从5G时代的发展与变化、VR行业发展现状及中国电信在VR方面的探索三个方面切入，详细讲解了5G融合高清视频和5G+VR的一些实例，生动诠释了5G赋能未来的美好前景；VR的核心特性在于交互性、沉浸感和想象力，VR哲学思考的创新点在于VR供应链协同一体化战略，核心价值观是研发与设计、生产与制作、营销与服务三个区间的"跨界、整合、互利、共赢"。第二，开发者论坛。该论坛分别就VR/AR内容制作的趋势、5G时代下如何创造更优质的VR/AR内容、VR/AR普及存在的问题展开了一系列探讨。第三，影视科技论坛。该论坛主要探讨如下内容：电影级VR/AR内容制作是未来的发展与应用热点，并提出发展VR/AR技术和产业，要契合智慧时代发展需求；虚拟现实电影是一种全新的叙事方式和体验，它拥有自由的视角与真实的视觉观看流动线，其特点为沉浸感、全景视角、交互叙事，强调在虚拟现实电影中沉浸体验与交互叙事的重要性；VR电影即将成为电影届的潮流是大势所趋，并讲述VR/AR在影视领域的高质量发展。❶

2019年10月18至21日，由工业和信息化部、江西省人民政府联合主办的2019年世界VR产业大会在江西南昌举行。10月20日上午，中国电信和华为公司联合承办"双G+云VR"分论坛，邀请了国际组织、终端及设备厂家、解决方案提供商、科研机构专家学者等多方代表，共同讨论"双G+云VR"为VR产业加速发展提供有力的支撑。该分论坛围绕"双G+云VR"的分享主题，吸引了来自众多VR领域的专家学者及企业代表，围绕技术应用、产业发展、业界焦点、商业模式对接等多个维度分析了VR产业的内涵与外延，从行业前景、技术应用、人才培养等多方面，探讨了5G时代来临，5G+云计算+

---

❶ 王华风.三大专题论坛助力2019国际虚拟现实创新大会[EB/OL].(2019-07-02). https://baijiahao.baidu.com/s?id=1637916881618283898&wfr=spider&for=pc.

VR技术对产业发展的推动作用。中国电信携手华为公司共同成立了云VR联合创新中心，云VR是VR技术与云计算技术的创造性融合，将引领VR产业未来的发展方向。❶

随着5G技术的加持及人工智能的助力，相信VR技术会被应用得更广泛、更普及，也能给人们的生活带来不可替代的质变，其甚至可能像电视、计算机、手机的发展历程和革新一样，带来信息传播媒介与途径的大革新。

三、VR技术对新媒体的改变

《5G新媒体行业白皮书》针对5G网络与媒体业务的融合发展，阐述了5G技术与媒体行业的发展趋势，分析了5G的大带宽、低时延和大连接等特性对海量超高清视频及VR/AR等新传媒方式的支撑作用，给出了未来移动媒体业务发展的趋势解析。VR技术作为新媒体的一种全新的展示自我的方式正在兴起，从现场到全貌，从沉浸到参与，与其他媒体形式深度融合，不断与其他产业结合。❷

（一）VR技术为新媒体发展带来变革之路

5G及人工智能的发展，使新媒体正在揭开时代变迁的新篇章，VR技术同时具备的沉浸感、多感知性、交互性、构想性与自主性等一系列优势，使其被不同的产业竞相采用。随着5G技术的普及，VR本身受网络的限制越来越淡化，其不仅推动传统媒体在内容、业态、样式上的多重转向，而且让新媒体的内容和应用从浅层到深度，从现场到全貌，从单时空到跨时空。受众可以借助VR设备，亲身进入具体情境，显著提升体验的广度和深度，这一强大而新颖的方式，给受众独特的传播体验和吸引力。同时，VR技术使原来各自为战的新媒体技术打破壁垒跨界融合，给新媒体带来了变革之路。

---

❶ 2019年世界VR产业大会"双G+云VR"分论坛在南昌召开[EB/OL]. (2019-10-20). http://jx.cnr.cn/2011jxfw/mdsj/20191020/t20191020_524823201.shtml.

❷ 中国5G推进组：5G新媒体行业白皮书[EB/OL]. (2019-08-16). http://www.199it.com/archives/909771.html.

随着时间的推移，VR技术的用途越来越多。第一款HTC Vive游戏《深海大鲸鱼》推出时，鲸鱼从海底的世界里游离经过身边时带来的真实压迫感带给人们的震撼，让人有置身于虚拟时空的身临其境的感觉。后来VR眼镜用于冥想和治疗抑郁，通过播放让人舒缓的图片和音乐，让人沉浸在相应的情境中，精神压力得到很大的缓解。VR游戏 Tilt Brush 给予使用者随心所欲地创造、观察和修改3D作品的体验。2016年世界上第一次运用VR技术进行手术，医师以第一视角记录的手术完美结束，以及VR线上艺术馆被越来越多的人认可和使用。❶目前，一些大型汽车制造商将VR用于培训工程师，让消费者更直观地观看或定制车辆。VR技术在航天局空间探索、体育运动、教育、培训课程、电影阅读等方面都显示了明显的优势。❷

（二）VR技术的应用是新媒体行业解决方案之一

《5G新媒体行业白皮书》的5G新媒体行业解决方案中明确指出，新媒体行业的发展与通信技术的发展密切相关，每一次通信技术的革新都会带来新的媒体形式。在4G通信时期，超高清视频、VR全景视频等大数据量视频以硬件存储本地播放的形式存在，传播不便捷，用户数量较少，难以形成大规模产业。5G的大带宽、低时延特性解决了超高清5G视频、VR全景视频等大带宽业务传播的技术问题，使画面传输更清晰、稳定，推动了行业的发展。视频已经成为当今主流的媒体传播形式，随着技术的发展，视频的分辨率由标清、高清向超高清发展，视频的观看方式由平面向VR全景发展。随着5G技术的发展和全面商用，VR技术突破了以往的技术限制瓶颈，VR全景视频得以开发，其为使用者提供了更好的沉浸式体验和更强的代入感，是具有革命性的创新，给新媒体带来全新的发展机遇，以VR全景视频业务为代表的新媒体形式构成未来"5G+VR视频"业务核心。逐渐普及的大众VR全景内容制作、VR全景制播也在不断发展，其内容涉及多个领域，普及化大大加强，白皮书里就介绍了VR

---

❶ 7个已经运用于现实的VR技术[EB/OL]. (2019-06-12). http://www.sohu.com/a/320084752_120169114.

❷ VR技术在新媒体时代的变革之路[EB/OL]. (2019-10-09). http://media.people.com.cn/n1/2019/1009/c429136-31389732.html.

技术作为新媒体行业解决方案的多种应用案例，具体如下。

2018年9月，国内多家公司联合在杭州云栖大会上完成了首次专业级5G+8K视频直播应用，在传统视频直播体验升级的基础上，实现了展会视频直播演示。2018年11月，世界互联网大会在中国浙江乌镇举行，运营商携手设备厂商推出了业界首个基于5G网络传输的8K+VR实时直播。2019年重庆马拉松5G+VR直播将新媒体与传统媒体进行融合，是中国首次将5G+VR技术应用于国际级体育赛事的直播。

特别值得一提的是，2019年11月20日，我国首个国家级5G新媒体平台——中央广播电视总台"央视频"5G新媒体平台正式上线。这是中央广播电视总台基于"5G+4K/8K+AI"等新技术全新打造的综合性视听新媒体旗舰，实现了基于5G+VR的应用，春晚的报道就基于这个平台应用。2020年1月24日，央视春晚启动5G+8K/4K/VR创新应用，春晚直播中，5G网络全面覆盖春晚主会场与分会场，中央广播电视总台首次采用5G+8K技术实现多机位拍摄。中央广播电视总台首创的虚拟网络互动制作模式（VNIS），呈现全媒体时代收看春晚的三维全景视角，VR技术带来的科技创新的跨越式发展为观众带来耳目一新的视听体验，"黑科技"让科技"年夜饭"更有味，VR技术的发展也使新媒体的应用更有味。❶❷

随着新媒体行业中5G应用的产业生态逐步成熟，VR技术与新媒体行业结合创新应用的需求旺盛，VR直播将成为一种常态，给使用者的感官体验带来质的飞跃。随着消费者认知度的增加，消费者对VR技术认可度的提升，会形成整个新媒体产业生态链的良性循环。预计到2022年我国将成为全球最大的超高清视频消费市场。

---

❶ 中国5G推进组：5G新媒体行业白皮书[EB/OL]. (2019-08-16). http://www.199it.com/archives/909771.html.

❷ 5G+8K、虚拟现实、无人机……2020年春晚这些黑科技了解一下[EB/OL]. (2020-01-29). http://politics.gmw.cn/2020-01/29/content_33511501.htm.

第二节　新媒体视阈下基于VR技术的思想政治教育研究的背景和意义

一、新媒体视阈下基于VR技术的思想政治教育研究的背景

（一）VR技术应用浪潮的兴起

第四次工业革命即智能化，随着5G、人工智能技术如火如荼地发展，触控、语音、手势、VR等技术被广泛应用，人们自觉地与各种设备进行交互，将整个世界推入了智能化时代，而VR技术也将成为其主力军。[1]

时隔30多年的发展，VR技术应用浪潮正在兴起，其已经发展为一个体系，实现了多项技术的深度融合。最早，VR技术的商业应用多是在VR体感游戏体验中，大部分人对虚拟现实技术的理解也局限在VR眼镜中。随着技术进步与发展、产品成本的降低，特别是近年来从4G到5G的通信信息技术发展，人工智能逐渐兴起，VR装备开始普及，迎来了产品的实用化。移动VR一体机清晰度更高且重量控制在50克以下成为VR眼镜，并能够长时间佩戴，有可能成为下一代智能终端。VR技术提供的沉浸式场景让线下及线上教育场景更加丰富、生动，带来的多维情境让众多学生有了独特的学习体验，并且学习成效显著。进入信息化时代，科技革命总会带来令人惊叹的成果，VR技术的快速发展正在全球掀起浪潮，其应用前景受到世界各国高度关注。

随着VR技术的不断成熟，VR产业正在成为新一轮经济发展竞争的焦点，2018年世界VR产业大会就引来了人们的强烈关注。

1. VR产业成熟

从1992年美国国家科学基金资助的交互式系统项目工作组的报告中对VR提出了较系统的论述并确定和建议了未来虚拟现实环境领域的研究方向以来，VR已获得了巨大的发展，尤其近年VR技术热潮一波接着一波。许多国内外

---

[1] "四次工业革命"的代表性技术/应用/意义[EB/OL].（2019-12-30）. http://www.sohu.com/a/363658834_114819.

的知名产业，如HTC、微软、脸书、三星等国际品牌相继布局VR领域，VR产业生态逐渐完善，对VR的应用走向成熟化、多样化。我国与VR相关的部分关键技术和设计理念走在了世界前列，在交互技术、光场技术、行业应用领域取得突破。

2. VR市场成熟

作为拥有14亿人口市场的中国，消费者对VR产品的认可度不断提高，接受采纳VR技术，中国的虚拟现实市场在全球领先。有统计表明，截至2017年第一季度，我国的VR用户已达到675.2万，虚拟现实产业市场份额仅次于美国和日本，为全球VR第三大市场。据赛迪智库预测，2020年中国VR设备出货量将达820万台，VR用户将达到3000万，VR硬件市场规模将占据全球规模的34.6%，虚拟现实市场规模预计超过550亿元，成为全球虚拟现实市场的增长中心。❶随着VR产业技术的高速发展，VR技术有广阔前景与空间，有望成为继计算机、手机之后下一个万亿级新兴市场。20世纪80年代计算机和10年前智能手机的诞生，均带动了万亿级产业规模，改变了人类的生活方式。如今VR技术开启沉浸式体验，这是一种全新的生活方式，将带来崭新的万亿级产业。❷

3. VR应用成熟

VR在我们生活中已经广泛应用，在航天、军事、通信、教学、医疗、房地产、电子技术、影视等各个行业都有其身影，展现了极大的发展和应用前景，如越来越多的VR体验馆出现，VR游戏馆应运而生，均能为用户提供良好的沉浸式体验，让大众对VR慢慢地有所了解。VR应用趋于成熟尤其在教育领域比较明显，如VR知识卡片、早教机、益智游戏库、VR教室、实验室等，未来VR技术会更加普遍，VR的交互、沉浸和幻想性使它更逼真、生动，能够使许多借助常规教育手段不能达到的教育效果得以实现，提高了人们的主动性和创造性，也激发了受教育者的学习兴趣，会是未来教育模式改革的

---

❶ 潜力巨大 2020年中国VR市场规模将超550亿[EB/OL]．(2017-09-29)．https://baijiahao.baidu.com/s?id=1579838577761306557&wfr=spider&for=pc．

❷ 虚实结合 未来已来——2018世界VR产业大会释放发展新信号[EB/OL]．(2018-10-21)．http://www.xinhuanet.com//2018-10/21/c_1123590702.htm．

一种重要手段。我们要多了解和应用VR相关的新技术，与时俱进。❶

在我国，近年来"互联网+"、大数据、人工智能、虚拟现实等纷纷在相关领域崭露头角，政府也给予了足够的重视。政府的大力支持推动了VR技术的进一步发展，国务院各部委及各级地方政府均制定了相关的配套文件，对VR创业团队、VR技术进行政策鼓励。2016年12月27日，国务院《关于印发〈"十三五"国家信息化规划〉的通知》中"强化战略性前沿技术超前布局"一节提到要"超前布局前沿技术、颠覆性技术"，要加强"全息显示、虚拟现实……等新技术基础研发和前沿布局，构筑新赛场先发主导优势"。2017年1月15日，中共中央办公厅、国务院办公厅发布的《关于促进移动互联网健康有序发展的意见》中提到"加紧人工智能、虚拟现实、增强现实、微机电系统等新兴移动互联网关键技术布局，尽快实现部分前沿技术、颠覆性技术在全球率先取得突破"。值得注意的是，2017年1月19日，国务院《关于印发〈国家教育事业发展"十三五"规划〉的通知》中提到要"全力推动信息技术与教育教学深度融合。……综合利用互联网、大数据、人工智能和虚拟现实技术探索未来教育教学新模式"。从以上政策可以看出，政府也通过政策利好扶持虚拟现实产业，并推动行业规范化发展。

2018年6月6日，第三届中国VR/AR创作大赛开幕式暨中国VR/AR全球战略发展论坛举行。北京师范大学副校长王守军在开幕式致辞中表示，2018年VR技术产业进入了成熟期，内容的锐意创新被提上日程之际，相信大赛能够融合与汇聚政府、学界、业界的强势力量，使VR/AR科技与理想相结合，将创新创意引向未来。人民网总裁叶蓁蓁在开幕式致辞中表示，近几年，VR/AR技术虽炙手可热，但缺乏高质量的作品，优秀的VR/AR内容创作人才更是稀缺。媒体人应该开拓新视界，注入新动能，不仅要提供优质内容、优质思想，也要始终关注并积极实践先进的媒介技术和形式。在本次大赛上脱颖而出的个人或集体，将有机会加入人民网视频团队。长江学者、北京师范大学新闻传播学院执行院长喻国明从政府、市场和技术三个维度分析了中国VR发展的价值空间与判断标准。爱奇艺高级副总裁段有桥认为，2018年VR已经进

---

❶ 新媒体时代下的新技术——AR、VR的应用[EB/OL].(2019-07-02).https://weibo.com/ttarticle/p/show?id=2309404389738130851007.

入了场景化时代，未来VR将在家庭场景、影院场景、游艺厅场景、综合娱乐中心场景这些场景中有更深入的应用。北京奇幻科技有限公司首席执行官王刚则分析了在人工智能和VR/AR环境下，虚拟人的关键优势技术，并对未来虚拟人在生活中的多方面广阔应用进行了展望。❶虽然我国虚拟现实技术和一些发达国家还存在差距，但随着5G到来和VR技术深度融合并商用，随着设备的普及和易用性的提高，以及5G+VR已经得到了高度重视，VR技术应用浪潮已经兴起，并将高速发展。

（二）5G网络的到来，"VR+"蓬勃发展

伴随着VR技术的发展，与之同步提升的是中国的5G技术。5G技术在带来更快的速度之外，更大的作用是给人们带来了技术展开的新平台，从2G时代的文字传输到3G时代的图片传输，再到4G时代的直播和视频分享，人们对媒介的使用已经越来越方便，从观赏者到参与者，再到制作者。在5G时代，延迟大幅度降低，使用者的沉浸感更强，更多的大数据和人工智能技术涌入VR技术，它的优势得以彰显。2019年7月17日，由工业和信息化部指导，IMT-2020（5G）推进组联合中国通信标准化协会共同主办的2019年IMT-2020（5G）峰会在北京开幕。本次峰会以"5G商用　共赢未来"为主题，邀请工业和信息化部领导及数十家国内外主流移动通信和行业应用单位专家500多人参加会议，集中探讨面向商用的5G标准、产业与应用等最新进展和发展趋势。VR技术在5G的催生之下，进入一个新的境界，"VR+"蓬勃发展。

阿里巴巴集团创始人马云说，未来制造业是制造和服务的完美结合，而这正是VR产业大有所为的地方。❷VR的发展是未来互联网科技发展的一个重要方向，既具有经济意义，也具有战略意义，这个时期，VR终端快速迭代，随着5G的到来，现在我们已经进入了"4K屏幕 8K内容"的时代。不论是消费终端、网络终端，还是云平台、内容制作，只有应用与合作才能促进发

---

❶ 第三届中国VR/AR创作大赛开幕式暨中国VR/AR全球战略发展论坛在京举办[EB/OL].（2018-06-06）. https://edu.qq.com/a/20180606/022382.htm.

❷ 虚实结合　未来已来——2018世界VR产业大会释放发展新信号[EB/OL].（2018-10-21）. http://www.xinhuanet.com//2018-10/21/c_1123590702.htm.

展。❶VR技术进一步应用于医疗、建筑、展览、产品体验、培训等诸多领域。2018年10月19日,首届世界VR产业大会在江西南昌举行,高通、索尼、华为、联想、HTC、紫光等全球150多家知名企业代表亮相大会。已经有世界500强企业项目、国内500强企业项目、国家级重点实验室项目落户南昌VR产业园,此类产业园在全国多地兴起。❷据了解,2016年,致力于跨越赶超的南昌宣布打造城市级VR产业基地,2017年发布虚拟现实产业联盟团体标准。之后,南昌始终将VR产业作为"潜力方阵"予以重点打造,作为产业集中区的南昌市红谷滩新区已聚集包括微软公司、HTC威爱教育公司、中国网库集团、小霸王集团等VR上下游企业200多家,许多产业都在积极探索VR用于该产业的可能性。虚拟服务现实,VR正从虚拟走向现实,公共场所出现越来越多的VR体验活动,吸引着一大批年轻人。❸VR技术和越来越多的产业结合,不仅实现制造,更和服务完美结合,"VR+"成为重要看点。

基于VR技术的培训系统具有传统培训不具备的沉浸性、多感知性、交互性和安全性等特征,而且可以跨越时空实现仿真模拟,服务能力凸显。虽然VR技术应用于教育培训领域还有很多挑战,但挑战与机遇并存,作为一个新兴产业,VR技术的独特优势还是不容忽视的,它可以在一个有限的空间里创造一个无限空间,甚至可以1∶1仿真呈现给使用者,它能让人们在虚拟环境里完成复杂的训练项目,而不用花费巨额培训费用,按照操作程序设计的虚拟场景,逼真、安全、交互而且可控。这种教育培训更强调实践性,在操作过程中学习可以加深体会,效率更高。现在的一些行业中很多企业已经使用VR技术进行员工培训了。2018年3月,新浪游戏一篇题为《一次性搞定上万人 看看各大公司是如何用VR做培训的》称全球多家知名公司通过VR技术培训员工,具体包括以下案例:全球知名汽车公司大众集团和VR工作室

---

❶ 用VR技术体验别样思政课,2019云VR+融合创新大赛华师启动[EB/OL].(2019-03-19).http://www.sohu.com/a/302396945_106321.

❷ 首届世界VR产业大会明日将在江西南昌举行[EB/OL].(2018-10-18).https://baijiahao.baidu.com/s?id=1614625386423806998&wfr=spider&for=pc.

❸ VR有望成下一个万亿级新兴市场[EB/OL].(2018-10-23).http://www.chinairn.com/news/20181023/093302622.shtml.

Innoactive 表示，将计划利用VR技术培训1万名员工。早在2017年，大众集团已经部署了VR平台"Volkswagen Digital Reality Hub Group"，以帮助奥迪、西亚特、斯柯达和大众品牌的员工进行协作。2017年8月，美国快递巨头UPS发布公告称，将为其刚入职的司机提供全新的VR训练课程。在2017年6月，沃尔玛就宣布，旗下的200个"沃尔玛学院"将于2017年年底开启VR培训项目。2017年12月，瑞典组装家具巨头宜家宣布，将在圣诞节为美国分公司14000名员工配备Spectra VIP VR头显。2017年8月，肯德基宣布推出了一个面向自家员工的VR游戏，在培训的过程中采用了Oculus Rift头显，意在培训员工如何制作炸鸡，节约时间同时避免浪费食材。❶可见，在一些存在一定危险的工作或者初入职者由于技术不熟练会造成大量浪费和损失的行业，VR技术培训是非常有必要的，而且也已经成为未来培训的一种趋势。❷❸

VR之父托马斯·弗内斯（Thomas Furness）曾说过："VR改变社会，从教育开始！"随着VR技术在众多领域的成功运用，尤其是在培训领域的应用发展和亮点，VR技术作为具有颠覆性的科技得到社会各界的认可，它的巨大潜力引发了全球教育技术领域的密切关注，众多产业资本界、研究机构、教育界和学界对其在教育领域中的应用进行思考和研究，一些具有前瞻性的研发团队和一线教育工作者则开始实践和反馈。

1. 产业资本界

据美国媒体The Verge报道，美国社交服务网站脸书旗下的虚拟现实（VR）头戴设备制造商Oculus计划将Oculus Rift和Oculus Go这两款产品推广到全球各个教室，以更好地理解虚拟现实对教育的意义。❹英国公共机构Innovate UK宣布向格拉斯哥大学投资100万英镑。利用这笔资金，格拉斯

---

❶ 一次性搞定上万人　看看各大公司是如何用VR做培训的[EB/OL].（2018-03-02）. http://vr.sina.com.cn/news/js/2018-03-02/doc-ifwnpcnt2541609.shtml.

❷ 姜学智，李忠华.国内外虚拟现实技术的研究现状[J].辽宁工程技术大学学报，2004，23（2）：238-240.

❸ 刘进，张鹏望.基于VR技术的培训系统设计与实现[J].电子技术应用，2018，44（10）：102-105.

❹ Facebook旗下Oculus欲将VR推向全球教育机构[EB/OL].（2018-08-29）. https://m.huanqiu.com/article/9CaKrnKbYTp.

哥大学将与VR公司Sublime合作，创建一个高等教育VR平台，以支持VR教学和讲座。英特尔也没有忽略这一趋势，推出了技术学习实验室（Tech Learning Lab）开展VR教育。这项试点项目被命名为"Mobius项目"。

据专家预测，到2020年，VR教育领域应用的市场规模将达到156亿美元，VR+教育的浪潮势不可当。❶著名投资银行高盛集团在投资者报告中也对于VR/AR市场规模、人口规模作了数据分析，其中教育领域K-12阶段和高等教育阶段的当前市场规模分别为50亿美元和70亿美元，仅在发达国家就约有2亿所中小学使用VR/AR辅助教育活动。高盛集团还对教育领域VR/AR的人口规模和市场规模作出了预测：至2020年用户数将会增长至700万，2025年将会达到1500万；2020年软件营收为3亿美元，2025年增长至7亿美元。❷

2. 研究机构

新媒体联盟（New Media Consortium，NMC）是教育领域的著名组织，它每年发布《地平线报告》，介绍可能对教育产生重大影响的各种技术。值得注意的是，2016年《地平线报告》将VR和AR并列提出，这表明了VR和AR这两种技术在教育领域将互相融合应用。❸VR技术很可能是继多媒体技术之后对传统教育影响巨大的又一次丰富与革新。

3. 教育界和学界

北京师范大学于2016年3月17至24日举办了"2016北京师范大学智慧学习与VR教育应用学术周"。学术周安排了三场讲座，分别从VR增强学习体验、AR技术与用户体验设计、VR教育平台设计角度审视了VR教育应用。学术周为参观者提供了VR教育资源、创作工具和消费级沉浸式VR设备三类体验产品。3月17日晚，智慧学习研究院联席院长、网龙网络公司董事长刘德建先生作了题为"VR对教育的影响"的演讲，他以前瞻思路分享了VR+教室、教育与科技同步发展等理念与技术，让大家更了解VR对教育方式带来什

---

❶ 张利涛. VR+教育大潮已来，与其坐而论道，不如起而行之[EB/OL]. (2017-03-20). http://www.cedumedia.com/i/4259.html.

❷ 全球市场趋好，VR/AR+安全教育发展迎契机[EB/OL]. (2018-11-11). https://www.sohu.com/a/274628654_120001814.

❸ 蔡苏，张晗. VR/AR教育应用案例及发展趋势[J]. 数字教育，2017（3）：1-9.

么改变。❶北京师范大学现代教育研究所团队对于VR技术中行为交互等关键问题进行了长期的实证研究，通过实证研究分析得出，绝大部分学生对于VR教学工具或环境表现出正面的态度，这也符合努涅斯等的研究结果。还有研究表明，VR技术使学习场域的构建发生深刻的变化，通过创设虚拟环境吸引学习者的注意力和好奇心，让学习者轻松自如且充满热情，不仅可以观看、参与其中，甚至通过交互的方式和虚拟情境中的事物联系并改变该情境，用潜移默化的隐性方式，最终让学习者实现对现实世界的认知和对抽象问题的理解，实现学生深度学习的显性目标。❷

VR技术已经被教育领域具有前瞻性的研发团队与教育工作者应用于实践，应用效果突出，取得了不错的成绩。2018年9月，在江西省南昌市南师附小红谷滩校区的社团教室，学生们戴着3D眼镜，手握触控笔，应用多功能VR桌面一体机进行学习。为推广"VR+教育"等项目应用，江西科骏实业有限公司的VR示范校项目——VR/AR创新实验室已进入南昌三所学校。当VR技术走进中国课堂后，南昌继福州、合肥、青岛之后，也将VR技术引入义务教育阶段，生动形象的教育氛围，让学生感受与以前不一样的学习过程，逼真的教学环境，可视化、立体化、沉浸性、体验化的学习内容，调动了学生们的积极性，提高了学习效率和质量。❸

我们通过研究"VR+教育"在我国中小学教育领域的应用现状，发现越来越多的教育公司和VR技术公司将VR技术的注意力投入教育中。2016年，利亚德集团黑晶科技"VR超级教室"1.0正式版发布，该超级教室提供智能硬件设备、VR教育云平台、VR教室软件、VR教育资源等优质教学资源，为学生打造沉浸感强、可交互且仿真度高的虚拟环境和教学有机融合。其推动了我国教育信息化进程，与国内的多所学校共建VR创新教研中心，如青岛实

---

❶ 2016北京师范大学智慧学习与VR教育应用学术周发布和体验产学研协同创新成果[EB/OL]. (2016-03-25). http://sli.bnu.edu.cn/a/xinwenkuaibao/yanjiudongtai/20160325/82.html.

❷ 闫坤茹.虚拟现实教育的研究现状及发展趋势——基于2014—2019中英文期刊文献分析[J]. 机电产品开发与创新, 2019, 32（5）：93-96.

❸ 当VR技术走进中国课堂[EB/OL]. (2018-09-16). https://baijiahao.baidu.com/s?id=1611731994909438064&wfr=spider&for=pc.

验高中、江苏省男菁高级中学等。2016年7月15日,中央电视台财经频道专题报道了相关内容,在全国反响热烈,市场拓展迅速。❶网龙华渔推出的101VR教室成功应用于多所学校,其包括由软件环境与硬件环境构成的101VR沉浸教室和以培养学生创新精神及动手能力为重点的101VR创客教室。101VR沉浸式教育资源贯穿于中小学各个学科,创设真实的学习情境,建设生活化的课程内容,使学科中抽象的知识难点形象化、具体化、现实化,以辅助学生进行有效学习。而101VR创客教室将VR与STEAM理念、创客精神相融合,发挥学生们的创造力,加强学生们的实践操作能力。❷还有被称为"真正能上课的VR操作系统"的北京微视酷推出的微视酷VR课堂,其核心是IES沉浸式教育软件系统,通过开发多门VR课程与国内多所中小学合作,如在广东顺德养正学校开展了VR公开课,在北京中关村二小开设了VR实验课,在内蒙古包头市九原区蒙古族小学开设中国首节少数民族VR公开课等,让学生们感受到VR为学习体验带来的深刻变化。❸

  VR技术作为一项前沿技术,基于适应未来教育发展需求的目的,其在教育领域的应用越来越广泛深入,对高等教育的变革带来积极的影响,其应用发展情况受到了高校的关注和重视。仅2016年国内高校就建立了200多个VR实验室,高校最早应用VR技术于相对抽象的学科教学中,少部分高校已经进入VR专业的建设阶段。同时,很多高校引进或计划引进一批包括VR互动教室、VR课程建设等多个方面系统组成的VR教育系统,借助VR技术的优势,尤其是其强大的沉浸感与双向交互性来构建技术平台支撑下的新型教育教学模式。基于"VR+"的创新教育教学新模式,三维的立体沉浸式场景能让线上教育场景更加丰富生动,为师生提供"学与教双向互动"的VR技术运用、VR互动学习、VR课程探索的虚拟学习环境,使抽象的理论知识更加具体和

---

❶ 黑晶科技VR超级教室1.0发布,定义VR教育行业标准[EB/OL].(2016-09-20).http://www.sohu.com/a/114706141_372477.

❷ 网龙华渔教育强势进入"VR+教育"[EB/OL].(2016-03-10).https://news.qudong.com/article/309151.shtml.

❸ VR教育迎发展拐点,微视酷宣布VR教育系统全球开放[EB/OL].(2017-06-21).https://www.sohu.com/a/150690996_316116.

形象，让教育变得更加潜移默化和具有趣味性，可以调动学生学习的主动性，发挥自主性，有利于实现大学生自主学习、自主管理、自主服务的教育目标。高科技人才汇聚的高校可以依托VR技术，研发高校VR课程，使学生通过虚拟实验室、体验式实景环境，完成相关实习、实训，最终也可将成熟的VR课程对外输出，可以对"VR+教育"的教育内容进行有益的补充。[1]

可见，我们可以通过深入挖掘教育规律，基于"VR+教育"探索新型教育教学路径，重塑学习方式回归教育的本质，为教育方式的改革和创新提供可靠的技术支撑。随着VR技术在教育界的应用规模不断扩大、形式趋于完善，"VR+教育"的应用将会蓬勃发展，将是未来VR发展中必不可少的章节。

（三）政策支持，VR技术越来越多地应用于我国的教育教学

习近平总书记在全国高校思想政治工作会议上的重要讲话，突出强调了新媒体新技术在加强和改进高校思想政治工作中的重要作用。当前，虚拟现实技术是信息技术快速发展的代表，全球正在掀起VR技术热潮。2016年是VR元年，未来VR技术发展的可观性也引起了国家有关部门和科学家的高度重视。习近平总书记在杭州G20峰会开幕式演讲中明确提出："以互联网为核心的新一轮科技和产业革命蓄势待发，人工智能、虚拟现实等新技术日新月异，虚拟经济与实体经济的结合，将给人们的生产方式和生活方式带来革命性变化。"[2]国务院将VR写入"十三五"国家信息化规划。《中国VR用户行为研究报告》显示，中国VR潜在用户已经达2.86亿，而在过去一年接触或体验过虚拟现实设备的VR浅度用户约为1700万人，购买过各种VR虚拟现实设备的用户约为96万人。[3]目前，VR技术已广泛应用到视频游戏、事件直播、视频娱乐、医疗保健、房地产、零售、教育、工程及军事等领域，不断改变着人类生活的方方面面。面对这一浪潮，2017年1月，中共中央办公厅、国务院办公厅印发了《关于促进移动互联网健康有序发展的意见》，明确提到要加

---

[1] 姚军，党智军，胡琳卿.VR技术在高校校园中的应用[J].中国科技信息，2019（10）：69-70.

[2] 田丰.阿里云研究中心：新一代互联网科技增长动能正在孕育[EB/OL].（2016-10-31）.http://media.people.com.cn/n1/2016/1031/c40606-28820035.html.

[3] 为什么说VR在未来一定是超热行业之一[EB/OL].（2019-12-19）.https://www.huahuo.com/vr/201912/37179.html.

紧人工智能、虚拟现实、增强现实、微机电系统等新兴移动互联网关键技术布局，尽快实现部分前沿技术、颠覆性技术在全球率先取得突破。VR技术得到国家层面的充分重视与认可，该意见从战略高度有针对性地作出了科学规划与产业布局。新一轮科技革命和产业变革大潮澎湃，逐步走向成熟的虚拟现实技术，拓展了人类感知能力，改变了产品形态和服务模式，正是推动经济高质量发展一个不可错失的机遇。

随着信息技术在教育中的深入应用，我国进入了教育信息化2.0时代。技术的进步为教育提供了多种"选项"：大数据、人工智能、云计算、VR等新技术的层出不穷为新的教育应用模式提供了"新武器"。5G技术将使用户得到完美的VR体验，国内有条件的中小学通过VR技术为学生构建一个全新的智慧教育环境，为他们带来丰富的学习体验。未来教育一定伴随着科技创新、人工智能与VR技术发展。❶

当前中国教育领域正处在改革的关键时期，对教育改革的呼声前所未有地高涨，对教育质量和效率的要求也前所未有地高。2018年，教育部印发《关于实施卓越教师培养计划2.0的意见》，明确指出到2035年，师范生的综合素质、专业化水平和创新能力显著提升，为培养造就数以百万计的骨干教师、数以十万计的卓越教师、数以万计的教育家型教师奠定坚实基础。值得一提的是，该计划中明确指出要推动人工智能、智慧学习环境等新技术与教师教育课程全方位融合，充分利用VR技术、增强现实和混合现实等，建设开发一批交互性、情境化的教师教育课程资源。VR技术的应用也成为教育信息化2.0时代教育发展的新要求。2018年12月25日，工业和信息化部发布《关于加快推进虚拟现实产业发展的指导意见》。该意见指出："推进虚拟现实技术在高等教育、职业教育等领域和物理、化学、生物、地理等实验性、演示性课程中的应用……促进虚拟现实教育资源开发，实现规模化示范应用，推动科普、培训、教学、科研的融合发展。"可以看出，VR在教育领域的重要性越来越突出，我国政府通过政策引导和支持"VR+教育"的发展，为VR与教育领域的创新融合应用提供了新的机遇。同时，工业和信息化部发布指导

---

❶ 柳瑞雪，任友群.沉浸式虚拟环境中的心流体验与移情效果研究[J].电化教育研究，2019（4）：99-105.

意见指出，要推进VR技术在高等教育领域的应用；促进VR教育资源开发，实现规模化。

我国政府通过政策引导和支持"VR+教育"的发展，预测到2021年我国VR/AR市场规模将达到544.5亿元❶，为VR与教育领域的创新融合应用提供了新的机遇。高校思想政治教育工作可以充分运用VR技术，为学生构建一个新的智慧教育的新平台新载体，通过VR技术使学习空间实现了无痕迹转换，把思想政治的感性教育与理性教育相结合。这种通过互动和注释对现有多媒体进行升级展示的应用手段将会最大化地激发学生在学习过程中的思考、探索，为之后的高校教育提供更加直接有效的教育体验。对于高校教育机构而言，VR技术的使用是对现有教育案例的不懈探索，为传统教育注入了全新的活力，最终实现新媒体大时代下的高校思政教育改革研究，进行教育手段的创新探索。在VR技术支持下的教育实践，能够弥补由新媒体引起的教育实效性、教育权威性弱化等不足。

据统计，仅2016年国内高校就建立了200多个VR实验室，到2020年以国家名义推出1000项"示范性虚拟仿真实验教学项目"。虚拟仿真实验教学手段的改革是信息技术与教育深度融合的体现。2017年，教育部发布了《2017年教育信息化工作要点》，对高校明确指出：遴选一批典型虚拟仿真实验项目，开展虚拟仿真实验共享平台建设。2017—2020年教育部将统筹规划，认定1000项示范性虚拟仿真实验教学项目。2018年，教育部适应信息化条件下知识获取方式和传授方式、教和学关系等发生革命性变化的要求，写好教育"奋进之笔"，深化信息技术与教育教学深度融合，决定开展国家虚拟仿真实验教学项目建设工作。2018年，教育部《关于狠抓新时代全国高等学校本科教育工作会议精神落实的通知》中首次提出"金课"概念，将虚拟仿真实验项目列为五大"金课"之一，体现了教育部对虚拟仿真实验教学的高度重视。教育部高教司2019年的10项重点工作中包括实施一流课程"双万计划"，其中总体规划：建设1000项虚拟仿真"金课"。2019年国家级金课建设计划：300个国家级虚拟仿真教学实验项目"金课"。

---

❶ 2021年中国VR/AR市场规模将达544.5亿元　年均增长率为95.2%[EB/OL]．(2019-11-25)．http://www.ocn.com.cn/shujuzhongxin/201911/iryuw25103424.shtml．

国家虚拟仿真实验教学项目作为教育部着力打造的五大"金课"之一，是"互联网+教育"之后的"智能+教育"。国家虚拟仿真实验教学项目就是虚拟仿真"金课"，是落实《教育信息化十年发展规划（2011—2020年）》和《2017年教育信息化工作要点》的要求，全面贯彻全国教育大会精神，推进现代信息技术与实验教学项目深度融合，拓展实验教学内容广度和深度、延伸实验教学时间和空间、提升实验教学质量和水平的重要举措。信息技术、智能技术与实验教学的深度融合破解了高等学校实验、实习、实训中的老大难问题，解决了原先"做不到""做不好""做不上"的问题。

2018年，教育部发布《关于开展国家虚拟仿真实验教学项目建设工作的通知》，以进一步推进现代信息技术融入实验教学项目，拓展实验教学内容广度和深度，延伸实验教学时间和空间，虚拟仿真实验教学将实验教学信息化作为高等教育系统性变革的内生变量，将成为助推高等教育教学质量变轨超车的重要工具，助力高等教育强国建设，此举措势在必行。各省也积极响应国家的号召，如浙江省委省政府正式发布《关于全面实施高等教育强省战略的意见》。该战略意见中明确指出要推进教育和管理数字化，探索建设基于增强现实、虚拟现实、混合现实技术的沉浸式学习环境。❶教育部《关于公布2019年度普通高等学校本科专业备案和审批结果的通知》中，将虚拟现实技术作为新增专业，也足以看出国家对其发展的重视和支持。

因此，从VR技术应用浪潮的兴起，到5G网络到来后，"VR+"蓬勃发展，再到政策支持，VR技术越来越多地应用于我国的教育教学，我们可以看到，新媒体视阈下基于VR技术的思想政治教育研究的背景是非常好的，研究正当时。

---

❶ 浙江省政府：探索建设基于VR/AR/MR技术的沉浸式学习环境 [EB/OL]. (2019-01-31). https://www.weizenet.com/n/1503.

二、新媒体视阈下基于VR技术的思想政治教育研究的意义

(一) 本书的研究对于解决新媒体视阈下高校思想政治教育的现实意义

本书的研究对于解决新媒体环境下高校思想政治教育的不适应性,加强高校思想政治工作新阵地新平台新载体建设,创新思想政治教育模式,提升思想政治教育工作对青年学生的影响力、吸引力研究,具有重要意义。

新媒体的发展作为人类科技史与文明史上的一次重要革命,将对人类经济社会发展产生前所未有的影响。随着新媒体技术进化周期越来越短,其作用于社会发展的力度也会越来越大。随着持续推进现代信息技术与教育教学深度融合,互联网、大数据、人工智能、VR技术等现代技术在教育和管理中的应用与日俱增。新媒体提供给大学生前所未有的、多样化的审视视角,使他们能够更加便利地接触到多样的知识和文化,它是一种崭新的教育环境,它需要有相应的教育模式与之相适应。同时,面对现代化进程的挑战及教育模式的不断改变,传统教育的学习环境弊端越来越凸显出来,而传统的教育模式与新媒体环境存在以下四个方面的不适应。一是传统教育模式集中统一的"一刀切"模式、自上而下的单向灌输方式、简单的命令说教形式不适应新媒体环境丰富的多元模式、双向和直接交流方式及图文并茂、音视同期的特点。21世纪的青年长期使用电子设备,是快节奏时代的一分子,技术的进步多样化发展意味着学生求学方式的多样化。传统教育局限于"教师讲,学生听"的模式,长期的传统教育易使学生感到疲惫,从而导致注意力不集中,教学质量下降,单一的教学模式很难引起学生的求学兴趣。二是传统教育模式载体形式日显滞后和低效不适应新媒体所显示的信息渠道多、覆盖面广的特点,使传统教育中的教育者和受教育者在很大程度上处于同一个"信息平台",大大降低了教育者的权威性和影响力。三是传统教育模式不适应新媒体传播的"去中心化",不利于社会主义核心价值观主流地位的形成,影响思想政治教育的实效。四是新媒体成为思想文化信息的集散地和社会舆论的放大器,成为意识形态较量的重要战场,对大学生的影响越来越大,但是传统教育模式在对抗中不具引导力,使泥沙俱下的多元文化信息,对涉世不深的大

学生带来思想混乱，导致他们的价值观出现偏差，个别人甚至误入歧途。但不可否认的是，传统教育模式的阵地作用是不可能完全被取代的，我们应该研究新的教育模式与之相结合并相辅相成，从而更好地适应新媒体环境。如果可以创新教育模式与传统的教育模式相结合，就既可以弥补传统教育模式与新媒体环境的不适应性，又可以发挥传统教育模式在常规教育中的阵地作用。在未来的教育行业中，"VR+教育"对传统教育有着良好的兼容作用。

VR技术是未来互联网发展的关键技术之一，特别是在教育领域中它是一种先进教育方式的变革。前面章节也讲到5G网络到来后，"VR+"蓬勃发展，加之政策的大力支持，"VR+教育"越来越多地应用于教育领域。"VR+教育"沉浸式教育环境的出现将颠覆传统的思想政治教育思维和单向的思想政治教育模式，为教育界带来一系列重大变革，并营建新的教育生态，在激发学生创造性的深度学习方面发挥重要作用。随着科技的不断进步，信息技术发展日新月异，学生们可以学习理解更多、更复杂且非常抽象的知识，而不仅仅是满足于传统教育中一些浅显易懂的基础知识和一些基础层面的理论，显而易见，传统教育已经无法追随学生们提升认知能力的步伐。因此，教育工作者需要不断关注了解新技术及其特性，其应用于教育的优势何在，并不断思考如何将新技术所具备的特点应用于教育领域。新媒体视阈下基于VR技术的思想政治教育的应用同样如此，前一节已经介绍了VR技术及其特性，接下来介绍"VR+教育"的优势。

沉浸性、多感知性、交互性、构想性、自主性是VR技术的五个基本特性，其刚好可以满足信息化教育环境下对教育技术的一些要求，甚至填补传统教育的一些缺失，"VR+教育"的优势具体如下。

（1）沉浸性使教育更有针对性和有效性。"VR+教育"构建的深度学习场域，打破了现有的常规教育方式，将学生的学习过程从二维模式带入三维模式，改变传统方式的局限。根据师生的需求不同，提供虚拟模拟现实场景，比平面的文字和多媒体影音更加直观、可视、容易被理解，把课堂交给学生，可以将传统讲授方式转变为启发引导式，让学生在逼真的虚拟情境里寻找和探索，让学生真正参与到学习活动中，主动获取知识，参与感较强。利用沉浸式、趣味式、交互式的方法，让学生真正"在做中学"。有报告显示：人们对听到的内容只能记住20%，对看到的能记住30%，而对亲身经历或模拟的内容能记住90%。传统的教育教学只是让学生听和看，很少有亲身体验的机会。VR技术独有的沉浸感可以让学生身临其境地体验到课堂所讲内容，从而加深记忆，提高学习效果。❶

（2）多感知性增强教育的可感受力。VR技术可以将人所处真实环境中的真实感官刺激模拟甚至放大，能够全方位调动学习者的视觉、听觉、触觉、嗅觉、味觉、力觉等多重感知，并且还在不断地模拟人具有的所有感知功能。通过多感官刺激，创造沉浸性、临场感，实现学习者身心感受的联结，增强学习者的感受力。与此同时，VR技术在教育领域的应用，融入VR技术的教育形式比之传统的教育具有更强的表现力，它可以将教育中那些诸如特殊地理地貌、历史人物事件及大多数不容易接触到的事物通过VR技术以图片、视频、动画等直观易懂的方式展现，促进对教育内容的深度理解。

（3）交互性让教育更具活力。信息化的快速发展，以及随之而来的浅阅读时代的来临，让越来越多的学生对书本的依赖性减弱，而更偏向于电子方面的浅层阅读。"VR+教育"有别于课本知识的一维形式、视频知识的二维形式，VR技术支持的知识形式是三维立体的，可以让学习由快速呈现向深度理解和体验探究知识深化，可以让内容脱离屏幕，重新回到书本上，并赋予娱乐性和互动性。VR技术可将一些抽象的概念，通过技术手段具象化，学习者通过亲身体验情境化学习环境，经过一系列动手操作获得行为结果和环境反馈，从而更好地掌握正确的操作行为和概念知识。❷受教育者在虚拟环境中通过传导设备可以进行操作和环境交互，学生既可以作为旁观者进行跟随式体验，也可以作为主人公进行参与式体验，学习者的交互可以快速准确地反馈到虚拟世界，从而对模拟世界产生作用。学习中能够真正地去体验和交互，以此来激发学生对学习的兴趣，使处于被动的学习者成功转变为学习的主导者，让教育更具活力。

---

❶ VR技术应用到教育行业有哪些优势？[EB/OL].（2018-09-29）.http://www.sohu.com/a/256885952_99999225.

❷ 高媛，刘德建，黄真真，等.虚拟现实技术促进学习的核心要素及其挑战[J].电化教育研究，2016（10）：77-87.

(4) 构想性增加教育的吸引力。VR技术在视频技术和影视展现的基础上，凸显了其"再现"与"具象化"的优势。VR技术的可视化和交互性，使它可以通过建模生成一种模拟环境，利用各类传感设备将学生置身于虚拟的情境里，学生通过勾勒创意、自己"动手"，把学习的知识与模拟环境自然交互，更加"具身"的学习效果，激发学习兴趣，降低认知难度。VR沉浸式教育技术通过创设仿真情境，可以模拟真实与设想，跨越时空，将过去与未来、宏观与微观、远方与近处等呈现眼前并进入，直观地建立知识与知识、概念和现象、情绪和知识之间的链接，更好地激发学生探索未知世界的好奇心，比应用视频、动画等多媒体形式的教育更有吸引力。❶

(5) 自主性提高受教育者的自觉性。VR技术具有仿真和交互性，用沉浸式体验增强学生的代入感，又有良好的互动性，这些特有的优势可以让学生用眼看、用耳听、用脑想、动手做，实现多元化教育，建立教育新形态，不再"以教定学"。VR产品是一个强大的资源库，可以给教育提供丰富的学习资源，从而最大限度地表现出其良好的教学与资源优势，受教育者不再受屏幕或书本限制，开阔学生视野，还可以在情境体验中发散思维、建构知识，大大提高受教育者学习的自觉性。❷同时，VR技术所创建的优质教学资源和虚拟教学环境，通过互联网共享到教学资源匮乏的偏远地区，克服空间距离的限制，将极大提高偏远地区的教学质量，在促进教育公平和实现资源共享方面发挥一定的积极作用。❸

可见，"VR+教育"的优势是非常突出的，将其有机融入教育中必将产生良好的效果。通过VR技术，使学习空间实现了无痕迹转换，使学习者在空间中充满着特有的移情效应，实现共鸣。VR技术作为一种有效的传达方式，通过不同类型、层次、范畴的文化符号的表达，使学生在VR体验的同时引发出

---

❶ VR技术之于教育行业的四大意义[EB/OL]. (2018-01-16). http://vr.sina.com.cn/news/js/2018-01-16/doc-ifyqrewi6620693.shtml.

❷ 吴艳,刘卓,刘梦,等.基于VR技术的沉浸式教学的效果研究和推广[J].数码设计,2018(1):160-161.

❸ VR技术应用到教育行业有哪些优势？[EB/OL]. (2018-09-29). http://m.sohu.com/a/256685952_99999225.

无限的思考和领悟，完全符合信息化教学的发展理念，提高教育效果。革新教育形式，重构教育理念与教育思维，这种教学效果无疑生动直观、令人印象深刻。于教育而言，使学习具有个性化、智能化、沉浸式等多维度必将成为主要发展潮流。VR技术不仅提高了学生们对于复杂思维概念的认识和理解，也为学生们提供了一些普通环境下无法实现的学习机会。随着VR技术的快速发展，基于VR技术的高校思想政治教育具有以下优势和教育意义：创设心理沉浸感、增强受教育体验、激发学习动机、实现情境学习和发挥知识迁移等方面的优势。❶

（1）创设心理沉浸感。将VR技术应用于思想政治教育，让学生在虚拟世界中感受到意想不到的感官冲击，VR是全景展示技术与虚拟现实技术的融合，可以全方位展示图片与视频信息，可以让学生忽略计算机等实体设备，在虚拟情境中身临其境，学习环境更加全面、逼真、自然，让学生具有高度的沉浸感，让学生自主探索、学习。虚拟现实技术能够全方位调动学习者的视觉、听觉、触觉、嗅觉、味觉等，实现身心感受的联结，增强学习者的感受力，可以通过观察、操作等学习行为获得具体的经验，提升了学习者的存在感、专注度和直觉感知，增加学习者的接受和认可度。

（2）增强受教育体验。用沉浸式的环境，增强了学生的代入感，提供丰富的自然交互方式和功能，通过传感器与虚拟环境的任何物体以最自然的方式进行交互，如运用声音、体感、注视、表情等交互，每个学生都是以主角的身份置身其中，实现了一对一自主学习。不仅实现"机身合一、知行合一"的交互，还实现"生生交互和师生交互"。

（3）激发学习动机。VR技术提供的虚拟教育场景还原度高，其仿真体验式学习环境，能够给学生带来轻松、愉悦、感兴趣等积极情绪，能够激发其学习的内部动机，激发与影响学习者动机、自我效能感等，可以让学生从被动的"填鸭式"教育转为自我探究性教育。

（4）实现情境学习。在教学场景中，VR技术能够将教学内容与信息直观生动地表现在学生面前，让学生能够直观、真实地感受教学场景；能够克服传统教育环境的限制，有利于形成虚实融合的教育环境，让教育的内容可视

---

❶ 顾唯薇. 基于VR视角的小学基础课堂教学情境重构策略 [J]. 电脑迷，2018（12）：109.

化、形象化，可以将抽象的概念通过形象立体的模型展现，将抽象难懂的理论知识以活泼、易于接受的立体场景呈现出来，将抽象的知识具体化，让学生从理性和感性两方面学习。能够为学生提供及时的学习反馈和指导，有利于学生的反思及抽象概念的形成，也有利于学生主动检验知识。

（5）发挥知识迁移的优势，知行合一，让思想政治教育实现理论和实践相结合，实现入脑、入心、入行的教育效果。可以将书本上较难理解的理论知识转为直接的现实体验，同时可以通过还原场景的方式，消除在时间和空间上造成的认知阻碍，增加学生的正确认知，操作方便而快捷的双向互动，学生们更乐于接受。

（二）本书研究为现代化教育的发展提供理论依据和实践参照

本书的价值在于可以直接辅助思想政治教育尝试基于VR技术的新模式，使受教育者在教育过程中"知行意情"统一，走出一条创新之路。推进VR技术在教育领域的应用，不仅为国家、地方政府、各行各业乃至个人"VR+教育"模式提供蓝本，也为现代化教育的发展提供理论依据和实践参照。

传统教育的理念阐释什么是知识，应试教育理念解决应该做什么，"VR+教育"的理念则让学习者体验、悟出什么是知识。它是一个感受最深的、最富于联想的教育理念和思维。我们要多思考将教育理念与技术融合，以期更好地将技术服务于教育。VR不仅拓展了教育技术的思想和内涵，更重要的是它推动了教育历史进程的快速发展。高等教育发展在不同时期都受到技术发展的影响，从传统的教育发展到图文教学、视听教学，再到多媒体技术的广泛应用，无不看到技术的推动作用。随着计算机技术与网络技术快速发展，如今，技术突破二维图像局限，带给人们跨越时空、多维立体、真实与虚拟交融的体验，必将带来教育理念、手段、方式与方法的变革。

"VR+教育"基于建构主义学习理论、认知学习理论和具身认知理论进行构建，将认识世界、感知世界、构建知识紧密融合，是一种无技术痕迹的情境教育方式。在VR情境下观察学习中的具身参与不仅体现了受教育"到场"，更实现了受教育的"上场"，是兼容了内容之知、方法之知与体验之知的综合性学习。

第一，"VR+教育"基于建构主义学习理论进行构建。建构主义主张世界是客观存在的，但对事物的理解却是由每个人自己决定的。不同的人由于原有经验不同，对同一事物会有不同理解。建构主义学习理论认为：学习是引导学生从原有经验出发，生长（建构）起新的经验。❶在行为主义理论中，学习是由知识和外界相互联系，从而建立刺激—反应的联结。❷"VR+教育"创设的虚拟学习环境可以使学习者在交互的过程中获得反馈，并按照反馈进一步操作，实现知识和反应之间的联系和构建。VR虚拟学习情境所提供的大量建构工具体系和表现区域，加以学习者的主观能动性，与皮亚杰"把实验室搬到课堂中去"的构想与实践，以及"学习是一种真实情境的体验"的建构主义观是相符合的。❸❹"VR+教育"的优点是它通过技术手段营造了一个幻想空间，生动地构建了假定性的形象，能够建构现实环境中难以表现的情境和信息，并与真实环境无缝融合。通过虚拟体验弥补可能存在的原有经验的差距，通过自然的学习和互动，引导学习者从虚拟体验中获得的原有经验出发，建构起新的经验（知识），这非常有利于抽象内容教学和启发式教学，提高学生的学习兴趣。

第二，"VR+教育"基于认知学习理论进行构建。认知学习理论是通过研究人的认知过程来探索学习规律的学习理论。主要观点包括：人是学习的主体，主动学习；人类获取信息的过程是感知、注意、记忆、理解、问题解决的信息交换过程；人们对外界信息的感知、注意、理解是有选择性的；学习的质量取决于效果。"VR+教育"的交互性让教育更具活力，构想性增加教育的吸引力及自主性提高受教育者的自觉性等优势，可以充分激发学习者的自觉性，让学生成为学习的主体，主动式学习，并通过身临其境的感知虚拟情境体验，帮助学生对当前教育内容达到更加深刻和准确的理解。在虚拟情境里产生的移情和共情，更容易被自己接纳和认可，学习的实效性好。

第三，"VR+教育"基于具身认知理论进行构建。具身认知理论，也称

---

❶ 李方.教育知识与能力[M].北京：高等教育出版社，2011.

❷ WATSON J B.Psychology as the behaviorist views it [J]. Psychological Review, 1913, 20（2）: 158.

❸ JONASSEN D H. Thinking technology: toward a constructivist design model [J]. Educational Technology, 1994, 34（4）: 34-37.

❹ 蔡苏，王沛文，杨阳，等.增强现实（AR）技术的教育应用综述[J].远程教育杂志，2016（5）: 27-40.

"具体化"（Embodiment），是心理学中一个新兴的研究领域。具身认知理论主要指生理体验与心理状态之间有着强烈的联系❶❷。生理体验"激活"心理感觉，反之亦然。❸具身认知强调认知的涉身性、体验性、环境嵌入性，主张把心智根植于身体，把身体根植于环境，从身体与环境互动的视角看待学习。具身认知理论强调认知的涉身性、体验性、环境嵌入性与虚拟情境的交互性、沉浸性、构想性有高度的契合性，确立了身体和体验在认知与学习过程中的合法地位。同时，生理体验"激活"心理感觉，"VR+教育"就是通过学生在虚拟环境里的生理体验从而"激活"自己的心理认知和感情，又经过交互性的反馈作用于虚拟环境的学习过程。学习者在虚拟情境下观察学习中的具身参与不仅体现了学习者"到场"，更实现了学习者的"上场"。

VR技术应用于思想政治教育充分运用了建构主义学习理论、认知学习理论和具身认知理论等，将认识世界、感知世界、构建知识紧密融合，是一种无技术痕迹的情境教育方式。其策略是"境中思""境中学""境中做""境中冶"，通过学习者的学习体验、临场感及心流体验的认知过程影响个体产生移情，达到教育共情。基于VR技术的新模式，将深层次改变传统的思想政治教育思维和单向的思想政治教育模式，营建新的教育生态，在激发学生创造性的深度学习方面发挥重要作用。革新教育形式，重构教育理念与教育思维，这种教育效果无疑生动直观、令人印象深刻，使学习具有个性化、智能化、沉浸式等多维度必将成为主要发展潮流。

思想政治教育可以充分运用这一新技术，进一步增强时代感和吸引力。传统思想政治教育模式与新媒体环境存在不适应性，VR技术的出现，使教育手段更科学化、多样化、高效益，能提供直观、形象的视听觉材料，能让学生感知到在现实中不能触碰的事物。VR技术所提供的教育信息具有较强的新颖性，而且具有信息内容的多样性，能够充分地刺激学生的感官，从而吸引学生的注意

---

❶ NIEDENTHAL P M, BARSALOU L W, WINKIELMAN P, et al. Embodiment in attitudes, social perception, and emotion [J]. Personality and Social Psychology Review, 2005, 9: 184-211.

❷ LANDAU M J, MEIER B P, KEEFER L A. A metaphor-enriched social cognition [J]. Psychological Bulletin, 2010, 136: 1045-1067.

❸ BARSALOU L W. Grounded cognition [J]. Annual Review of Psychology, 2008, 59: 617-645.

力,不断提高学生的学习兴趣,激发学生对于知识的渴求欲望。在VR技术支持下的教育实践,具有生动性、趣味性,能够弥补传统教育模式中存在的不足。

随着VR技术的快速发展,其无疑在教育发展史上成为一种特殊的革新代表。VR将开启一个崭新的教育时代,主动式学习、场景化体验、多维情境教育,其教育思维体现在打破了传统的教育模式,通过在教育设计、教育创作和教育实施全过程中使用VR技术,完成教育类型、教育手段、教育方法、教育形态及教育空间的形态转换,形象生动地展示了事物的性质、规律及事物之间的内在联系,帮助学生对思想政治教育的内容达到更加深刻和准确的理解,为思想政治教育探索出一条创新之路。其有利于以下方面:①了解基于VR技术的教育教学生态,为我国制定新媒体教育体系和政策提供借鉴;②可透视新媒体环境下教育实践的现状,丰富教育学、传播学的研究内容;③可发现基于VR技术的教育模式有别于传统的模式,有利于提升思想政治教育的独特魅力;④基于VR技术,利用情境认知理论,构建双向思想政治教育模式,形成"体验—反思—形成感知—验证认知"相互循环系统,实现线上与线下互联。VR作为一种新型的手段在教育领域进行跨界融合,学习者能够在VR的教育情境中,以最贴近真实的方式进行自主探索,让学习者体验到了一种新颖、有趣而又不产生操作隔膜感的学习方式。

VR技术从为未来战争的武器设计发展到VR+智能化融合性设计,带有跨时代的颠覆性变化,如今,VR全面进入教育领域已成为现实,VR教学空间已成为具有自身独特规律、独特魅力、独特价值的虚拟空间。它是一个感受最深的、最富于联想的教学理念和思维。教育本身就是教化,VR的教化将认识世界、感知世界、构建知识紧密融合,是一种无技术痕迹的教育,真正体现技术为教育服务的思想,产生的教学效果将高于原知识价值效果,将会产生"1+1>2"的效应,产生的效果不是物理叠加效应,而是化学反应效应。

"VR+教育"可以紧紧围绕我国高等教育教学改革发展的总体要求,实现现代信息技术与教育的深度融合。VR具备重塑教育的潜力,基于VR技术的思想政治教育研究,充分运用了建构主义学习理论、认知学习理论和具身认知理论等,可以给现有思想政治教育增加活力,提高其教育有效性,使受教育者在教育过程中"知行意情"统一。同时,该研究为国家、地方政府、各行各业乃至个人"VR+教育"模式提供蓝本,也为现代化教育的发展提供理论依据和实践参照。政府在"VR+教育"领域着力于产学研用结合的VR教育应用实证研究体系;研究机构可以积极整合资源,开展高生态效度的基础研究;产业尊重教育规律,优化VR教育;学校和教师成为专家学习者,从教育角度思考、尝试VR应用,为"VR+教育"的推进,探索一套可复制的教育模式。

(三)本书研究的可预期价值

本书的价值在于面对5G网络到来后,面对"VR+教育"蓬勃发展的趋势,可以提前在VR教育中布局,净化环境,抵制和克服VR技术发展可能带来的消极影响,充分发挥思想政治教育的积极作用,正面引导,同时防患于未然,规避VR技术发展带来的负面影响,使受教育者形成社会所需求的思想品德。

现代信息技术的发展,在极大程度上改变了人们的生活方式及生活习惯。5G网络的到来,"VR+教育"的发展态势不容小觑。VR技术作为一种现代化的信息技术形式,接下来将会更多地应用到社会的各个方面,其在思想政治教育中应用,在极大程度上体现了创新的教育发展观念,对思想政治教育的发展具有积极意义。

基于VR技术的思想政治教育研究要与思想政治教育过程自身的特点相融合。思想政治教育过程有其区别于其他教育过程的自身特点,它是由人的思想品德形成与发展过程的特点决定的,具有社会性。思想政治教育过程总是在一定社会历史条件下和社会环境中进行的,受社会历史条件和社会环境制约。社会环境中的各种因素都会对受教育者的思想品德的形成与发展产生影响,这种影响具有很大的随机性。这就要求思想政治教育过程必须实现自身的社会化,主动面向社会,依靠全社会的力量,净化社会环境,抵制和克服社会环境中的消极影响,充分利用社会环境中的积极影响,使受教育者形成社会所需求的思想品德。❶

在学习习近平总书记全国宣传思想工作会议重要讲话精神时,文化部部长雒树刚也指出,党的宣传思想工作"要直面社会热点难点问题,坚持主动

---

❶ 陈万柏,张耀灿.思想政治教育学原理[M].3版.北京:高等教育出版社,2015.

引导、及时引导、深度引导，抓好经济民生问题、突发事件引导，抓好思想理论领域问题引导，着力解疑释惑、疏导情绪，既讲'怎么看'，又讲'怎么办'，消解诱发矛盾的负面因素，引导社会情绪、社会心理朝着积极健康的方向发展"❶。

可见，现阶段在教育改革的推动下将"VR+教育"引入思想政治教育中的优势非常突出，VR技术在思想政治教育中的应用，是思想政治教育发展的一次机遇，将产生比较好的实际教育效果。但是，由于VR技术是一种基于现代信息技术基础上的技术内容，网络是一把"双刃剑"，其复杂性同样会造成一定的消极影响。从这方面进行理解，VR技术的应用，也是对现代思想政治教育的一次挑战，需要提前防范、积极引导，实现其正向的教育价值。VR技术可能带来的消极影响有以下方面。

1. 影响教育环境

环境对人的影响是巨大的，思想政治教育作为一种针对学生思想观念的教育形式，环境的作用是非常重要的。与传统的思想政治教育模式相比，"VR+教育"突破了校园等狭小的教育环境范围，整个虚拟的网络环境都将成为影响学生的最主要环境。在学校教育环境被削弱的同时，虚拟的复杂的网络环境可能对学生的思想产生不利的影响。

2. 弱化思想政治教育的权威性

在传统的教育模式中，教师主要通过课堂等开展教育，进行引导，向学生传播正确的世界观，教育的权威性非常突出。❷但是，随着VR技术应用普及化，如果学生使用VR观看暴力等不健康甚至暗含着消极的人生观、价值观的情境，可能导致学生接收到错误的信息，进而产生不良的心理观念，最终使教师进行思想政治教育的权威性减弱。

3. 冲击学生的世界观

大学阶段正是学生的世界观、人生观和价值观形成的关键时期，部分学

---

❶ 雒树刚.牢牢把握"两个巩固"根本任务　扎实推进宣传思想文化工作[N].人民日报，2013-09-09.

❷ 李伟雄.中共党史教育：大学生思想政治教育的重要内容[J].山东省青年管理干部学院学报，2016（6）：76-80.

生的猎奇心理也比较强，而VR技术是在网络技术基础上发展来的现代技术类型，其依托网络世界而内容丰富，如果不提前防范，提前运用正面的、积极向上的"VR+教育"内容占领教育主阵地，则可能给学生的思想政治教育带来负面的影响。

应当说，研究新媒体视阈下基于VR技术的思想政治教育是非常有必要的。一方面，随着现代信息化的到来，研究思想政治教育离不开VR技术的应用，或者说其是思想政治教育的一个抓手、载体和途径；另一方面，基于VR技术的思想政治教育研究，引领教育研究进入可分解、可重构教育模式中，解决新媒体环境下高校思想政治教育的不适应性，改革和发展思想政治教育模式，使受教育者在教育过程中"知行意情"统一，走出一条创新之路。基于VR技术的思想政治教育，既形成了思想政治教育活动的鲜明特色，也丰富了新时期思想政治教育的内容体系，创造出高水平的教育模式与方式，教育的核心是面向未来的，将VR技术引入教育，绝不是教育内容和工具的简单相加，"VR+教育"将变成一种学习与思考方式❶，大大丰富教育界的研究成果。

因此，新媒体视阈下基于VR技术的思想政治教育研究，对于加快思想政治教育信息化的研究与探索，推进新时期思想政治教育学科的发展，增强思想政治教育的吸引力、影响力、亲和力与针对性、实效性都具有重要意义。

第三节 国内外研究现状

一、国内研究现状

（一）重视VR技术的应用研究

虽然我国的VR技术研究起步较晚，但是随着经济、科技的快速发展及计算机图形和互联网等技术的提升，我国对VR的研究与应用已取得了重大

---

❶ 高嵩，赵福政，刘晓晖. 国外虚拟现实（VR）教育研究存在的问题与启示[J]. 中国电化教育，2018（3）：19-23.

进步，有了质的飞跃。VR的兴起也引起了众多企业的高度关注，百度、阿里巴巴、腾讯三大巨头，电商企业、互联网企业、电子企业等纷至沓来，联合各高尖端人才在VR的产品研究上各显神通、推陈出新。其中，腾讯公布VR计划、百度视频VR频道上线、阿里巴巴投入大量资金支持对VR/AR的创业。

就VR的应用来讲，随着VR技术的成熟及VR技术在视觉、听觉、触觉等方面给用户提供的体验逼真度的提升，再加上VR成本的降低，更加促进了VR在各行各业的应用，尤其在医疗、航空、旅游、娱乐、媒体、游戏、房地产等行业应用广泛。

2018年6月5日，第三届中国VR/AR创作大赛开幕式暨中国VR/AR全球战略发展论坛举行。开幕式上，中国VR/AR产业全球战略合作签约，首批学界、业界、媒界单位加盟。本次签约旨在集结社会各方科技力量，将北京师范大学的创新学术力量与人民网的强大媒体平台相结合，创造中国VR/AR产业的新产品、新平台及新纪元。中国VR/AR产业全球发展战略以虚拟现实与增强现实为核心、内容创作为重点、VR/AR业态应用为导向，旨在打破行业壁垒，助力VR技术普及和创意延展。战略合作计划旨在汇聚行业优势资源，共建VR/AR实验室、产业研究院，开展行业观察、产业皮书学术研究，为中国VR/AR产业全球发展提供智库支持；战略合作平台将共同开设VR/AR工作坊推进创新人才培养、扶持内容创作优质项目；还将召开VR/AR产业国际研讨会、举办中国VR/AR创作大赛和产业博览会、共建VR/AR产业园区等活动打造产业生态链，促进VR/AR产业健康活力发展。❶

2018年12月18日晚，第三届中国VR/AR/MR创作大赛金铎奖颁奖典礼在北京师范大学举办。中国国家地理影视中心的作品《本色中国》摘得本届金铎奖桂冠，《本色中国》采用世界领先的实景VR技术记录了50余个中国的世界级景观，展现了中国最自然、真实、本色的面貌。作为全球第一批360°8K立体VR节目，它以超越时代的影像效果带来身临其境的超凡体验。时任北京师范大学党委副书记田辉指出，改革开放40年来，我国实现了大

---

❶ 第三届中国VR/AR创作大赛开幕式暨中国VR/AR全球战略发展论坛举行[EB/OL]. (2018-06-06). https://www.bnu.edu.cn/ttgz/87857.htm.

发展、大变革，而包括VR/AR/MR在内的科技进步发展也是这40年伟大变革的一部分。❶

（二）VR技术应用于教育的相关研究

VR技术作为未来互联网发展的关键技术之一，现在越来越多地应用于教育领域。全球范围内VR技术高速发展，国内对教育改革的呼声不断高涨，在新兴技术应用于教育的热度不断提高的背景下，它的出现将颠覆传统的教育思维和单向的教学模式，为教育界带来一系列重大变革，并营建新的教育生态环境，在激发学生创造性的深度学习方面发挥重要作用。

国内对虚拟现实技术在教育领域应用的关注与日俱增。它让学习者体验到了一种新颖、有趣而又不产生操作隔膜感的学习方式。虚拟现实作为一种新型的手段在教育领域进行跨界融合，学习者能够在虚实融合的教学情境中，以最贴近自然的方式进行自主探索。基于虚拟现实的交互手段提供了新的教育方式，知识会越来越具有交互性、流动性和情境性。这说明VR技术在教育中应用的范围宽泛，潜力巨大。

1. VR技术应用于教育的实践研究

有条件的中小学围绕部分课程引导学生在真实场景下学习，通过虚拟现实技术为学生创设更加真实的学习情境，通过具体直观的表征形式及生动的交互体验，让学生在虚拟环境中学会观察、探索与实验，从而促进学生理解知识，激发学生兴趣，为他们带来丰富的学习体验。通过可穿戴设备，利用增强现实技术、移动情景感知技术、物联网技术及教育游戏等手段，为学生构建一个全新的智慧教育环境。与此同时，各级教育主管部门与学校之间相继组织研讨会、交流会等活动，提升中小学教师对虚拟现实技术的认识，促进新科技教学实践的研究与应用。如2017年4月，南京市教育局举行了VR技术在教育教学中的应用研讨活动。研讨活动中既有小学校长汇报学校将虚拟现实技术运用于教育教学的探索与思考，又有任课教师现场示范，直观展示VR技术如何在教学中解决难点问题、如何提升课堂效率。

---

❶ 第三届中国VR/AR/MR创作大赛金铎奖颁奖典礼举行 《本色中国》摘得桂冠[EB/OL]. (2018-12-19). http://www.sohu.com/a/282918498_162758.

我国部分科研机构和重点高校也开始重视VR技术的研究和应用，譬如北京航空航天大学、清华大学、浙江大学、西安交通大学信息工程研究所等都展开了这方面的研究，并取得了不错的成就。同时，威爱教育-HTC Vive虚拟现实新技术实验室成立。2018年，北京航空航天大学软件学院虚拟现实专业计划招生人数达400人。2017年5月8日，第十届全国职业院校技能大赛正式拉开帷幕，天津中德应用技术大学举办的"VR（虚拟现实）技术创新大学生思想政治工作竞赛"热火朝天。2018年5月28日至5月31日，全国职业院校技能大赛高职组"虚拟现实（VR）设计与制作"赛项在福建船政交通职业学院举办，来自全国29个省份的77所高职高专院校的228名选手参加了此次比赛。这些都体现了各高校及科研机构对VR技术的重视。

VR技术应用最广泛的教育领域应该是高校中的专业课教学，高校是VR技术出现并迅速发展的主要场所，最早出现在化学等学科教学活动中。在相对抽象的学科教学中，多媒体的应用通常只是对相应图像进行展示，即使是视频展现形式，也仅仅是对某一特定对象进行多角度、多方位的呈现，对于学生不同层次的需求很难自动进行角度转换，对于一些专属名词也很难进行精确的解释。VR让学生有强烈的知识破解感和学习冲动感，它可以是对人类社会生活的折射，也可以是对未来世界的描述，可以任意让学习者进入不可能进入的空间进行体验式学习。VR技术使学习空间实现了无痕迹转换，使学习者在空间中充满着特有的移情效应，同时充满了对未知知识的期待。这种通过互动和注释对现有多媒体进行升级展示的应用手段将会最大化地激发学生在学习过程中的思考、探索、动手能力，对于培养学生的创新意识具有强力的推进作用。

2016年被称为VR元年，全球教育技术领域正密切关注其发展与教育应用。虚拟现实作为一种新型的手段在教育各领域进行跨界融合，通过模拟各种场景，使用户身临其境地浸入各种环境，让用户在虚实融合的教育情境中，以最贴近自然的方式进行自主探索，实现学习体验的最大化。2016年，教育部办公厅《关于批准北京大学考古虚拟仿真实验教学中心等100个国家级虚拟仿真实验教学中心的通知》发布，可见虚拟仿真教学是高等教育信息化建设的重要内容，将虚拟现实技术融入日常教学中越来越被认可。

2. VR技术应用于教育的理论研究

我国就VR技术应用于教育的理论研究起步相对较晚。目前，国内也开展了一些理论研究。马小南提出高校创新创业教育应将虚拟现实技术引入教学中，创新人才培养模式；[1]刘勉、张际平提出将虚拟现实技术融入未来课堂的构想；[2]李小平等提出VR/AR教学体验的分层构成模型和VR/AR教学体验设计的评价标准；[3]张冰、朱林珍、张爱国提出在地理教学中应用虚拟现实技术，推动教学条件的改善、教育理念更新；[4]尹敏敏、张奕雯、黄昭鸣主张通过虚拟桌面技术构建康复实践课模式；[5]吴南中、李健苹对虚拟融合的学习场域方法论特征进行分析，提出虚实融合的学习场域形成的保障机制，认为强化以对话为基本特征的交互是虚实融合的学习场域的内在动力。[6]

闫坤茹在2019年发表的论文《虚拟现实教育的研究现状及发展趋势——基于2014—2019中英文期刊文献分析》中指出，他们的研究团队确定了以下四条选取论文的限定条件和策略。第一，仅选取已发表的中英文实证研究论文。中文文献选自"中国知网（CNKI）"全文数据库，英文文献选自"Web of Science"引文索引数据库。第二，考虑到论文质量，中文选取来源于CSSCI/CSCD/核心期刊的论文，英文选取Web of Science核心合集中的SCI/SSCI数据。第三，在检索中，中文检索主题词为"VR和教育"与"虚拟现实和教育"；英文检索主题词为"Virtual Reality AND Education"与

---

[1] 马小南.虚拟现实技术在创新创业教育中的应用[J].中国高校科技，2018（9）：95-96.

[2] 刘勉，张际平.虚拟现实视域下的未来课堂教学模式研究[J].中国电化教育，2018（5）：30-37.

[3] 李小平，赵丰年，张少刚，等.VR/AR教学体验的设计与应用研究[J].中国电化教育，2018（3）：10-18.

[4] 张冰，朱林珍，张爱国.虚拟现实技术在地理教学中的应用[J].中学地理教学参考，2017（3）：40-42.

[5] 尹敏敏，张奕雯，黄昭鸣.基于虚拟桌面技术康复实验教学模式的构建及应用[J].残疾人研究，2018（3）：66-70.

[6] 吴南中，李健苹.虚实融合的学习场域：特征与塑造[J].中国远程教育，2016（1）：5-11.

"VR AND Education"。第四，考虑到时间推移下技术演进的影响，选取发表时间在2014—2019年的论文。按照以上条件初步检索后，获得中文论文69篇、英文论文62篇，共计131篇。剔除关于VR系统开发、VR教育平台介绍、非实证研究等文献后，最终得到符合要求的中文论文11篇、英文论文26篇，共计37篇。❶

在对这37篇文献进行数据分析后，闫坤茹得出的结论是：①VR教育应用的领域分布比较集中，应用最多的学科领域是"工程与技术科学"（37.9%），主要研究如何为学习者提供动手实验和实地考察的应用；排在第二位的应用研究领域是"医药科学"（27.0%），主要应用于人体解剖领域；排在第三位的应用研究领域是"人文与社会科学"（18.9%），主要是辅助语言学习、协助开展特殊教育等；排在第四位的是"自然科学"（8.1%）与"其他"（8.1%）。②VR教育应用的受众人群分布，VR教育应用研究的对象主要集中在高等教育（大学）阶段，占比59.5%；在非正式学习阶段占比10.8%；在高中阶段的应用和特殊教育的应用持平，均占比8.1%；"初中"阶段占比2.7%；"小学"阶段占比5.4%；"其他"占比5.4%。❷

（三）基于VR技术的思想政治教育研究现状

基于VR技术的思想政治教育是近年来VR应用于教育的一个重要分支，相关研究刚刚兴起。北京师范大学于2016年3月17至24日举办了"2016北京师范大学智慧学习与VR教育应用学术周"。学术周安排了三次讲座，分别从VR增强学习体验、AR技术与用户体验设计、VR教育平台设计角度审视了VR教育应用。学术周为参观者提供了VR教育资源、消费级沉浸式VR设备等体验产品。为了让思政教学"活"起来，增强时代感和吸引力，推动思想政治理论课同信息技术融合，北京理工大学马克思主义学院研制了基于VR技术的软件"重走长征路"，利用人的一切感知功能，实现"虚拟与现实的互补"，让思想政治理论课终生难忘。

---

❶ 闫坤茹.虚拟现实教育的研究现状及发展趋势——基于2014—2019中英文期刊文献分析[J].机电产品开发与创新，2019，32（5）：93-96.

❷ 闫坤茹.虚拟现实教育的研究现状及发展趋势——基于2014—2019中英文期刊文献分析[J].机电产品开发与创新，2019，32（5）：93-96.

2016年12月，北京理工大学举办"高校思政课教育教学改革与虚拟现实技术在思政课中的应用"学术研讨会，展示了VR互动体验系统，研发团队近年来持续进行相关研究。当前，虚拟现实技术在教育领域还处于初步尝试阶段，尚未大规模地引入思想政治教育。由北京师范大学新闻传播学院和人民网共同主办的第三届中国VR/AR/MR创作大赛金铎奖开幕式期间，北京师范大学新闻传播学院执行院长喻国明作了题为"技术逻辑驱动下VR发展的价值空间和判断标准"的主题演讲，指出VR技术所构造起来的新兴连接平台，即未来媒体，无疑是比现在任何一种连接平台更具有技术升维、平台升维的新型媒体平台。2017年全国职业院校技能大赛在天津开赛，VR技术创新思政教学。2018年，佛山科学技术学院依托新校园优越的条件和环境，将VR技术与思想政治教育相结合，创新建设"VR+思政"双创空间，弥补了传统思想政治教育在内容、形式和方式上的不足。2018年，南京城市职业学院建立了VR思政教育实训室，探究如何将5G与VR的优势联合起来促进思想政治教育的教学质量。安徽国防科技职业学院信息技术学院设计了基于虚拟现实的红色革命纪念馆，将红色革命文化与VR技术相结合，以期更好地促进对红色革命文化的吸收与理解。

更多的大数据和人工智能技术涌入VR技术领域。VR技术在5G技术催生下，必将进入一个新的境界。《光明日报》前副总编辑刘伟对VR发展的前景进行了肯定，认为在不久的将来，将是一个"VR+"的时代。高义栋等指出，以高校思想政治理论课实践教学中红色VR展馆开发为例，沉浸式虚拟场馆可以突破时空及经费限制，让大批学生实现虚拟参观，获得知识和情感的提升。张志祯强调，学校和教师应成为专家学习者，从教育角度思考、尝试VR应用。还有一些学者主要集中于虚拟学习资源建设、VR技术理论探索和虚拟仿真校园环境的建设等方面，吴长帅、赵沁平、李敏等学者从不同角度对VR技术的教育应用研究和发展作了综述。可以看出，VR技术在教育中应用的研究由以往对技术本身的关注逐渐转向对学生学习的关注，VR技术环境下的合作或协作学习、教学策略、教学方法的设计成为重要的研究主题。

VR技术在教育领域还处于初步尝试阶段，尚未大规模地引入思想政治教育中。因此，更多的教师在研究VR如何影响学生的深层次认知，如何在高度吻合的情况下进行VR与教育的无痕迹转换，更多的学校通过购置硬件设备、建立物联网系统，利用虚拟现实技术为学生构建一个新的智慧教育环境，把思想政治的感性教育与理性教育相结合，提高思想政治教育的实效，让思想政治教育更好地入脑入心。由于VR技术操作系统内容复杂，科学性要求很高，开发也存在着一定的难度，当前院校对于VR技术的应用产品仅仅处于初级阶段。作为一种新兴的技术，VR在教育中的应用方兴未艾，VR技术如何有效地融入思想政治教育实践中，用VR技术沉浸感和交互性等特性驱动教育效果的提升，是教育技术研究的重要课题，还有待深入研究。因此，虚拟现实技术的广泛应用，引发了VR对教育理念的冲击，如何用VR技术特性驱动教育特性是教育技术研究的重要课题，本课题的研究具有重要意义。

2020年1月29日通过维普网进行文献查询，以"VR教育"为主题查询到相关论文1200篇，而以"VR思想政治教育"为主题搜索出的论文仅有33篇（图1-1和图1-2）。前文中也提到了闫坤茹在论文《虚拟现实教育的研究现状及发展趋势——基于2014—2019中英文期刊文献分析》中的数据分析结果，我们可以看到，VR教育应用的前三位领域里不包括思想政治教育，其可能包含在并列第四位的"其他"领域，占比8.1%，可以推之，2014—2019年中英文期刊文献里研究思想政治教育领域的占比不到8.1%。

综上可以发现，国内基于VR技术应用于教育的研究，实践研究较多，相关的理论研究则相对很少。目前，国内VR教育应用的文献研究主要集中于VR应用于教育的概念介绍、VR技术融入未来课堂的应用描述、推动教学条件改善的途径、VR应用于教育教学的框架或模型的构建。VR技术应用于思想政治教育研究还是一块待开垦的处女地，新媒体视阈下基于VR技术的思想政治教育研究更是缺乏系统性综述研究。

图1-1 以"VR教育"为主题查询到相关论文1200篇

图1-2 以"VR思想政治教育"为主题搜索出的论文有33篇

二、国外研究现状

（一）VR技术在国外的应用

1. 在美国的应用

美国是VR技术的发源地。美国VR研究技术的水平基本上就代表国际VR发展的水平。目前美国在该领域的基础研究主要集中在感知、用户界面、后台软件和硬件四个方面。从20世纪90年代初起，美国率先将虚拟现实技术用于军事领域，主要用于以下四个方面：一是虚拟战场环境；二是进行单兵模拟训练；三是实施诸军兵种联合演习；四是进行指挥员训练。美国宇航局（NASA）的Ames实验室研究主要集中在以下方面：将数据手套工程化，使其成为可用性较高的产品；在约翰逊空间中心完成空间站操纵的实时仿真；大量运用了面向座舱的飞行模拟技术；对哈勃太空望远镜的仿真；致力于"虚拟行星探索"（VPE）的试验计划。现在美国宇航局已经建立了航空、卫星维护VR训练系统，空间站VR训练系统，并且已经建立了可供全国使用的VR教育系统。同时，美国的教育机构就VR技术的应用也进行了大量的研究和尝试。斯坦福研究院（SRI）研究中心建立了"视觉感知计划"，研究现有VR技术的进一步发展。1991年后，SRI进行了利用VR技术对军用飞机或车辆驾驶的训练研究，试图通过仿真来减少飞行事故。麻省理工学院（MIT）是研究人工智能、机器人和计算机图形学及动画的先锋，这些技术都是VR技术的基础，1985年MIT成立了媒体实验室，进行虚拟环境的正规研究。华盛顿大学华盛顿技术中心的人机界面技术实验室（HIT Lab）将VR研究引入了教育、设计、娱乐和制造领域。伊利诺斯州立大学研制出在车辆设计中支持远程协作的分布式VR系统。乔治梅森大学研制出一套在动态虚拟环境中的流体实时仿真系统。北卡罗来纳大学（UNC）的计算机系是进行VR研究最早、最著名的大学。他们主要研究分子建模、航空驾驶、外科手术仿真、建筑仿真等。❶

2. 在欧洲的应用

英国在VR开发的某些方面，特别是在分布并行处理、辅助设备（包括触觉反馈）设计和应用研究方面，在欧洲来说是领先的。英国布里斯托

---

❶ 张新涛. 大场景模型数据算法应用研究[D]. 北京：北京交通大学，2009.

尔（Bristol）公司发现，VR应用应集中在整体综合技术上，他们在软件和硬件的某些领域处于领先地位。英国ARRL公司关于远地呈现的研究实验，主要包括VR重构问题。他们的产品还包括建筑和科学可视化计算。欧洲其他一些较发达的国家，如瑞典、荷兰、德国等也积极进行了VR的研究与应用。例如，瑞典的DIVE分布式虚拟交互环境，是一个基于Unix的不同节点上的多个进程可以在同一视界中工作的异质分布式系统。荷兰海牙TNO研究所的物理电子实验室（TNO-PEL）开发的训练和模拟系统，通过改进人机界面来改善现有模拟系统，以使用户完全介入模拟环境。德国在VR的应用方面取得了出乎意料的成果。在改造传统产业方面，一是用于产品设计、降低成本，避免新产品开发的风险；二是产品演示，吸引客户争取订单；三是用于培训，在新生产设备投入使用前用虚拟工厂来提高工人的操作水平。[1]

3. 在亚洲的应用

在当前实用虚拟现实技术的研究与开发中日本是居于领先地位的国家之一，主要致力于建立大规模VR知识库的研究。另外，针对虚拟现实的游戏方面的研究也做了很多工作。富士通实验室有限公司研究了虚拟生物与VR环境的相互作用。他们还研究虚拟现实中的手势识别，已经开发了一套神经网络姿势识别系统，该系统可以识别姿势，也可以识别表示词的信号语言。东京技术学院精密和智能实验室研究了一个用于建立三维模型的人性化界面。日本国际工业和商业部产品科学研究院开发了一种采用X、Y记录器的受力反馈装置。而东京大学的高级科学研究中心将他们的研究重点放在远程控制方面，研究项目是主从系统。该系统可以使用户控制远程摄像系统和一个模拟人手的随动机械人手臂。东京大学原岛研究室开展了三项研究：人类面部表情特征的提取、三维结构的判定和三维形状的表示、动态图像的提取。东京大学广濑研究室重点研究虚拟现实的可视化问题。为了克服当前显示和交互作用技术的局限性，他们正在开发一种虚拟全息系统。京都的先进电子通信研究所（ATR）正在开发一套系统，它能用图像处理来识别手势和面部表情，并把它们作为系统输入。筑波大

---

[1] 许微. 虚拟现实技术的国内外研究现状与发展[J]. 现代商贸工业，2009（2）：279-280.

学研究一些力反馈显示方法，开发了九自由度的触觉输入器，虚拟行走原型系统。日本电气股份有限公司（NEC公司）开发了一种虚拟现实系统，它能让操作者都使用"代用手"去处理三维CAD中的形体模型，该系统通过数据手套把对模型的处理与操作者手的运动联系起来。❶日本虚拟现实技术研究发展十分迅速，同时韩国、新加坡等国家也在积极开展虚拟现实技术方面的研究工作。❷❸

（二）国外有关VR技术实践应用于教育领域的论述

VR具有独特而先进的技术特点，在发展初期就备受人们的关注并逐渐被各行各业广泛应用，在教育领域也不例外，当前VR技术在国外教育中的研究整体处于发展上升阶段。VR技术较早被欧美的一些国家应用于教育，自20世纪80年代以来，美国国立医学图书馆进行人体解剖图像数字化研究，意大利帕瓦多大学建立远程虚拟教育实验室等。VR技术能适应学习媒体的情境化及自然交互的需求，定制与现实社会类似的环境，带给学习者更多直观的、过去很难实现的学习体验。目前，国外除了对VR技术在教育领域的应用研究外，还注重其在教育领域应用的实践和反馈。

VR技术在国外教育领域已经得到了相当多的实践应用并取得了一定的效果。以美国为例，1997年，全球第一个为K-12所有年级提供完全在线教育和补偿课程的虚拟网络学校在美国佛罗里达州创立，现在完全网络教学的虚拟学校已成规模，教育信息化程度极高，并且已经建立了可供全国使用的VR教育系统；华盛顿大学正式开设VR课程；全球首个VR专业落户美国科格斯韦尔大学，而美国的VR产业链布局还包括技能培训和以情感为目标的应用。20世纪80年代，意大利帕瓦多大学就建立VR教育实验室等。21世纪将是人类普遍应用VR技术的时代，格拉斯哥大学创建高等教育VR平台，英特尔推出了学习实验室开展VR教育。又如，在加利福尼亚州健康科学西部大学中，有一个虚拟现实学习中心，其中有一个虚

---

❶ 张新涛. 大场景模型数据算法应用研究[D]. 北京：北京交通大学，2009.

❷ 许微. 虚拟现实技术的国内外研究现状与发展[J]. 现代商贸工业，2009（2）：279-280.

❸ 国外虚拟现实技术的研究现状 [EB/OL]. (2016-11-14). http://www.yuloo.com/mbgx/1611/1478175.shtml.

的解剖图谱，可以让学生们通过移动虚拟器官的图层来学习解剖学知识。他们可以看到超过300个可视化的解剖图，而这些解剖图是通过对真实患者和尸体的扫描来制作的。为了帮助学生掌握地球科学方面的知识，东密歇根大学的教授使用微软的XBOX Kinect摄像头、数字投影仪、计算机和可视化软件开发了一个VR沙盒。学生们通过操作一个投射到沙盒上的数字地图，能够创作出山脉、火山、河道、冰川或虚拟的雨。❶

据美国媒体The Verge报道，美国社交服务网站脸书旗下的虚拟现实（VR）头戴设备制造商Oculus计划将Oculus Rift和Oculus Go这两款产品推广到全球各个教室，以更好地理解虚拟现实对教育的意义。他们认为教室是虚拟现实应用具有巨大潜力的领域，可以帮助学生以一种前所未有的方式亲身体验和学习历史、科学、文化。为了利用虚拟现实对视觉教育的重要指导作用，2018年9月，Oculus宣布向全世界的教育机构发放高性能的有线Rift头戴设备和独立的Go头戴设备，首先从美国西雅图、中国台湾和日本开始发放。Oculus计划在这些地方的图书馆、博物馆和学校投放头戴设备，目的是帮助训练教师和其他教研人员使用虚拟现实设备，也为了从这些使用的反馈中更好地完善教室中的虚拟现实技术。在日本，Oculus则专注于虚拟现实设备在在线教育和远程教育的应用。在美国，Oculus与西雅图学区系统合作发展教育型虚拟现实的创建，即学生和教师合作创造课堂虚拟现实的内容。为给课堂提供顶级的教育型虚拟现实软件，Oculus还发布了三款新的体验，包括《打破科学的局限》《泰坦尼克号虚拟现实》及《胡佛大坝：工业虚拟现实》。❷

国外从事有关VR技术实践应用于教育领域研究的主要为综合类大学。VR技术在国外教育中的应用从2005年以来逐渐丰富，越来越多的国家、机构、作者等涉足该领域，研究最为集中的是欧美国家，发表论文200余篇，而我国和欧美国家在这方面有较大的差距。

---

❶ 在高等教育中使用VR/AR/MR提升的不只是教学效果[EB/OL]．（2018-05-17）．http://www.szar.org.cn/news/202．

❷ Oculus欲将VR推向全球教育机构[EB/OL]．（2018-08-29）．https://news.hiavr.com/news/detail/42507.html?type=1．

三、研究现状评析

综上所述，国内学界有关新媒体视阈下基于VR技术的思想政治教育研究还处于初级阶段，相关著作有限，其研究的广度和深度还不够，本研究的内容具有前沿性、创新性和新颖性。目前，研究者们多从宏观上对VR技术的发展前景进行分析，集中于虚拟学习资源建设、VR技术理论探索和虚拟仿真校园环境的建设等方面，对VR技术应用于思想政治教育领域的研究更是零散的，以应用的个案分析为主，缺乏系统性。随着VR技术的不断成熟，"VR+教育"越来越普及，可以看出VR技术在教育中应用的研究由以往对技术本身的关注逐渐转向对学生学习的关注，VR技术环境下的合作或协作学习、教育策略、教育方法的设计成为重要的研究主题。同时，国内学界对于将VR技术应用于思想政治教育的学理研究也较为缺乏，在VR技术如何和思想政治教育相契合及路径选择方面的研究还不够，特别是从新媒体的视野来应用VR技术系统深入地研究思想政治教育尚属少见。国外学界的研究成果中在教育领域使用VR教育技术实例研究较多，普及面较广，主要集中在基于VR技术的课堂教学法、VR学习环境及医学、工程、地理等具体学科应用领域，而应用于思想政治教育的研究多属于社会学上的VR技术拓展。国外学界将VR技术应用于教育方面的理论研究与实践均早于我国，它们在VR技术应用于专业教学方面的研究和实践反馈，对本书的研究有一定的参考和借鉴作用。但毕竟国情不同，社会制度和教育体制也不同，我们不仅研究国外VR技术在教育方面的应用，还将结合当代的我国国情，着眼于现实的教育需求，响应国家的相关教育改革政策，最终形成我们的成果。因此，我们主要应当立足本国特别是本国思想政治教育的实际，在马克思列宁主义和中国特色社会主义理论体系的指导下进行研究。

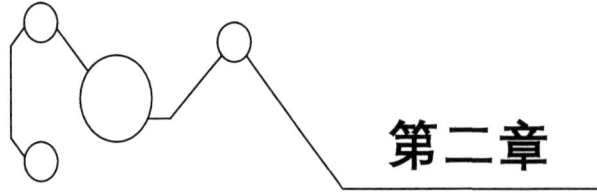

第二章
新媒体视阈下思想政治教育研究

第一节　新媒体视阈下思想政治教育的实现

网络时代的到来，加快了通信传播技术的进步，对大学生的思想和行为产生了深刻的影响，在高校思想政治教育中也发挥着不可替代的作用。本节主要对新媒体视阈下思想政治教育的实现进行探讨。面对我国互联网爆炸式发展，传统的思想政治教育载体出现了一些不适应，需要我们探索新载体与之相适应。因此，从新媒体的视角对大学生思想政治教育的方式方法进行创新性研究，论证新媒体带给思想政治教育的挑战和机遇，以及把新媒体建成大学生思想政治教育新载体的必要性、可行性和有效途径，具有重要的现实意义，是思想政治教育工作者面临的一项重大课题。

一、新媒体进行思想政治教育的现实意义

随着网络时代的到来，大学生的生活几乎离不开网络，新媒体极大地改变了他们的学习、工作、生活、交往娱乐等行为方式，尤其是思想道德、心理、行为习惯。网络对他们的影响越来越大。

（一）新媒体给思想政治教育带来挑战

新媒体的特性，给思想政治教育带来新的压力和挑战，QQ、微博、微信自出现后运用于高校思想政治教育工作开展，给高校思想政治教育带来了较大的影响，传统的思想政治教育载体，如谈话（心）载体、开会载体、团学

活动载体和理论课载体出现了一些不适应性。具体包括以下几个方面。

（1）新媒体的空间是开放的，自主性强，给思想政治教育的可控性带来挑战。新媒体是开放的，带给大家全世界的海量知识，古今中外的各种文化汇集在互联网上，加剧了各国政治、经济、文化、价值观念等方面的冲突，使我国社会主义理想信念教育面临多种异质文化、多元化价值观念的挑战。真实信息和虚假信息、合法信息和非法信息、有益信息和有害信息混杂在一起，信息过度泛滥和良莠不齐，在给大学生获取信息提供便捷的同时，也对大学生的世界观、人生观、价值观造成一定的影响。网络化、信息化越发展，学生接受思想意识和行为方式的影响越多，群体中所形成的人生、理想、信念和行为习惯也会越来越多样化。

（2）新媒体传播的及时性、交互性、多元性，给思想政治教育者的权威性带来挑战。随着现代技术的发展，新媒体信息内容的更新速度越来越快，网络世界是瞬息变化的，国内外正在发生的国际国内政治、经济、社会生活各方面的信息不断发布在新媒体上，而思想政治教育内容很难随着社会发展迅速改变，因此造成学生怀疑高校思想政治教育内容。及时性是新媒体的突出优势，也正是传统思想政治教育的限制性所在。传统思想政治教育存在相对滞后性，受教育者通过新媒体获得比教育者更新、更全的资讯，使教育者的权威性受到挑战和质疑，思想政治教育的效果就会大打折扣。

同时，新媒体网络化、信息化开阔了学生眼界，图文并茂、生动形象的传播方式更具有吸引力，而传统的、相对呆板的、说教式的载体，教育效果大大降低。受到网络的影响，师生接触的时间不断减少而且不固定，受教育者不必在规定的时间里到一定的场所接受教育，而可以在任何一个设有终端的地方随时获取所需的知识，使传统的面对面的教育方式受到时间、地点、环境的限制；大学生越来越多地通过网络来表达思想感情并进行交流，这个平台的交互性相对平等，而对传统思想政治教育大多采用课堂讲授、作报告、读文件等教师主导性的说教模式，可能存在抵触心理，进而对传统思想政治教育的整体成效造成影响。

（3）新媒体的虚拟性、隐蔽性，影响了人际交往并使道德弱化。网络空间是一个虚拟的空间，人们随时随地通过计算机、手机等终端进行联系，传统的可视性、亲和感的人际交往方式逐渐减少，面对面的情感沟通的方式减少，导致了人际交往的障碍。同时，在虚拟、隐蔽的网络空间，看不到彼此的真实面貌，使一些人降低了对自己的约束，说话可以毫无顾忌、畅所欲言，道德被弱化。尤其是网络可以让人逃避现实，有些学生在遇到挫折后，不是积极沟通解决，而是去网络空间进行交往，获得精神上的满足。长此以往，以虚为实，虚实不分，沉浸于网络的虚拟世界逃避现实而不能自拔，造成道德的弱化，甚至走上犯错的道路。可见，网上获取信息、网上交往和网上行为都是可以在隐秘的情况下进行的，这些都导致思想政治教育工作者很难了解和把控受教育者接收了哪些信息、做了哪些行为，不能准确把握学生们的思想道德状况，在教育中的把控性大大降低，影响了教育的有的放矢和因材施教。

（二）新媒体给思想政治教育带来机遇

美国著名未来学家阿尔温-托夫勒说："谁掌握了信息，控制了网络，谁就拥有了世界。"[1]新媒体给思想政治教育带来的影响是不能忽视的，互联网给我们的思想政治工作带来了新的挑战和问题，这已经成为摆在所有思想政治工作者面前的不争事实。但是，我们也要看到这把"双刃剑"的另一面，它在给我们的思想政治教育提出了挑战的同时，又给我们提供了难得的机遇。新媒体以其便捷性、快速性、多元性及使用群体广泛性等特点，在高校中的使用普及率十分高，利用新媒体开展高校思想政治教育工作是高校教育方式改革的一大进步，对于提高高校思想政治教育效果具有重要影响。同时，新媒体给思想政治教育系统引入反馈环节，势必加快各环节的响应速度，网络的灵活性也使教育者能更得心应手地开展思想政治教育。

二、新媒体作为有效载体的可行性

"载体"一词，现代汉语词典中的解释为：①科学技术上是指某些能传递能量或运载其他物质的物体；②承载知识或信息的物质形体。20世纪90年代，这一概念进入思想政治教育领域，形成了"思想政治教育载体"这一概念，并日益受到学术界的关注。学术界对思想政治教育载体必须具备的基本

---

[1] 杨林广. 论信息时代的高校教育管理创新[J]. 教育信息化，2004（3）：9-10.

条件已基本达成共识，认为思想政治教育载体必须同时具备两个基本条件：第一，必须承载思想政治教育的目的、任务、原则、内容等信息，并能为思想政治教育者所操作；第二，必须是联系教育主体和教育客体的一种形式，主客体可借助这种形式发生互动。

新媒体平台用得比较多的，如QQ、微博、微信、钉钉等都具备以上载体的要件，它们可以通过发布文字、图片、文章、视频等实现多种信息共享，有较强的宣传特性及在线聊天、视频通话、传送离线文件、支撑多人聊天、网上办公、网上课堂、直播和视频会议等功能，是国内流行、功能比较强的即时通信软件。高校思想政治教育工作者可以充分认识并且使用新媒体这一载体，实现新媒体应用于思想政治教育的可监控性和可管理性。正如湖南科技学院新闻传播系潘雁飞副教授在《网络传播的现状与趋势》里所言，由于网络的多元化和超文本链接的广容性，网络传播也具有双刃性。"新媒体中如果存在一些未经遴选和滤化的信息也会在一定程度上冲击大学生的认知，使其在人生理想、信念和价值观上发生歪曲。"

因此，作为思想政治教育工作者，要思考如何合理地应用新媒体，使其成为思想政治教育的有效新载体。

三、新媒体进行思想政治教育的有效途径

（1）加强宣传，提高对新媒体在思想政治教育中作用的重视。教育部门要加强对新媒体在思想政治教育中实际运用的推广，整合资源，充分发挥新媒体的有利条件，采取可操作的举措，建立长效机制，提高思想政治教育的效果。思想政治教育工作者要努力学习新的教育理念和教育方式，要提高自身素质掌握新媒体技术和掌握其在思想政治教育中使用的技巧，紧跟时代步伐，熟悉网络文化，提高自己对网络信息的敏感度，改进教育的方式方法。同时，高校也应该培养选拔高素质的新媒体专业技术人员，实现新媒体视阈下思想政治教育的可监控性和可管理性。

（2）高质量思想政治教育主题教育网站建设。学校着力建设高质量思想政治教育的网站，达到环境熏陶、感染教育的效果。教育者充分利用创设的教育环境，对受教育者进行感染和熏陶，培养学生的思想政治品德并使之得

以升华和提高。尤其要加强网络环境的建设和净化，建设积极向上的、健康的、进步的、科学的网络文化，非强制性、愉悦性、隐蔽性、无意识性的网站学习和阅读，更易于为学生接受，在不知不觉中接受潜移默化的思想政治教育。教育者可以利用校园网络多媒体化、即时性的特征，实现文字、图片、声音、图像等手段的有机结合，为思想政治教育提供生动而丰富的信息资源，建设融知识性、思想性与趣味性为一体的高质量主题教育网站。传统的、说教式的教育载体如一些理论课程的开设，虽然在大学生思想政治教育方式方法上仍然是不能取代的，仍需要发挥其主渠道作用，但是不得不承认其教育效果有所降低。当代大学生越来越多的是20世纪90年代后出生的，从小伴随着影音和图片长大，对他们而言，丰富的图片、形象的影像再配以生动的声音的吸引力远大于课堂上单纯的说理教育。

（3）创新新媒体在高校思想政治教育中的运用方式，吸引学生注意力。对于新媒体在高校思想政治教育中的运用方式的创新，主要表现在信息浏览、资源推荐和任务发布三个部分，主动权往往掌握在教师手中，学生处于执行者和完成者的被动地位，学习兴趣很难提高。对此，可以进行角色的交换，由学生提出和推荐学习资源与内容，教师和学生一起完成信息的阅读与浏览。师生共同参与学习和讨论，学生的参与感和主动性会得到很大提升，而且学生对不良信息的筛选能力和信息有效度的筛选也会大大提升，从而促进学生各方面能力的共同提高。

（4）加强思想政治教育的互动式教育。由于思想政治教育的理论、内容不能依靠受教育者自发产生，只能从外部灌输获取，这就运用了说理教育法。说理方法，即灌输教育法，是由教育者有目的、有计划地向受教育者传授马克思主义、毛泽东思想和邓小平理论等，帮助受教育者逐步树立科学的世界观、人生观、价值观，提高其思想觉悟和政治素质的一种教育方法。互动式教育比说理教育法更有优势的地方是，其是用对话的方式说理，借助新媒体实现对学生思想的实时关注与管理。新媒体的平等性、交互性的特点，使师生双方在网络上的交流更加轻松，避免传统思想政治教育面对面的紧张、戒备、尴尬和顾忌，受教育者更容易缩短心理距离，更容易说出心声，双向互动让交流更有效，教师更好地与学生之间完成思想对接。传统的思想政治教育载体是单向性的,以灌输式教育为主,对学生的吸引力降低,收效不大。利用新媒体则可以变传统的单向灌输为教育者与受教育者之间的双向互动,变被动为主动,变单一呆板为灵活多样,网上与网下联动,思想政治教育的效果比传统的说理法效果更好。

教育者可利用学生喜闻乐见的形式进行网上互动,建立QQ群、教师博客、微博、微信等,更加贴合于学生的实际生活,同时对学生的思想动态相关信息加以获取,使思想政治教育蕴于无形之中。另外,将内容积极向上的视频、讲座上传到学校的校园网络,建立论坛。该论坛让学生通过留言讨论,学生自己的留言可以通过截图等手段留存,作为学生参与某项活动的依据,由论坛版主负责帖子的筛选;同时,利用校园网络的开放性、虚拟性、灵活性等特点抓好虚拟社区建设,为大学生主体意识的表达提供宽松的环境,也可查看学生的QQ空间、微博、微信朋友圈等相关信息,实时查看近期思想动向异常的学生等,对学生普遍关注的问题及时解决。

(5)充分运用新媒体开展网络实践教育。实践法是在教育者的指导下,通过有目的、有计划、有组织的实践活动,训练和培养受教育者的优良品德及行为习惯的方法。传统的社会实践活动,通常采用社会调查、志愿者服务、参观访问、社会考察等方法,但经常会受到地域、经费等限制,使可参与的学生人数受到限制,不能充分发挥社会实践在思想政治教育中的作用。而随着网络的出现在很大程度上解决了这些问题,学生们可以通过模拟实践、模拟调查、模拟访问等方式,体验实践中的乐趣,受到相应的教育启发。网络实践法由于具有共享性、虚拟性和及时性的特点,往往能达到亲临现场的实践效果,因而易于受教育者接受。同时,网络实践通过新媒体报道和信息传递,可以让更多的学生打破时间和空间的限制,受到教育。

在思想政治教育过程中,仅仅借助书面沟通方式,很难获取有效的结果,需要借助新媒体平台,落实在思想政治教育实践过程中,进而实现高校思想政治教育效果最优化。此外,还可以借助新媒体平台反馈机制,更好地实现与大学生之间的双向性沟通,精准把握思想政治教育的舆论发展动向,控制学生的主流意识认知。把传统的、网下的教育方式引入新媒体网站建设,把图文并茂、丰富多彩、生动活泼的形式与积极、健康向上的内容有机结合起来，吸引学生们的注意力，感染人、影响人。网络交流方式不但激发了大学生学习的主动性和参与性，也有利于提高大学生对思想政治教育工作的认同感。①校园网络中思想信息交流轻松、自由、全面、及时，可以开展网络心理咨询，加强理想信念教育。网络双方的平等性缩短了彼此的心理距离，消除了受教育者的抵触心理，有助于增强思想政治教育的亲和力和说服力，大学生更容易接受。②开展网络辩论赛，学校就大学生的世界观、人生观、价值观、行为方式或时事热点设置辩题，辩论视频同步在网上直播，其他学生通过网上发帖子参与辩论，他们的投票结果决定辩论赛的胜负方。这样就把传统辩论赛学生们只作为观众被动地接受教育的现状，转变为更多的学生全程参与、主动学习的过程，自我探索、自我辩驳、自我熏陶是最有效的教育方式。③网络在空间、时间、形式上的灵活性，有益于学生进行自我教育，探索网上党校、团校和形势政策课教育活动，增加受众面，使更多的学生受教育。除此之外，还可以借助微对话或微访谈，开展系列化的青年思想政治交流活动，充分调动高校学生进行思想政治学习的积极性，取得预期的教育成效。

四、新媒体思想政治教育需要避免的问题

（1）对新媒体在思想政治教育中的作用认识不充分，思想政治教育中摒弃或者简单机械地运用新媒体。有些教师对新媒体在教育中的作用存在一些偏见，认为新媒体包含的大量信息中有些是对学生的思想产生负面影响的，有些是没有用的信息，却忽略了新媒体中被开发出来的专门用于教育的有积极作用的信息和教育内容。此外，有些教师不能灵活地运用教育方式对学生进行思想政治教育，对新媒体的运用停留在网络资源平台推荐和重要消息发布、作业布置等简单机械的应用，没有发挥新媒体应有的效用。

（2）对新媒体在思想政治教育中的作用过度高估。新媒体具有明显的便利性和高速性，而且其中包含的教育资源十分丰富，有些教师就过于依赖新媒体的作用，甚至滥用新媒体，忽视了传统教育中课本教材的精华和言传身教，同时也影响了学生们阅读、思考的能力，有些新媒体传达的信息不准确、低营养，浪费学生们的学习时间，甚至误导学生。为避免类似事情的发生，

需要教育主管部门对教育者加以教育和引导,控制和规范教师对新媒体在思想政治教育中的运用。

综上可见,融合传统思想政治教育和新媒体环境下的思想政治教育是新媒体视阈下思想政治教育实现的有效路径,既可以弥补传统思想政治教育模式与新媒体环境的不适应性,又可以发挥新媒体在思想政治教育中的优势。传统思想政治教育具有更加直观、具体、有温度的特点,在思想政治教育中是不能完全替代的,要继续发挥传统教育模式在常规教育教学工作中的阵地作用。将传统思想政治教育中的优秀教育经验、方式方法通过新媒体扩大受众群体,新媒体教育中的成果通过传统教育展示出来,将使传统教育更加生动、形象、具有吸引力。总之,新媒体思想政治教育与传统思想政治教育应该互相促进、互相推动,使思想政治教育内容立体式、跨时空、全方位地呈现在大学生面前,提高思想政治教育的有效性。

第二节　新媒体视阈下社会主义核心价值观教育的实现[❶]

新媒体视阈下大学生生活在现实社会与新媒体构建的虚拟环境中,给社会主义核心价值观教育带来了巨大的挑战和机遇。本节从新媒体视阈下传统的社会主义核心价值观教育模式与新媒体环境的不适应性、构建项目管理教育模式的可行性及其组织架构、线上教育模块与线下实践模块联动、教育评价指标体系、项目风险控制进行阐释,最后指出了传统的教育模式存在不可完全替代性,构建项目管理教育模式也应该采取"渐进式",传统教育模式与创新的教育模式相互补充,发挥各自优势,在大学生中推进核心价值观教育。

随着新媒体的发展,它提供给大学生前所未有的、多样化的审视视角,使他们能够更加便利地接触到多样的文化,社会认知模式从单向主导转变为多维互动,这使传统的教育模式产生了很多不适应,给核心价值观教育带来了巨大的冲击和挑战,需要构建与新媒体相适应的教育模式。我们可以利用新媒体视阈下教育的特点,通过创新教育模式发挥其优势,有效提高教育的

[❶] 本节内容已于2018年5月在《宁波大学学报(教育科学版)》第40卷第3期发表。

吸引力和实效。张帆、陈兵、赵森浩从培养理念、宣传途径、动态监控制度等宏观层面入手，研究了新媒体视阈下大学生社会主义核心价值观的培育路径是高校、社会、大学生通力协作的立体路径；❶张婉丽论述了新媒体与当代大学生社会主义核心价值观培育互动模式的构建受到新媒体的支撑和带动，并与之交叉和融合，探索该模式是培育当代大学生社会主义核心价值观的有效途径；❷年大琦则从引导大学生利用新媒体开展自我教育、搭建价值观培育新平台、形成培育合力和创新话语方式展开论述；❸范益民认为，围绕新媒体与大学生社会主义核心价值观的研究开始起步，尚处于"破题"阶段，现有的研究更多的是框架性的和宽泛的。❹可见，对于如何根据新媒体的传播特点和优势，做好社会主义核心价值观教育，缺乏可操作性强的、系统的教育模式研究，新媒体视阈下基于项目管理的教育模式进行社会主义核心价值观教育的相关研究更是寥寥无几。

新媒体视阈下构建项目管理教育模式，利用新媒体平台打通线上教育与线下实践，用理论指导实践，在创新实践中发展理论，把日臻成熟的工程管理模式引入教育领域将是有益的探索，其将对教育管理的变革、创新产生深远的影响。因此，如何在新媒体视阈下构建项目管理教育模式开展价值观教育，打通线上教育与线下实践，使社会认知和政治参与方式有机结合，提高大学生学习的自觉性和积极性，实现教育的知行合一，塑造大学生正确的社会主义核心价值观值得我们深入研究。

---

❶ 张帆，陈兵，赵森浩.新媒体视阈下的大学生社会主义核心价值观培育研究[J].沈阳建筑大学学报（社会科学版），2016（6）：307-311.

❷ 张婉丽.新媒体与大学生社会主义核心价值观培育互动模式探析[J].渭南师范学院学报，2014（8）：94-97.

❸ 年大琦.新媒体环境下大学生社会主义核心价值观培育研究[J].河南工业大学（社会科学版），2014（4）：117-122.

❹ 范益民.近十年大学生社会主义核心价值观研究述评——基于新媒体的视阈[J].安阳师范学院学报，2015（3）：6-9.

一、传统的社会主义核心价值观教育模式面临的挑战

传统的社会主义核心价值观教育模式与新媒体环境存在以下三个方面的不适应:一是传统教育模式载体形式日显滞后和脱节,整齐划一、单向灌输的偏理论教育不能适应新媒体的多元立体、即时交流方式及图文并茂的虚拟多维空间和动态多变的教育环境,不能满足新媒体视阈下大学生要求独立、自主和好奇的心理需求,导致广大学生并不以主动积极的态度去接受价值观教育,降低了教育的说服力和影响力。二是传统教育模式不适应新媒体传播的个性化,影响核心价值观教育的实效,新媒体成为多种文化思潮集散地和舆论的放大器,越来越多地影响大学生的认知和信念,但是传统教育模式在对抗中不具有引导力,在多元价值观的冲击下,容易使涉世未深的学生们思想混乱,从而使价值观出现偏差,个别人甚至误入歧途。三是新媒体使教育的环境更为复杂,教育效果的不可控性较高。其信息具有多元化、无序性,提供给大学生们更宽广的审视视角,大学生大多又追求个性,强调标新立异,需要对大学生的教育加强正面引导的同时注重教育效果的反馈和监控,提高教育实效性。

不可否认的是,传统教育模式的阵地作用是不可能完全被取代的,我们应该研究新的教育模式与之相结合并相辅相成,从而更好地适应新媒体环境。如果可以构建项目管理教育模式进行核心价值观教育,使之与传统的教育模式相结合,就既可以弥补传统教育模式与新媒体环境的不适应性,又可以发挥传统教育模式在常规教育工作中的阵地作用。

二、基于项目管理的社会主义核心价值观教育的可行性

(一)基于项目管理的教育模式内涵解析

美国项目管理协会(Project Management Institute)定义项目管理为应用项目管理的知识、方法和技术进行项目活动,以实现项目定义目标的管理过程和模式。❶周鑫华等研究指出:项目管理是一个临时组成的组织,应用项目管理方法,设计、组织、执行及控制过程组,通过科学的管理决策实

---

❶ 姜恩来.新媒体环境下的大学生思想政治教育[J].高校理论战线,2012(6):54-56.

现资源的优化配置，将项目全过程维持于高效运行状态，达到优化和协调项目管理全过程的效果。❶项目管理活动主要围绕五个过程组展开，通过项目计划制订、项目执行组织、项目进度控制、项目效果反馈、项目内容调整来管理整个项目执行过程。它具有特殊规律性，是系统贯通的，在具体的开展过程可增减项目组，借助科学的管理方法和先进的管理工具，从而完成项目启动、项目实施、项目完善及项目保障等工作阶段，推动既定项目定义的实现。

基于项目管理的教育模式即项目管理教育模式，就是应用以上原理，针对新媒体动态的、复杂多变的虚拟和现实环境形成的教育模式，围绕项目整个生命周期展开，是一个强调局部对整体作用的完整的系统。我们把项目管理教育模式分为项目启动、项目实施、项目完善和项目保障四个阶段，具体包括项目定义、项目设计、项目执行、项目控制、项目反馈、项目评估、项目调整、项目风险管理八个过程组，过程组之间相互影响、相互作用。

（二）项目管理教育模式与新媒体视阈下价值观教育的适应性

新媒体视阈下应该把虚拟环境引导与现实社会教育有机结合。项目管理具有系统性和可协调性的特点，恰好可以通过构建项目管理教育模式打通线上与线下、虚拟与现实教育，使理论与实践相结合，利用新媒体形成系统进而塑造大学生的价值观。新媒体技术使教育处在一个动态的、复杂多变的环境中，适应这一特点的教育模式应该是动态调整的，具有可调整、可变性（柔性）的特点，而这个特点也正是该项目管理教育模式所具有的。

新媒体使大学生社会认知和思维方式变得多维互动，容易引发理想信念的偏差；政治参与方式转变为自觉自发，行为可控性低；促使从传统社会人向新社会人转变容易导致价值观的扭曲。这就需要对大学生的教育和实践活动进行监控、评估及风险管理，这也是我们项目管理教育项目模式风险管理的意义所在。

---

❶ 周鑫华.凤凰新媒体手机阅读项目管理研究[D].吉林：吉林大学，2014.

三、基于项目管理的社会主义核心价值观教育的组织构建

结合新媒体视阈下教育的特性,将项目管理的精髓有机地融入社会主义核心价值观教育中的项目管理教育模式的组织架构,如图2-1所示。

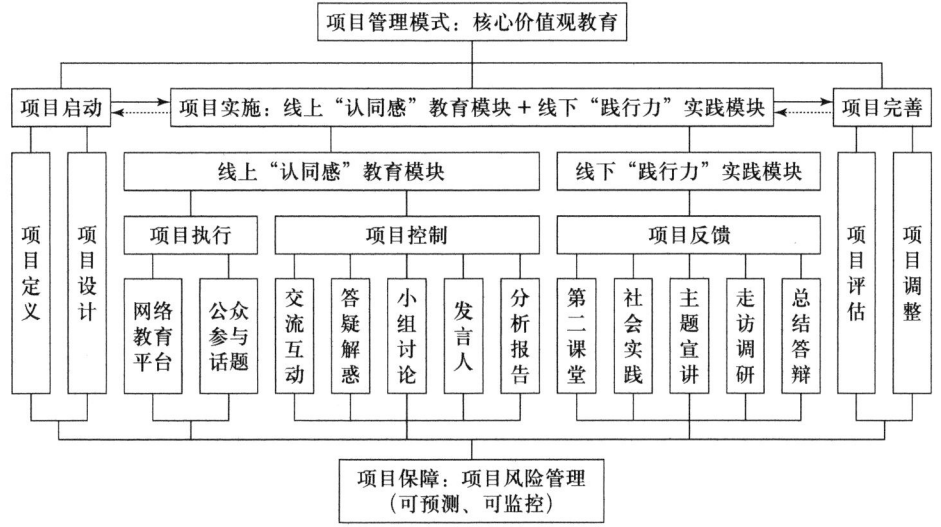

图2-1 项目管理教育模式的组织架构

(一)项目启动阶段

项目启动阶段,包括项目定义过程组和项目设计过程组。

项目定义过程组主要是项目的可行性论证和决策,其明确了项目的主题、范围、目标等相关内容。由项目负责人根据项目定义过程组即新媒体视阈下构建项目管理教育模式进行社会主义核心价值观教育,明确项目的主题包括富强、民主、文明、和谐、自由、平等、公正、法治、爱国、敬业、诚信、友善,这24个字12个词分别是社会主义核心价值观教育的主题。该过程组中项目范围是围绕12个主题积极开展增强大学生对社会主义核心价值观的"认同感"和"践行力"的教育实践活动。项目的目标是强化教育引导和实践养成,把社会主义核心价值观教育转化为人们的情感认知和行为习惯。本书选取"爱国"这一主题为例,解析新媒体视阈下构建项目管理教育模式进行社会主义核心价值观教育。

项目设计过程组则是根据项目定义中的项目的目标要求，系统地对项目范围内的各项活动作出合理安排，制定设计任务书的一组过程。由项目负责人即教师，根据项目定义过程组，确定特定主题成立项目组。项目设计把项目实施分为线上"认同感"教育模块和线下"践行力"实践模块，从而进行资源的优化配置。如项目设计过程组为实现以"爱国"为主题的教育目标而制定出所要开展的活动安排，在项目实施前，教师根据项目定义的价值观教育主题"爱国"设计任务书，分配各种教育资源应用于制订策划方案，把项目实施分为包括项目执行过程组和项目控制过程组的线上"爱国认同感"教育模块与包括项目反馈过程组的线下"爱国践行力"实践模块。另外，项目设计是确定项目协调、控制的基础及依据，其质量首先决定了项目能否成功，既是项目实施的依据和参照点，也是对其进行评价和调整的标准。

（二）项目实施阶段

项目启动后，进入项目实施过程组，这是正式为实现项目而开始的活动，是整个项目的关键所在，其通过线上教育模块和线下实践模块，强化教育引导和实践养成，把社会主义核心价值观转化为人们的情感认同和行为习惯，实现价值观教育的"无缝"衔接。

（1）线上"认同感"教育模块包括项目执行和项目控制过程组，通过高效利用网络学习平台，由学生在学习终端进行学习和完成在线作业。如线上"爱国认同感"教育模块，项目执行过程组通过开展线上课堂，包括观看爱国电影、微视频、动画，学习专题文献、爱国人物案例，开展国情党史在线学习竞答等，涵盖视频、动画、图片、交互练习等富媒体形式，由学生在学习终端进行自主学习；通过策划公众参与的话题，创建公众线上与专家互动的机制，进行"爱国"理论教育。这个过程组是项目管理应用领域中最为重要的环节，社会主义核心价值观教育效果首先在这个过程中显现，该过程中项目负责人要进行项目控制。项目控制过程组包括交流互动、答疑解惑、网上小组讨论、网上发言人等，使学生在线课程中学习到的知识得以内化和外显。同时，项目控制过程是一种在跟踪、审查的基础上可调节的动态作用过程，可以对项目执行过程中存在的问题进行反思和改进，使项目按事先设计朝着最终目标发展。如根据网络学习平台以"爱国"为主题的价值观教育，根据学生的参与度、互动和反响等教育效果及时调整项目设计，及时发现并扭转学生表现出的价值观误解，有效引导他们的情绪和意识，真正做到"内化于心"。

（2）线下"践行力"实践模块主要是指项目反馈过程组，其针对线上核心价值观教育的效果，进行变认知为行动的践行活动，是"外化于行"的过程。在项目实施过程组中，其线上教育模块的教育活动主要针对虚拟教育环境，存在不确定性和实施过程中诸多因素的干扰，可能使其进展偏离项目定义与设计的预期轨道，项目反馈充实和调整项目执行及控制过程组已辨别的教育的不足与被误解、被泛化的理解。项目负责人可以及时根据线下实践模块的第二课堂、公益讲座、社会实践、体验活动等项目反馈进行再教育。如我们在线上教育模块进行了以"爱国"为主题的价值观理论教育后，在线下"爱国践行力"实践模块的项目反馈过程组中，通过开展多种不同形式和内容的活动，引导大学生走进社会，到基层群众中，在体验性的实践活动过程中了解国情、民情，真正领悟我国现代化建设过程中所取得的成就，并在具体实践中运用和检验"爱国"价值观有关理论、政策，深化思想认识。

（三）项目完善阶段

项目完善阶段，包括项目评估过程组和项目调整过程组，它是对项目启动阶段和项目实施阶段教育效果进行评估从而作出项目调整的过程。项目评估过程组主要通过对项目管理模式下教育实践的效果进行判断，依据一定的标准，建立客观科学的指标体系进行监督和评价，减少人为干扰因素，最大限度优化资源配置，增强设计的科学性，为项目调整过程组提供依据。

为此，我们建立了把系统性、层次性和相对独立性有机结合的新媒体视阈下基于项目管理的社会主义核心价值观教育评价指标体系，该体系针对新媒体视阈下构建项目管理教育模式进行社会主义核心价值观教育的特点，主要围绕项目启动阶段和项目执行阶段展开，采用定性与定量相结合的方法。在定性的基础上，本评价指标体系采用模块结构指标系统，由零级指标（评估目标）、一级指标、二级指标、三级指标组成，它的优势是当仅对项目的一个过程组进行评估时，可以取出相应的模块进行评估，而不必重新设计评估指标。为提高评价体系的实际可操作性，本体系采用直接的分数相加法，在对评估指标定性地细化描述之后，赋予各指标不同的权重分数。整个评价指标体系为110项，在指标层的具体评价指标下，通过不同的观测点对每个指标进行打分。第一层次（一级指标）是考量新媒体视阈下构建项目管理教育模式进行社会主义核心价值观教育中项目启动阶段及项目实施阶段教育实践活动开展的水平，它通过项目定义、项目设计、项目执行、项目控制及项目反馈5个一级指标构成。第二层次（二级指标）是项目启动阶段和项目实施阶段应用的"要素层"，它根据前述的几个项目过程组所涉及的核心要素，把5个一级指标细分为16个二级指标，按其权重分别赋分予以评价。第三层次（三级指标）是项目启动阶段、项目实施阶段的主要观测点，它把16个二级指标又进一步分解为86个三级指标，具体见表2-1。

表2-1　教育评价指标体系及其权重

零级指标（评估目标）	一级指标	二级指标	三级指标（主要观测点）	分值
项目启动阶段（20分）	项目定义（15分）	项目的主题	社会主义核心价值观教育（3分）；指导思想明确（1分）；思想引导性突出（1分）	5分
		项目的范围	范围清晰（1分）；价值观认同感教育（2分）；价值观践行力实践（2分）	5分
		项目的目标	主题明确（1分）；目标明确（1分）；工作表述全面（1分）；目标可行（1分）；技术条件（1分）	5分
	项目设计（5分）	制定设计任务书	易于接受（1分）；便于使用（1分）；资源分配（1分）；项目进度（1分）；计划具体（1分）	5分

续表

零级指标（评估目标）	一级指标	二级指标	三级指标（主要观测点）	分值
项目实施阶段（80分）	线上"认同感"教育模块（50分）	网络教育平台	价值观教育主题鲜明（1分）；信息丰富（1分）；时代感强（1分）；视觉感官（1分）；风格统一（1分）；结构清晰（1分）；页面协调（1分）；技术支持管理运作（1分）；栏目覆盖面广（1分）；紧扣育人主题（1分）；层次分类有序（1分）；教育功效（1分）；用户访问量（1分）；强调社会主义核心价值观教育主题的严肃性（1分）；下载量（1分）	15分
	项目执行（25分）	公众话题参与	符合学生上网习惯（1分）；便于理解和操作（1分）；切合大众心理感受（1分）；适于价值观教育的开展（1分）；易于师生接受（1分）；便于师生使用（1分）；留言板的参与度（1分）；敏感度（1分）；权威性（1分）；吸引力（1分）	10分
		交流互动	互动频率（1分）；运用网络进行互动的能力（1分）；协调性（1分）；严肃性（1分）；活泼性（1分）	5分
	项目控制（25分）	答疑解惑	信息监控机制（1分）；及时处理留言并反馈处理结果（1分）；访客对反馈结果的评价（1分）；利于提高教育水平（1分）；对信息危机的处理和引导能力（1分）	5分

续表

零级指标（评估目标）	一级指标	二级指标	三级指标（主要观测点）	分值
项目实施阶段（80分）	线上"认同感"教育模块（50分）	项目控制（25分）		
		小组讨论	议题适当（1分）；导向性（1分）；注重寓教于乐的活泼性（1分）；讨论版的参与度（1分）；讨论活跃度（1分）	5分
		发言人	细节处理（1分）；处理速度（2分）；信息权威性（2分）	5分
		分析报告	科学性（1分）；创新性（1分）；实用性（1分）；规范性（1分）；指导性（1分）	5分
	线下"践行力"实践模块（30分）	项目反馈（30分）		
		第二课堂	价值观主题契合度（1.5分）；主题鲜明（1.5分）；活动定位清晰（1.5分）；时空开放性（1.5分）	6分
		社会实践	价值观主题契合度（1分）；计划完整性（1分）；计划可行性（1分）；主动性（1分）；团队合作（1分）；资源应用能力（1分）	6分
		主题宣讲	价值观主题契合度（2分）；语言流畅性（2分）；表达准确性（2分）	6分
		走访调研	价值观主题契合度（1.2分）；选题难度（1.2分）；沟通能力（1.2分）；调研实效（1.2分）；组织协调能力（1.2分）	6分
		总结答辩	价值观主题契合度（1.2分）；总结归纳能力（1.2分）；语言流畅性（1.2分）；表达准确性（1.2分）；逻辑严密性（1.2分）	6分

项目负责人针对项目启动阶段的项目定义目标、项目设计任务书及项目实施阶段的效果，通过新媒体视阈下构建项目管理教育模式进行社会主义核

心价值观教育评价指标体系的评分定期评估,该体系的评分采用百分制,用分数段来划分评估的风险程度(等级)。例如,60 分以下为高风险(不合格);60~79.9 分为中风险(及格);80~100 分为低风险(优秀)。除此之外,项目定义、项目设计、项目执行、项目控制、项目反馈各过程组的判断准则是:高风险即评分低于该过程组总分的 60%,中风险即评分高于该过程组总分的 60% 且低于其总分的 79.9%,低风险即评分高于该过程组总分的 80%。

项目调整过程组则是依据以上教育评价指标体系的分析评估,找出项目启动阶段和项目实施阶段的操作偏差,确定其风险等级并分析是哪个过程组风险、哪个观测点的原因,确定解决方案,通过项目调整重新调配整合资源,使其适应新的情况和要求。可见,项目调整就是用项目提供的客观标准尽早发现失衡局面,并使项目团队迅速制订一个纠正计划。如"爱国"价值观教育就可以通过上述教育评价指标体系,了解师生在线教与学和社会实践中的参与态度及效果等。通过网络学习平台,社会实践基地,全程跟踪、记录并量化每个过程组的教育学习进程,实时考评学习效果,对比原项目定义即教育目标等,确定哪个环节有偏差,甚至精确到是哪个观测点引起的问题,哪些环节有漏洞需要弥补,从而进行适当的项目设计调整。同时,教师可以给价值观认识仍然有错误甚至扭曲的学生提供额外的教育资源、进一步的解释、个性化指导等帮助。

(四)项目保障阶段

项目保障阶段主要是指项目风险管理过程组,其贯穿于项目启动、实施、完善全过程。项目风险管理过程组负责人提出潜在的风险清单,项目进行中及时比对和监测,结合项目完善阶段的项目评估结果对风险进行分析,采取相应的项目调整降低风险发生的概率或者是在项目风险事件发生后尽量降低其影响。如教育者在进行项目设计时可预留部分项目预算及教育资源,以方便项目设计的应急调整及对受教育后价值观仍然有误解的学生进行再教育,这样就提高了应对风险的能力,加大项目成功的概率。新媒体视阈下的应用较之单纯的管理学上的项目管理的风险管理环节要复杂,新媒体使教育的视阈拓展到虚拟环境,大学生社会认知模式由平面单向主导转向立体多维互动。教师依据此评价指标体系给各项目阶段、过程组评分,对项目启动阶段、项目实施阶段的线上"爱国认同感"教育模块和线下"爱国践行力"实践模块进行项目监控、风险管理，可以对教育"全过程"起到学习促进或监督的作用。首先，在实现项目实施教育过程中，既充分尊重了学生之间的差异性、突出学生多样性，让学生充分表达自己的观点，又可以使其他学生不受扭曲的价值观影响，有针对性地传授其社会主义的核心价值观。其次，教师可以对影响项目定义目标实现的内外部因素的发展情况和趋势进行分析及预测，从而有效防范，实现价值观理论教育与实践教育的协调和互动。再次，通过分析，定期评估学生以确定他们已经知道了什么、需要知道什么，从而进行合适的教育活动设计。最后，针对价值观仍然有误解的学生，提供进一步的解释和额外的资源等帮助进行再教育，这也是我们项目管理教育模式项目风险管理的意义所在。

第三章

基于VR技术的思想政治教育的内容和建设现状

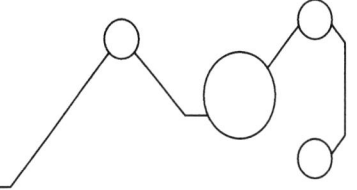

第一节 基于VR技术的思想政治教育的内容诠释

VR技术是信息化社会发展过程中尤为重要的一种信息技术形式,"有人将虚拟现实技术看作是仅次于互联网的改变世界未来的重要技术,它不仅将加速科学技术、工程设计的发展速度,而且将促进作为认识主体的人的认识能力的发展,提供一种新型的认识工具,涉及一系列的认识论、方法论乃至价值、伦理和文化传统诸多问题"❶,现阶段已经被广泛地应用到多个方面。与此同时,伴随着教育制度的不断改革,为了做到与时俱进,教育行业引入了更多新兴的技术和教育理念,VR技术当仁不让。

前面章节我们介绍了随着5G的发展,"VR+教育"蓬勃发展。VR技术为教育教学的改革和创新提供了可靠的技术支撑,其作用不容忽视,无论是国内还是国外,均取得了良好的效果,未来的发展潜力和空间极大。虽然VR技术的发展时间不长,但是在教育行业中的应用效果却不俗,应用于思想政治教育也有其非常重要的意义和价值。现阶段的思想政治教育工作,随着人们生活、工作和思维方式发生的巨大的变化,面临着新的挑战。传统的高校思想政治教育模式已无法满足当代大学生知识获取的趋势。因此,需

---

❶ 曾国屏. 虚拟现实——一项变革认识方法的技术[J]. 自然辩证法研究, 1997 (7): 19-23.

要我们深入探讨基于VR技术的思想政治教育的相关内容，以期更好地研究和实践，也可以为引领新时代下高校思想政治教育内容的创新起到探索性和示范性作用。

一、VR技术带给高校思想政治教育的机遇和挑战

（一）VR技术条件下高校思想政治教育的发展机遇

随着信息现代化的日益发展，VR技术也被广泛地应用到教育事业中。思想政治教育作为高校教育工作中较为重要的一项内容，VR技术的应用为其教育工作的开展带来了诸多的机遇。VR技术通过信息技术及计算机技术的应用，构建一种虚拟的三维视觉体验环境，让大学生形成正确的现代学习意识，加强参与性和学习体验，加深他们的直观认知，在教师的有效教育引导下，强化思想政治教育辐射范围及拓展思想政治教育途径，在思想政治教育的广度、深度和效度上都有所提高，对高校的思想政治教育具有非常积极的意义。❶教育工作者抓住VR技术带给高校思想政治教育的机遇，既可以更好地提升思想政治教育整体水平，又可以较大程度地保证思想政治教育的主流权威性，具有颠覆性创新的VR技术探索了高校思想政治教育改革创新的新途径，对于促进大学生思想政治教育工作的发展有长远影响。

1.有利于现代教育精神的实现

传统的思想政治教育中教师作为主导者，传授学生知识，学生更多的是接收知识，在一定程度上影响了以"学生为中心"的教育效果，新媒体时代这一问题显得更加突出，思想政治教育的发展必须要根据社会实际的变化而作出相应的调整。新媒体视阈下基于VR技术的思想政治教育的应用给传统的教育模式的变革带来了契机，正如曾国屏所说，VR技术作为一种现代化的高新科技内容，是一种新型的、多维化的人机和谐的信息系统。它为人们提供了新的学习手段，突出了形象思维和逻辑思维的结合、认知和感知的并用，从而将对认识主体的学习方式和思维发展有重要的影响。❷VR技术有利于增强学生们的思考力和领悟力，完全符合信息化教育的发展理念，它对于学生

---

❶ 张晓燕.基于用户体验的高校VR思想政治教育平台应用研究[J].艺术品鉴，2019（8）：291-292.

❷ 曾国屏.虚拟现实——一项变革认识方法的技术[J].自然辩证法研究，1997（7）：19-23.

现代意识的形成具有非常突出的实际意义。现代意识下的现代教育要求改变学生被动的学习状态，发挥学生学习的自主性，提高学生在教育中的参与度、积极性和学习主动性，促进学生养成自我把握知识的习惯。而VR技术与思想政治教育不断融合，就是探索一种教育模式和方法，发掘学生们的思想深度，扩展想象力的空间，重构教育教学的情境，将过去的以听为主的学习变成多感官全方位的感知和投入，激起学生学习的兴趣和积极性，将学生被动学习变为主动，实现从"被教育"到"我想受教育"再到"自我教育"的转变，有利于现代教育精神的实现，使思想政治教育真正地入脑、入心、入行。❶

2. 强化了思想政治教育的辐射范围

基于VR技术的高校思想政治教育不仅采用计算机前沿技术，同时它有效地促进学习三大核心要素有机结合：VR教育法、资源与VR设备和学习者体验，共同作用致力于打造灵活有效的VR集成学习环境。它可以将思想政治教育与教育学、心理学、学习科学等相结合，形成的非现实的合理化与创新环境，给思想政治教育带去全新思路。在传统的大学思想政治教育中，主要就是通过思想政治教育的课程、主题教育及活动的举办等来实现思想政治教育的目的，教育的涵盖范围有限，难以实现实时的教育渗透。而基于VR技术的思想政治教育不再拘泥于传统教育的模式，VR技术本身拥有的沉浸性、多感知性、交互性、自主性和构想性，能够有效地打破时间、空间的限制，调动学生的视觉、听觉、触觉、嗅觉、味觉等多重感官，激发受教育者的兴趣，提高受教育者的参与性，让教育更直观、生动、形象，更有感染力。在思想政治教育的过程中，不仅加深了学生们对思想政治教育内容的理解、积累了知识，也培养了学生们的问题意识、开放意识、自我探究的能力及批判性思维能力等，在这个过程中学到的知识更容易内化于心，实现辐射性的思想政治教育拓展。

3. 拓展了思想政治教育的有效途径

在传统的思想政治教育体系中，教育的途径相对单一，难以适应新媒体视阈下的教育环境，也很难满足出生于现代信息化时代的"90后""00后"的多元化教育需求。要解决学习者差异的问题，满足学生对教育资源多层级的不同

---

❶ 齐博. VR技术在教育领域中的应用[J]. 电子技术与软件工程, 2018（6）: 146.

需求，就需要丰富信息呈现方式、完善系统功能与布局，而VR技术通过网络与计算机技术的加持，将传统的思想政治教育以超越时空的生动形式呈现在新一代高校学子的面前，形式新颖、操作灵活。它包括大量的信息资源，既可以将传统的教学元素如幻灯片的图形、大数据、录制的视频、模型嵌入虚拟环境中进行教育，也可以应用种类繁多的技术，让教育环境具有沉浸感。教育环境的"身临其境"，带给学生的不仅仅是感官的震惊，更多的是心灵震撼，将事物的发展规律及事物之间的联系进行虚拟展示。虚拟世界可以呈现给学生们已在现实世界中消失，在现实生活中不能观察到的事物。如学生去长征的场景中进行角色扮演，真实体验、感受当时的艰苦环境，体会平时课本或语言灌输中不能感知的感受，使内心深处受到触动，真正理解长征精神，思考幸福生活的来之不易，加深对爱国主义的理解。将思想政治教育中的文字符号转化为虚拟空间的视觉形象，可以让人们更加直观地理解事物，使抽象的内容形象化，把理性的知识和感性相结合，能够最大限度地揭示与展现事物的本质。基于VR技术的思想政治教育，结合情境认知理论，有效拓展教育途径，通过激发学习动机、增强学习体验、创设心理沉浸感、实现情境学习和知识迁移等，形成了丰富多彩的教育模式和方式，它比相对单一的传统教育模式更吸引学生。可见，VR技术的出现使教育手段更加丰富多样，拓展了思想政治教育的有效途径。

（二）VR技术条件下高校思想政治教育面临的挑战

VR技术与其他信息技术相同，也是一把"双刃剑"，它的应用在带来诸多机遇的同时，也会为高校思想政治教育带来诸多挑战。在传统的教育模式中，课堂是实现思想政治教育的主要途径，教师是开展教学活动的引导者及掌控者，其能够通过各种教育方法，向学生传播正确的、健康的世界观，教育的权威性非常突出。[1]而VR技术作为一种信息技术形式，其与新媒体视阈下的其他信息技术手段一样，该技术的普及也会给高校思想政治教育带来挑战，如改变大学生思想政治教育的教育环境、冲击学生世界观等。随着新媒体的发展，教师不再是学生接受思想政治教育的唯一途径，权威性已经有所

---

[1] 李伟雄.中共党史教育：大学生思想政治教育的重要内容[J].山东省青年管理干部学院学报，2016（6）：76-80.

削弱,5G商用,VR技术的体验感更好,并越来越普及,这对学生的吸引力可能比过去意义上的新媒体吸引力更大,可能会进一步削弱教育的权威性。除此之外,对于VR技术而言,由于其信息获取方式更为宽泛,并且可以将信息场景进行虚拟重现,更吸引学生们的猎奇心理,不健康的、错误的信息,通过虚实结合的方式传递,对学生们的心理和思想的负面影响更大,如果不能正确地对其进行教育和引导,就极易导致诸多不良事件发生。因此,新媒体视阈下如何有效地应用VR技术进行思想政治教育,从而积极地应对其带来的挑战,确实是值得我们深入思考和研究的。

二、VR技术特征与高校思想政治教育融合的契合性

(一)沉浸性与多感知性的特征让思想政治教育手段高效灵活

VR技术也称"沉浸式多媒体",是一种可交互、体验、创造虚拟环境的仿真技术[1],但它与传统多媒体技术明显不同。一方面,VR技术受计算机图形学、情感计算、传感技术等多项技术支持,用户的感官体验得到大幅度提升;另一方面,VR技术在社交体验方面的媒体丰富度、社会存在感和自我开放度明显强于普通社交媒体。[2]沉浸性作为虚拟现实技术的重要技术指标,是客观、可测、可控的属性,它能影响使用者的存在感。

詹尼特(Jennett)等学者认为,按照沉浸性程度可以分为:①参与,参与者投入时间、精力和注意力,掌握如何使用、操控;②专注,参与者情绪直接受虚拟场景影响,淡化了外界感知和自我意识;③完全沉浸,完全切断了参与者对外界的感知,全身心投入虚拟环境中。[3]以往的研究表明,画面真实度、图像帧速率、声音环绕度、触觉反馈程度、虚拟身体表征(能否看到

---

[1] 何聚厚,梁瑞娜,肖鑫,等.基于沉浸式虚拟现实系统的学习评价指标体系设计[J].电化教育研究,2018(3):75-81.

[2] BOWMAN D A, MCMAHAN R P. Virtual reality: how much immersion is enough?[J]. Computer, 2007, 40(7): 36-43.

[3] JENNETT C, COX A L, CAIRNS P, et al. Measuring and defining the experience of immersion in games[J]. International journal of human-computer studies, 2008, 66(9): 641-661.

自己的虚拟身体及其完整性）和身体参与度等都与沉浸性呈正相关。[1]VR技术根据教育教学的需要，可以实现以上三种不同程度的沉浸性，以保证和教育的设计相协调。

高校思想政治教育与VR技术的沉浸性和多感知性相契合，虚拟现实以认知和感知结合的方式作用于人，其实是加强了人的知觉体验。知觉是感知的一个过程，是多个器官对感觉信息进行有组织的处理，进而对事物存在的形式进行理解认识的过程。人们感知世界的本能方式就是形象化的、情绪化的，而语言文字、书本知识是以概念为思维起点的，VR技术将概念等抽象信息转化为感觉信息，调动多种人体感官，使人从丰富多样的事物中提炼出事物的本质，这是人最初的感知模式，也是最自然轻松的方式，这样更容易发挥人的主观能动性去认知。因此，思想政治教育可以通过合理地利用VR技术特征刺激并增强学生的感官、知觉，提供直观、形象的视觉、听觉情境让学生感知到现实中不能触碰的事物，并感受到自己是计算机系统所创造环境中的一部分，将抽象的、深奥的内容，通过更加生动的展现方式，使知识具体化、形象化，产生思维共鸣，造成心理沉浸，感觉如同进入真实世界。这种情境体验式的思想政治教育素材既可以让学生产生新鲜感，激发学习兴趣，又可以潜移默化地在情境感知中唤起共鸣，让正确的理想、信念、信仰走进人心。可见，沉浸性与多感知性的特征与思想政治教育相契合，可以实现教育的"线上与线下互联"，打通思想政治教育的"最后一公里"。

（二）交互性特征促进思想政治教育理想信念与价值观的形成

交互性是指虚拟环境下，使用者对情境内的物体的可操作性和得到的反馈，使用者的操作可以引起虚拟环境的变化，虚拟环境的改变也会反馈到使用者感知，交互性会使人产生存在感。存在感是一种参与者存在于虚拟环境中的感受，可以分为三个方面：①临场感，最基本的感受，可简单描述为"置身于此"的感觉；②共存感，一种心理上的交互，能感知他人并能体会他人对自己的感知；③社会存在感，突出交互性，定义为互动过程中他人参与

---

[1] SANCHEZ-VIVES M, SLATER M. From presence to consciousness through virtual reality[J]. Nature reviews neuroscience, 2005, 6（4）：332-339.

的显著度和人际关系的显著度。❶有研究表明,社会存在感最能给用户带来环境体验的满足感,而且社会存在感强度的高低与社会交互的真实度、丰富度等呈正相关。❷在虚拟情境中创造真实且富有意义的交互场景可以增强社会存在感。可见,高校思想政治教育与VR技术的交互性相契合,是应用了人的行为体验,其交互性更强,在虚拟世界中学生可以与虚拟的事物、环境进行交流。根据马克思主义哲学中实践与认识关系的论述:实践决定认识,是认识的来源,是认识发展的根本动力,是认识的最终目的,也是检验认识正确与否的唯一标准。虚拟现实大大拓展了学生实践的空间,现实环境中绝不会出现的事物也成为学生进行实践的对象,因此极大提升了学生认识的范围、广度及深度。❸

VR技术在思想政治教育领域的应用,充分发挥虚拟现实技术的优势创设新的学习情境,将学生置身于设定的场景中,让其在学习中找到自己的存在感,调动了自主学习、自我教育的积极性,通过"身心"结合的行为体验,激发了学习、探索的内驱力,把单向传递变为双向互动,以"学生为中心"代替了以"教师为中心"。VR技术使学习者的客体性与主观能动性有机结合,因为是自己感知和认知的,就更容易从内心深入理解并认可教育中传授的知识,对于理想信念教育、社会主义核心价值观教育有着重要意义。

(三)构想性与自主性的特征促进对思想政治教育内容的深度理解

VR技术的构想性与自主性特征与思想政治教育相契合,可以促进学生的精神体验。新媒体视阈下进一步实现了"不出门便知天下事",新技术可以将知识与信息转变为电子资源,通过搜索引擎、电子书等方式,帮助学生和教师快速获得知识与信息,改变知识与信息获取方式,提高知识呈现效率。但是思想政治教育与其他教育相比还是有其特殊性的,不是仅仅知道或记住了

---

❶ BULU S T. Place presence, social presence, co-presence, and satisfaction in virtual worlds[J]. Computers & education, 2012, 58 (1): 154-161.

❷ NOWAK K L, BIOCCA F. The effect of the agency and anthropomorphism on users' sense of telepresence, copresence, and social presence in virtual environments[J]. Presence, 2014, 12 (5): 481-494.

❸ 高考题惊现VR技术!不懂VR的高中生不是一个合格的高中生!!! [EB/OL]. (2019-06-17). http://www.sohu.com/a/321049786_100042530.

相关知识和理论就能达到教育的目的，其还需要被认可和被践行，实现其教育效果要从快速呈现教育向深度理解和体验探究转变。

构想性主要是指在虚拟环境里通过交互，使用者可以按照自己的设计和想象去改变，创造客观世界不存在的场景或不可能发生的环境。它依托于复杂的脑认知运动，即人脑由所处环境及获取到的信息，经过判断、推理等逻辑思维了解事物运动的规律和关联，预见事物的发展趋势，从而加工已储存的表象，形成新形象，实现深化已有概念并获取更多知识。VR技术与思想政治教育融合，就是学生通过在虚拟环境里与情境中的物体进行互动，建立沉浸性的知觉体验及自由的交互体验，体验抽象理论或者文字表达的现实场景，并感受其中的氛围和变化，改变自己原有的不完善的认识和理解，进而拓宽认知范围和深度，加深对教师传授的思想政治教育内容的理解并践行。

综上可知，VR特征与思想政治教育相契合，基于VR技术的思想政治教育将最终实现学习者知觉体验、行为体验及精神体验的均衡统一。VR技术为高校思想政治教育提供了更加直接有效的教育体验，调动了新时代大学生的学习主动性和自觉性，深化了传统的思想政治教育，为高校思想政治教育注入了新的生机和活力。

三、VR技术条件下高校思想政治教育的相关理论

（一）人的思想品德形成与发展理论

思想政治教育的过程，从某种意义上说就是人的思想品德形成与发展的过程。人的思想品德形成与发展的过程是指个体思想品德在演化过程中不断获得新品质的过程。个体自身的因素及包括思想政治教育在内的外部因素，都参与了这个过程，对思想品德的形成与发展产生各自不同的影响。个体自身的因素包括人的自身状态，如人生观、价值观和身心其他方面的情况是影响思想品德的最重要因素。其外部因素中就明确指出了包括现代大众传播媒介，其当然涵盖了新媒体视阈下正蓬勃发展的VR技术。除此之外，影响思想品德形成与发展的外部因素还有社会的经济制度及经济生活条件、政治制度及社会的政治生活状况、社会文化及文化活动，受教育者生活于其中的社会环境，受教育者接受教育的学校，各种非交往环境等。

人的思想品德的形成，既不是起因于自我意识的主体，也不是客观外界因素在个体身上的消极反映，而是在主体实践的过程中主客体相互作用的结果；人的思想品德是主观因素和客观因素交互作用的产物，思想品德形成与发展过程是外部制约和内在转化的辩证统一过程。①外在因素影响制约过程。人的思想品德的形成与发展是指个体的思想品德在演化过程中不断获得新的品质的过程。个体自身的因素及包括思想政治教育在内的外部因素，都参与了这个过程，对思想品德的形成与发展产生各自不同的影响。②内在思想矛盾转化过程。由于一定的品德认识转化为相应的品德行为，必须经过品德情感、品德信念、品德意志这三个要素的催化作用，因而思想品德的形成过程实际上是在一定外界环境条件的影响下人们内在的知、情、信、意、行诸要素辩证运动、均衡发展的过程。❶

（二）思想品德认识到行为的内在转化过程理论

人的思想品德形成与发展过程的基本问题是人的思想品德认识如何转化为相应的思想品德行为的问题。从思想品德认识到思想品德行为是不能直接转化的，中间有情、信、意三个思想品德的心理要素，通过知、情、信、意、行五个要素均衡发展，形成一个转化闭环。

知，即思想品德认识，是人们对一定社会的思想品德关系及处理这种关系的原则、规范的理解和领语，思想品德认识是思想品德形成过程的发端。情，即思想品德情感，是人们运用一定社会的思想品德原则和规范去理解、评价周围环境中的人与事物时产生的一种主观情绪体验。信，即思想品德信念，是人们对一定社会的思想品德原则和规范的内心信仰。意，即思想品德意志，是人们在履行思想品德原则和规范的过程中表现出来的自觉克服一切困难与障碍的毅力。思想品德意志的形成对思想品德形成过程起调节作用。行，即思想品德行为，是人们在思想品德认识、情感、信念和意志的支配与调节下，在实践活动中履行思想品德原则和规范的实际行动。思想品德行为是思想品德形成过程的归宿。❷

思想政治教育学原理形象地描述了知、情、信、意、行五者之间的关系，

---

❶ 张耀灿，陈万柏.思想政治教育学原理[M].北京：高等教育出版社，2001.

❷ 张耀灿，陈万柏.思想政治教育学原理[M].北京：高等教育出版社，2001.

即"知是情、信、意的基础,也是行的先导;情是知、信、意的催化剂,也是行的推动力;信是知、情、意的合金,也是行的内在动力和精神支柱;意是知、情、信的体现,也是行的杠杆;行是知、情、信、意辩证运动的外在表现和最终结果,又是强化和巩固知、情、信、意的基础"[1]。

人的思想品德的形成与发展,都包含知、情、信、意、行五个心理要素,这些要素相互作用、影响、制约、渗透和促进,单一的要素不能形成完善的思想品德。人的思想品德形成与发展的内在转化过程是知、情、信、意、行诸要素的均衡发展和从知到行的转化过程。这个过程是循环往复、螺旋上升的,实现知到行的平衡发展。

外界环境的影响具有复杂性,受教育者的个性心理特征具有差异性,其原来固有的思想道德水平也有所不同。因此,教育者对受教育者施加教育影响,就不能拘泥于知、情、信、意、行的固定顺序,而是应该根据受教育者的思想品德诸要素中知、情、信、意、行的发展方向和实际水平不同,思想政治教育的内容和侧重点则不同,教育循环的开端则根据这些不同而改变。因此,思想政治教育过程可以有多种开端,可以选择各因素中最薄弱、最需要、最迫切和最能奏效的因素作为开端,且因时而异、动态调节,在发展中不断转换调整。

(三)关于深度学习的理论

关于深度学习理论,学者们从情境、交互、反思角度对其进行了探讨。阎乃胜指出,深度学习是一种基于情境的学习方式,从深度学习的真实性与批判性情境属性入手,说明深度学习课堂情境的构造方法;[2]陶倪以问题情境为切入点,分析基于问题情境的交互活动,指出问题情境引发的五个交互层次,即信息交流层次、问题把握层次、问题解决层次、学习与创新层次、意义建构与再创新层次;[3]吴秀娟、张浩则对基于反思的深度学习进行了实验研究,结果表明,信息技术课程教学中基于反思的深度学习模式基本可行,同

---

[1] 张耀灿,陈万柏.思想政治教育学原理[M].北京:高等教育出版社,2001.

[2] 阎乃胜.深度学习视野下的课堂情境[J].教育发展研究,2013,4(12):76-79.

[3] 陶倪.虚拟环境中基于问题情境的认知活动与学习交互[J].开放教育研究,2012,18(4):36-43.

时，反思在促进深度学习上具有较显著效果；[1]吴南中、李健苹对虚拟融合的学习场域方法论特征进行分析，提出虚实融合的学习场域形成的保障机制，认为强化对话为基本特征的交互是虚实融合的学习场域的内在动力；[2]曾明星、李桂平等将情境、交互、体验与反思作为深度学习场域建构的核心构件。[3]

(四) 情境认知理论

情境认知理论认为，知识具有情境性、生成性、分布性和默会性，学习应当根植于情境之中，通过社会协商达到一种文化适应和知识创新，是一种合法的边缘性参与。[4]学习情境的设计要体现出认知活动的真实性，具备真实性认知活动的学习情境将对知识的建构起到帮助作用。大多数知识都是人的活动与情境互动的产物，科学化、系统化地让学生全面、深刻地认识教育内容，由内到外地交互体验，让学习者在受教育的过程中感悟和反思。该理论是继行为主义"刺激—反应"学习理论与认知心理学的"信息加工"学习理论后，与建构主义大约同时出现的又一个重要的研究取向[5]，它试图纠正刺激反应和符号学说的失误。情境认知理论试图纠正认知的符号运算方法的失误，特别是完全依靠规则与信息描述的认知，仅仅关注有意识地推理和思考的认知，忽视了文化和物理背景的认知。情境观认为，实践不是独立于学习的，而意义也不是与实践和情境脉络相分离的，意义正是在实践和情境脉络中加以协商的。知识不是一件事情或一组表征，也不是事实和规则的集合，知识是一种动态的建构与组织。知识是个体与环境交互作用过程中建构的一种交互状态，是一种人类协调一系列行为，去适应动态变化发展的环境的能力。

(五) 思想政治教育方法的相关理论

思想政治教育方法是实现思想政治教育目的的重要手段，是教育者与受教育者互动连接的扭结，对于完成思想政治教育任务和保证思想政治教育的

---

[1] 吴秀娟, 张浩. 基于反思的深度学习试验研究[J]. 远程教育杂志, 2015 (4)：67-74.

[2] 吴南中, 李健苹. 虚实融合的学习场域：特征与塑造[J]. 中国远程教育, 2016 (1)：5-11.

[3] 曾明星, 李桂平, 周清平, 等. MOOC与翻转课堂融合的深度学习场域建构[J]. 现代远程教育研究, 2016, 26 (1)：41-49.

[4] 贾义敏, 詹春青. 情境学习：一种新的学习范式[J]. 开放教育研究, 2011 (10)：29-37.

[5] 王文静. 情境认知与学习理论研究述评[J]. 全球教育展望, 2002 (1)：51-55.

实施效果具有重要意义。接下来我们简单介绍几种和基于VR技术的高校思想政治教育的组织架构密切相关的教育方法。思想政治教育的方法在本书的后面章节还有较全面详细的介绍。

（1）网络灌输法。灌输教育法是思想政治教育中提高思想觉悟和政治素质的一种教育方法，但是单纯灌输的方法简单生硬，机械地多次使用可能让受教育者产生逆反心理。新媒体视阈下利用网络的优势，进行教育方法的创新，即网络灌输法。这种方法利用平等的新媒体平台，变传统的单向灌输为教育者与受教育者之间的双向互动，变单纯的灌输教育为主动灌输和正确引导相结合，变单一呆板为灵活多样，变受教育者的被动为主动，加之以网上网下联动，思想政治教育的效果比传统的灌输法效果更好。

（2）网络实践法。网络实践法由于具有共享性、虚拟性和及时性的特点，能达到亲临现场的实践效果，因而易于被受教育者接受。VR技术的沉浸性、交互性、构想性等特征，更是给人身临其境的感觉，能更好地实现网络实践法的教育目的，同时基于VR技术自身优势，其应用于思想政治教育还可以发挥感染人、影响人，激发人的想象力、创造力的教育效果，平衡知、情、信、意、行五个心理要素，实现思想政治教育的"知行合一"。

（3）自我教育法。自我教育就是自己教育自己，自己做好自己的思想工作。受教育者的思想政治觉悟、道德水平的提高，思想政治教育的效果，只有通过受教育主体的积极思想活动特别是自我教育才能达到。自我教育也是反思的过程，通过受教育者自身的思想矛盾斗争，思考并剖析自己的问题，用正确思想战胜错误思想，树立正确的世界观、人生观和价值观，其有利于激发受教育者自我教育的自觉性和能力，有利于增强和巩固思想政治教育的效果，从而更好地实现思想政治教育的目标，也有学者提出"反思是自我教育最好的途径"。所以，在基于VR技术的高校思想政治教育的组织架构中，我们可以有意识地加入反思环节，加强学生的自我教育和巩固教育效果。

（4）集体教育法。与自我教育是通过个人的自我反省、自我解剖、自我监督、自我总结等方式进行自我修养，用积极因素克服消极因素等不同，集体教育则是在一个集体内部，通过群众性的互教互学活动，互帮互助、互相促进，通过集体来教育引导人，以提高全体成员的思想水平和政治觉悟。其优点是教师教育学生时，不会让学生总感觉到自己是被教育的对象，产生反感情绪，使师生之间的正常关系疏远，而是让学生体验自己是教育的主体之一。良好的集体教育的实效是超过思想政治教育个人力量的。

四、基于VR技术的高校思想政治教育的组织架构

在当前的高校教育中，信息技术已经成为重要的辅助手段，采用信息技术，可以扩大教学平台，丰富教学内容，培养学生的自主性和动手能力。[1] VR技术作为新媒体视阈下蓬勃发展的前沿技术，VR+教育开启了一个崭新的教育时代，为教育营造出了一个幻想的空间，通过构建假定性形象，形象生动地展示了事物的性质、规律及事物之间的内在联系。VR教育思维体现在它打破传统教育模式，打破了常规的教育方式，将学生的学习过程从二维模式带入三维模式，体现在教育设计、教育创作和教育实施全过程中，将会呈现出很多新颖的教育方式与方法；而基于VR技术的高校思想政治教育的组织架构是完成教育类型、教育手段、教育方法、教育形态及教育空间形态转换，并通过给受教育者直观、新鲜、生动的感受，增加思想政治教育的魅力，增强思想政治教育的实效性。

钱学森认为："形象思维比抽象（逻辑）思维更广泛，逻辑思维只是解决科学问题，形象思维是把还没有形成科学的前科学知识都利用起来。"[2]虚拟技术推动的"右脑革命"，将有助于人的思维能力的全面发展，从而推动人们更好地从事创造性活动。[3]而VR技术提供的学习和认识方式，不仅仅是逻辑和形象的结合，还是认知能力和感知能力的结合，这对主体认识能力的发展有重要的影响。认知能力和感知能力的结合，逻辑思维和形象思维的并用，将更有力地推动人的认识能力的提高，从而极大地推动认识主体的加速发展。因此，基于VR技术的高校思想政治教育的组织架构，要充分发挥VR技术可以使逻辑思维和形象思维结合，使认知能力和感知能力结合的优势，推动学生的认识能力的提高。

---

[1] 卢伟刚.信息化背景下的高校立体化课程教学探索[J].现代教育科学，2009（7）：93-94.

[2] 钱学森.关于思维科学[M].上海：上海人民出版社，1986：157.

[3] 曾国屏.虚拟现实——一项变革认识方法的技术[J].自然辩证法研究，1997（7）：19-23.

当前主流的思想政治教育模式是以单向知识传授为主的，不能很好地发挥VR技术的优势。一些学者根据实际教育教学的需要，提出了立体化研究型的教育教学模式。所谓立体化教学，是指基于信息化教育环境，将数字化学习资源、虚拟化网络空间与传统的课程资源及教学活动有机结合。❶基于虚拟现实的研究型教学模式可以变传统的讲授式为启发引导式，赋予学生学习的主动性，通过给学生提供更为真实的观察对象、可供反馈的模型，激励学生的学习兴趣，能使学生、教师和教学资源组建成一个"虚拟学习共同体"❷，实现思想政治教育的目标。

我们基于VR技术的高校思想政治教育的组织架构，主要实现两个教育目标。第一，基于VR技术的教育实践与情境认知理论、思想品德认识到行为内在转化理论等一系列VR技术条件下高校思想政治教育的相关理论，建构双向互动的立体化思想政治教育模式，实现教育内容和情节的移情、共情，努力提升思政课的独特教学魅力。第二，实现信息技术与教育的深度融合，为教育界带来重大变革，营建新的教育生态环境，探索新的教育体系，更好地适应教育现状，推动教育现代化的进程。

因此，基于VR技术的高校思想政治教育的组织架构，必须以学生的需求作为根本出发点。紧紧围绕思想政治教育的逻辑与学生学习的逻辑相结合的思路展开设计，将自主学习纳入教育的学习环境，注重学生参与教育的过程和亲身体验与实践。而教师作为教育学习活动的设计者，既是学生学习的指导者与评价者，也是教育资源的调配师，通过提供潜移默化的学习内容，吸引、引导学生学习，充分发挥教师的主导地位和学生的主体地位。重视学生的主体地位，就要解决学习者差异的问题，在教育资源开发和思想教育的组织架构设计中，要探索信息呈现方式和系统功能与布局是开放性、动态可调整的，满足多层级用户的不同体验需求，以学习者为中心，顺应学习者认知加工过程，优化教育设计，开发有吸引力的VR教育资源，让有不同需求的学生都可以找到适合自己能力的教育内容，激发学生的学习兴趣，强化学习效果。

---

❶ 刘成新.立体化课程的内涵及其特征解读[J].现代教育技术，2010，20（4）：42-45.

❷ 王红成，倪雁俊.基于虚拟现实技术的大学英语读写立体化教材研究[J].疯狂英语：教师版，2015（4）：19-23.

基于VR技术的现代教育教学资源是一个开放性体系，为立体化教育模式的开展和实施提供了有力的技术支持，构建的双向互动的立体化思想政治教育模式是一个深度学习场域模型。

该立体化思想政治教育模式模型，是由一个基石（以情境模块、交互模块、体验模块、反思模块、提升模块为核心的学习空间塔），一个内核（学生投入），三个支持点（教师、技术人员、需求转化工具）五个模块组成的开放型学习场，模型内各组成要素之间协调互助，实现深度学习。情境认知理论认为，大多数知识都是人的活动与情境互动的产物，科学化、系统化地让学生全面、深刻地认识教育内容，由内到外地交互体验，让学习者在受教育的过程中感悟和反思。双向互动的立体化思想政治教育模式正是如此，逼真的临场感与实时的交互性，充分调动学习者的感觉体验和思维器官反思，可以从根本上改变学生的思维方式，从虚拟实践中体会从教育内容的学习到现实中的应用和实践过程，培养学生的思考习惯，提高学生的学习实效，完成个人思想品德认知、情感、信念、意志、行为之间的转换，实现线上与线下互联。

（一）情境模块——激发学习动机

（1）模块设计：多维情境的虚拟场景设计，呈现问题。

（2）学生的学习行为：学生直接接近真实地呈现能够感知的虚拟情境，在情境里进行观察和思考。

（3）模块的教育效果：情境模块提供的VR沉浸式教育，打破了传统思想政治教育的局限性，并在传统教育的基础上，弥补学生在学习过程中所缺乏的情境再现，使VR技术能够更好地让学生提高学习兴趣，激发学习动机。

（4）模块分析：体验式学习循环理论强调学生知识与经验的外化，基于VR技术的深度学习场域主要构件包括情境、交互、体验、反思及行为，其中，情境是学习场域的核心。同样，情境认知理论也认为知识具有情境性、生成性、分布性和默会性，学习应当根植于情境之中。学习情境的设计要体现出认知活动的真实性，具备真实性认知活动的学习情境将对知识的建构起到帮助作用。

情境属于深度学习场域中的显在场域，情境的真实性有利于激发学生的学习动机，是依托VR技术构建的集视觉、听觉、味觉、嗅觉与触觉等在内的多感官体验式学习空间。本模块的设计工作与交互模块、体验模块、反思模块、行为模块是一个统一的系统，需要结合教育内容、学习者特征与学习目的，设计VR学习情境，创设心理沉浸感，实现对思想政治教育内容的认识。

情境模块可以理解为对所教授的思想政治教育内容产生认知环节，创设的虚拟教育情境要争取做到震撼有趣且省时有效。尽管VR作为新技术优势明显，但在教育设计中要进行选择，教育的目的是让学生通过课堂来探索、掌握知识。我们需要通过系统化的分析，确定教育情境的设计思路与策略，创设出适宜性、可扩展性与创新性的思想政治教育学习情境。虚拟现实教育学习情境可以按照学生的体验方式，划分为游戏化虚拟情境与真实情境，它们都是通过虚拟现实模型把思想政治教育内容需要的虚拟场景进行呈现。作为一种新型的认识工具，VR技术的作用在模型方法上得到了集中的体现。在当代科学研究中，模型方法的重要性越来越为人们所认识，被看作科学研究方法的核心。❶虚拟现实模型具有巨大的灵活性和实用性，用动态建模将教育内容可视化，以更加逼真、形象、便利的方式呈现在学生面前，学生可以更好地以更直观的方式学习思想政治教育所要传授的内容，可以提高学生学习、研究和参与的热情。

虚拟教育情境沉浸性的知觉体验构建了细致逼真的场景，依托成熟的视觉体验效果，让思想政治教育内容与资源具有较高的真实性，当学生身临其境时，视觉冲击会带来震撼和感知。教师要把握好时间，设计好切入点和问题，设置的探索问题与现实生活具有一定的联系，让学生带着问题去自我感知，引导学生进行预测、假设，从而真正解决问题，用最好的方式、最短的时间来提高学生的认知，为后续的交互体验、知识迁移、行为实践提供支持，提高教育实效。

（二）交互模块——促进学习参与

（1）模块设计：

①分析学生可能会采取的交互方式与操作策略，设计相关交互环节。

②引导学生逐步探索，引导学生的深度学习。

---

❶ 孙小礼. 自然辩证法通论·第二卷·方法论[M]. 北京：高等教育出版社，1993：145.

（2）学生的学习行为：交互使虚拟情境发生改变，互动、反馈提高了教育效率，提升了学生认识的范围、广度及深度。

（3）模块的教育效果：交互模块，在教育交互过程中，借助多样化的相互作用，通过可操作性和得到的反馈，促进学生学习的参与性，产生情感的移情，转变学习行为。

（4）模块分析：应用VR技术，学生沉浸在虚拟情境中，并与虚拟情境发生着交互式作用。交互属于虚拟现实深度学习场域中的中间构件，情境需要通过交互作用，激发学生的体验，从而对学习者的学习行为施加作用。《地平线报告》（高等教育版）2017年文件中曾提到，促进高等教育领域发展的短期趋势是加强协作学习，以学习者为核心、强调互动、团队合作。❶

交互模块可以理解为对所教授的思想政治教育内容产生情感的环节，交互模块属于双向互动的立体化思想政治教育模式模型的中间构件，情境模块需要通过交互模块作用，激发学生的体验，从而对学习者的学习行为施加作用。有效的教育是必须有互动的，不是教师单方面的讲解，也不是学生单方面的学习。"实践决定认识，是认识的来源，是认识发展的根本动力，是认识的最终目的，也是检验认识正确与否的唯一标准。"VR技术+教育的交互性质让学生体验穿越多重器官，在虚拟情境中的交互也可以作为一种实践，交互对虚拟世界的可操作性和反馈，使学生的操作可以引起虚拟环境的变化，虚拟环境的改变也会反馈到学生感知。当情境模块设置的场景被交互重构时，教师要注意创设的情境的反馈，要让学生从虚拟环境中理解并作出反馈，交互、反馈能提高效率，有反馈才有交流，有交流才有互动，才能提高自身的认知。

本模块中的交互可以包括游戏、试验、角色扮演等，可以按照学生交互的方式不同，分为游戏化虚拟情境与真实情境。游戏化虚拟情境是指通过设计，引导学生借助虚拟自我角色，与场景中的任务、画面、声音、物体等进行互动、感知与操作，产生临场感。真实情境则是与现实生活比较吻合的一种场景，具有较高的整体性，场景与现实生活紧密联系。根据交互的程度不同，会产生临场感、共存感、社会存在感等不同的情感，从而实现一种心理

---

❶ 金慧，胡盈滢，宋蕾.技术促进教育创新——新媒体联盟《地平线报告》（2017高等教育版）解读[J].远程教育杂志，2017（2）：3-8.

上、情感上的交互。至此,交互模块在情境模块认知的基础上实现的对教育内容的情感,实现了对教育内容的移情和认可,促进学习者的参与和协作,实现主动学习。

(三)体验模块——增强学习体验

(1)模块设计:为学生设计了有层次的感官和交互体验,进行思想政治教育。

①通过情境模块设计,为学生提供有关思想政治教育内容的浸入式的交互与直观性的体验设计。

②通过学生实际交互和教师预测的学生学习行为与探索路径进行比对,解决过程中的问题,设计学生与情境共情的环节。

(2)学生的学习行为:学生的临场感、交互体验和心流体验的认知发展思维过程会影响学生对思想政治教育的理解及产生共情,有利于将教育内容变成自己的信念。

(3)模块的教育效果:引导学生的认知发展思维过程,实现了思想政治教育中情感的共情,强化了学生们的相关信念。

(4)模块分析:交互与体验是一个相互统一的过程,交互是学生体验的外在形式,体验是交互的内在本质。精心设计的VR思想政治教育模式模型,沉浸感和交互性很好,学生可以得到良好的体验。体验是学生个体在经历观察、感受、探究等活动,实现认识内省,最终形成生成性的习惯、态度与心理品质。曾国屏在《虚拟现实——一项变革认识方法的技术》一文中提到:"现实的人的认识,不仅仅依靠于认知能力,也依赖于感知能力,从而全方位地获取信息知识,这是一种多维信息空间。虚拟现实系统,为人们提供了这种适人化的多维化的信息空间。"情境模块首要考虑学生们的兴趣和需求,体验模块使学生的学习变成其直接经验。体验模块主要包括主人公视角的参与式体验和旁观者视角的跟随式体验。主人公视角的参与式体验,学生作为情境中的主人公,在交互中充分发挥主观能动性与自主性,能使虚拟情境发生变化。旁观者视角的跟随式体验,在情境中以旁观者的身份出现,体验场景的逻辑性发展与知识讲解。

体验模块可以理解为对所教授的思想政治教育内容产生信念的环节。情境模块为浅层次的感知；交互模块产生移情，促进学生的参与和协作；而体验模块则实现共情，增强学习体验，为反思模块作设计铺垫。尽管人的思维不仅仅取决于经验，而是对于经验认识的提升和概括，但是，经验对于人的理性思维无疑具有重要影响。基于VR技术构建的双向互动的立体化思想政治教育模式，就是让学生通过情境模块、交互模块的设计，借助直接经验与间接经验，生成人工经验。这样产生的人工经验与学生现实世界的生活经验将相互影响，人工经验将有助于人们更好地、更富有创造性地理解现实世界，有助于学生更深入地理解和领会思想政治教育的内容。

（四）反思模块——激发学生反思

（1）模块设计：创造出适应性的模块进阶，借助反思模块设置合理的问题情境，动态生成问题，并设计实时反馈环节，启发学生进行反思。

（2）学生的学习行为：通过有效应用反思模块的实时反馈，自主学习，进行学习的反思和知识迁移，回答模块中设置的问题，将所学的教育内容转化为自己的意志。

（3）模块的教育效果：学生通过在情境、交互、体验模块的学习，通过共情，学习迁移，获得对所学知识的深度理解，发挥自主性实现深度学习，获得良好的学习反思。

（4）模块分析：反思模块可以理解为对所教授的思想政治教育内容产生意志的环节。反思本质上是为了改善学生的元认知能力，引导学生对问题进行深度挖掘，从而实现对问题本质的深刻思考，得到科学的认知结论，主要包括学习过程、结果、环境与动机等多种内容，属于深度学习的必要条件。基于VR技术的双向互动的立体化思想政治教育模式，从情境模块为学生提供浸入式的交互与直观性的多感官刺激，从多种通道激发知识认识，到交互模块通过对情境的操作和改变，回答动态生成的问题和实时反馈，再到体验模块有效利用学习过程与学习成果的相关关系，形成经验，促进学生深化学习。进阶到反思模块，则以学生为主，自主学习，让学生自己把握自己的学习进度，根据自己的学习情况来理解、掌握知识。当学生反思过程中遇到问题，可以在教师的指导下，通过VR技术借助反思模块的虚拟演练，引导学生对问题进行深度挖掘，在反思中重构自己的经验，在应用中形成自己的知识体系。

通过反思,使学生从对事物的感性认识飞跃到理性认识,形成对事物的独特看法,在体验中让认知得以深化,情感得以升华。❶❷

(五)提升模块

(1)模块设计:针对前面四个模块的学习过程进行学习评价与反馈设计,对学习中出现的问题和困惑进行解答。通过创设问题情境,提出"为什么""如果不是这样呢"等问题,升华学生们的体验和反思的成果。

(2)学生的学习行为:学生通过学习,对自己的认知和行为进行自我评价,并自我修正,将所学的知识应用到解决实际问题的过程中,指导自己行为。

(3)模块的教育效果:启发式、探究式、研讨式、分析式等教育方式的综合运用,提高了学生的主动学习及自我挖掘,结合前面的体验反思模块,实现学习迁移,内化为指导行为。

(4)模块分析:提升模块可以理解为对所教授的思想政治教育内容产生行为的环节。在体验中反思,在反思中提升。"VR+教育"具有良好的实时反馈与评价功能,基于VR技术的双向互动的立体化思想政治教育模式,设计创造出了适应性的模块进阶,通过情境模块到反思模块,实现了情通则理达,实现了从对思想政治教育所教授内容的认识、情感、信念、意志的转变到行为的转变。通过良好的情境呈现、人机互动、共情体验和实时评价与反思功能,学生及时获得感知与反馈,改变了传统教育的单向接受方式,变为主动学、乐学的双向互动教育。❸通过创设问题情境,提出"为什么""怎么样""如果不是这样呢"等问题,升华学生们学习的体验,应用反馈所学、所思、所想,让思想政治教育的内容从思想意志层面转变为指导自己的行为,实现知行合一。

---

❶ 赵富强.在体验中反思,在反思中提升——体验式教学在课堂教学中的应用[J].中学生物教学,2012(8):17-19.

❷ 顾唯薇.基于VR视角的小学基础课堂教学情境重构策略[J].电脑迷,2018(12):109.

❸ VR技术应用于教育行业将颠覆传统教育理念[EB/OL].(2019-09-04).http://m.elecfans.com/article/1065210.html.

五、基于VR技术的高校思想政治教育的优化策略

随着现代信息技术的发展,VR技术已经渗透到了高校思想政治教育领域,具有非常大的实际应用价值,并产生了非常大的影响,既是机遇,也是挑战。只有对基于VR技术的思想政治教育的积极作用及面临的挑战进行正确的认知,并在此基础上采取相应的措施,积极实践,推进VR技术与思想政治教育更好地融合,才能更好地实现大学生思想政治教育水平的有效提升。因此,思想政治教育工作者必须要树立现代化的教育观念,积极地应用VR技术,发挥其优势,积极地应对挑战,对教育途径和教育方法进行创新与优化,以切实有效的策略方法,推进我国高校思想政治教育的现代化发展。❶

(一)创新教育设计,优化思想政治教育环境

现阶段,随着网络环境的极度丰富,在极大程度上扩展了学生接受教育的环境,"VR+教育"作为现代化的信息技术产品,也必然会受到网络环境的影响,这就需要教育工作者积极实践,对教育进行创新设计,对网络教育环境进行优化建设,以此建立良好的思想政治教育环境,实现更好的思想政治教育效果。

通过优化思想政治教育环境,教育者对虚拟模块和内容进行严格与科学的设计,既可以遵循历史发展的原貌还原历史人物和历史事件,也可以虚拟改变历史事件后可能对人们生活现状的影响。这些精心设计的教育模块和内容,经过VR技术呈现沉浸式情境体验,增强学生主体感受。其创设出的直观的思想政治理论教育情境具有虚拟性,可以是对客观现实的真实反映,也可以是穿越时空的历史事物展现,更可以是想象虚构的场景,这些生动可视的情境,激发了学生们的好奇心,符合新时代大学生的特质。当前,高校的大学生是在开放包容的社会环境、日新月异的科技及瞬息万变的资讯环绕着的"95后""00后",他们对VR技术有天生的亲近感和适应性。VR技术使新时代的个体与特定历史时期对话,实现了跨越时空的限制去参与虚拟世界的活动,大学生"亲身"置身于曾经的环境中进行探究与选择,感知历史的足迹。这种跨越时空建立的"联系",通过交互和构想可以改变情境的体验,加深学

---

❶ 郭望舒.试论VR技术条件下的大学生思想政治教育[J].党史博采(理论),2018(5):67-68.

生的感知，扩展学生的认知体系，打破思想政治教育中单一的灌输式模式，学生充分发挥被调动的积极性，发挥主体作用，容易被学生认同。在这样的环境下开展的正确的思想政治教育，有利于学生树立正确的世界观、人生观、价值观，践行社会主义核心价值观，做新时代的青年。

可见，高校思想政治教育应充分利用新媒体技术，创新教育设计，优化思想政治教育环境，在贴近新时代学生群体特点的时代语境下开展工作，让理想信念教育变得不再"虚拟"，从形象思维过渡到理性认知，让知识和信仰"润物无声"地走进学生心里，让学生产生触动，深深地认同并践行，让思想政治教育真正地入脑入心、外化于行。❶

（二）优化教育方法，提高思想政治教育的权威性

教育权威性的缺失，是现阶段思想政治教育中普遍存在的问题，在极大程度上是由于不断发展的信息技术对学生的思想造成了影响。互联网技术能够实现在全球范围内的网络互联，加强了世界范围内的文化交流。学生们可以自行通过新媒体了解很多知识，甚至比教师掌握得还要快速，从这个程度上，教师传道授业解惑的优势有所减弱，随着VR技术的应用，更是在极大程度上拓展了学生接收信息的途径，逼真体感的VR内容对学生更有吸引力。如果不加以规范和引导，有些不良的虚拟场景的设置可以以假乱真，沉迷其中的学生很难再接受教师的教育内容。VR技术在高校思想政治教育中所表现出来的突出问题之一，就是对学生思想观念的极大冲击，容易滋生学生的不良思想。❷这些都直接导致了教育权威性的缺失。

与此相反，如果优化教育方法，合理利用"VR+教育"，VR技术又可以大大加强大学生对思想政治教育的认同感，增强教育的权威性。现代思想政治教育学认为，人的思想存在一种"自身免疫效应"，即当与人自身固有的思想体系相区别的外界思想进入时，人自身的原有思想就会形成一个"保护层"阻止外界思想的"侵入"，并且这种外界思想被感知的程度越大，其所受到的

---

❶ 易雯静，张振，李流舟.浅析虚拟现实技术在高校党建思想政治教育中的应用[J].湖北函授大学学报，2018（4）：58-59.

❷ 王福臣，翟媛媛.关于大学生思想政治教育与心理健康教育整合的思考[J].淄博师专学报，2015（1）：24-26.

抵触就越强烈。❶而VR技术的沉浸感、多感知性能巧妙地将思想政治教育中的理论内容转化到受教育者的思想中,"看十遍不如做一遍",VR技术的交互性、构想性及自主性,使学生亲身体验转化的效果更具有持久性,并且成为大学生们自我教育的资源,渗透内心,发挥长久的教育效应,提升对思想政治教育的认同度。因此,高校可以通过创建公众号、群组等形式的网络信息交流平台,为学生进行VR资源的推送。这样,用健康、正向的,具有思政价值的VR资源取代学生无目的的信息检索,净化了网络环境,优化了教育方法,提高了教育的权威性,能实现更好的思想政治教育效果。

（三）拓展教育途径,增强思想政治教育的实效

高校思想政治教育的生命力就在于其实效性,教育工作者应该不断创新理论与方法,积极地拓展教育途径,以VR技术为基础,强化对学生的正确引导和影响。首先,努力建构双向互动的立体化思想政治教育模式,通过五个模块的互动和良性循环,实现教育内容和情节的移情、共情,努力提升思政课的独特教学魅力,主动出击,发挥VR技术与思想政治教育融合的优势。其次,应用VR技术,教育者应该合理地拓展健康的教育途径,引导学生接收健康的思政信息,形成正能量的影响,对不良信息进行筛选和监控,阻断通过VR技术途径对学生造成的负面影响。最后,学校可以构建一个以互联网作为媒介的VR思想政治教育资源平台和空间,增加基于VR技术的思想政治教育的教学内容及具有正能量的影视作品,让学生们通过置身于虚拟现实场景,借助VR技术,引导学生进行专题学习和体验,弥补想象无法实现的触碰和感知,寓教于乐,发挥学生们学习的自主性。霍尔克（Holec）在1981年提出"学习者自主性"时,强调自主学习能力并非与生俱来,而是通过常规学习途径逐渐掌握的。❷总之,通过拓展教育途径,培养学生的自主学习观念,扩大教育资源的辐射范围,潜移默化地实现更好的教育效果。

---

❶ 做好新形势下思想政治工作的特点与规律研究[EB/OL]. (2018-01-15). http://www.waterculture. net/index.php?a=show&c=index&catid=111&id=7284&m=conten.

❷ HOLEC H.Autonomy and foreign language learning[M].Oxford：Pergamon Press，1981.

六、基于VR技术的高校思想政治教育与传统教育模式相结合的必要性

"VR+教育"相较于传统教育具有很多优势，作为一项发展中的教育技术，VR技术应用于思想政治教育还需要进一步研究、探索与改进。

（1）教育理念需要转变。教育的核心是面向未来的，将VR技术引入教育，绝不是教育内容和工具的简单相加，VR已经变成一种学习与思考方式。[1]我们更多需要思考的是系统的方法论，如何将教育理念与技术融合，以求更好地将技术服务于教育。

在高校思想政治教育中，部分教师习惯延续传统的教育方法，对新媒体尤其是VR技术等的应用存在一定的抵触心理，仍然采取"填鸭式"的教育方法进行传授和教育，并没有考虑学生的接受能力与实际需求，导致最终教育效果并不理想，缺乏自主探究能力与反思能力，再加上思想政治教育的抽象性，学生只能够理解一些简单、直观的实际问题，遇到相对复杂的问题和理念就比较难以理解，更难以消化吸收并践行。

（2）优质VR教育内容短缺。研究中发现，VR技术应用于思想政治教育的优势是明显的，其价值是可观的，VR技术在思想政治教育领域的高速发展与普及前景是非常乐观的。但是由于其内容开发门槛较高，VR行业人才紧缺，优质的思想政治教育内容还是非常短缺的，大多数VR系统或平台专为某个思想政治教育项目所研发，不能解决学习者差异的问题。接下来需要校企产学研紧密联系，提供培养全能型人才。

（3）教师专业技能需要提升。要将VR技术真正推广到思想政治教育中，还需要克服很多困难。要更加重视教师有关VR技术应用的技能培训和相关人才的培养。在VR教学内容设计制作上，要实现教育内容设计、教育模式与技术的不断融合，就要求教师对VR构建原则、制作技术足够了解，对自己的教育对象、教育目标、教育设计、教育策略有精准把握，然后告知技术研发人员并不断交流和完善。如果要开发制作精良的VR教育内容，则要求教师不仅

---

[1] 高嵩，赵福政，刘晓晖.国外虚拟现实（VR）教育研究存在的问题与启示[J].中国电化教育，2018（3）：19-23.

熟知教育规律、教育方法，而且要精通各类软件。精品的VR思想政治教育内容的开发既需要进一步整合资源，更需要教师专业技术的提升，提高教育专家和技术专家的协作水平。

（4）建立监控和评价机制。基于VR技术的思想政治教育对教育者和受教育者来说都是比较新的事物，其应用应该是"渐进式"的，并需要增加对比实验，对教育效果进行监控，构建学习效果评价机制，通过数据就VR技术的教育效果进行论证评估。通过对教育效果的动态研判，为基于VR技术的双向互动的立体化思想政治教育模式的改善与促进提供依据。

（5）硬件设备需要一定的支撑。基于VR技术的思想政治教育对VR内容的设计和技术要求较高，对硬件设备的要求也高。如果硬件设备不过关，则可能让学生在交互和体验的过程中感到疲劳和不适，而被学生摒弃，实现不了教育的目标。因此，可以在高校之间建立相应的VR科教研发系统，通过高校之间的联动和资源共享，降低成本和提高研发速度。

随着5G时代的到来、计算速度的提升和VR硬件技术的成熟、设备成本的降低，在国家政策、教育方法、多技术手段交叉融合等力量的扶持下，VR技术在思想政治教育领域的实力不容小觑。VR与教育的高度融合必然带来教育教学模式与管理机制的变革，为高校思想政治教育的开展带来新的机遇和挑战。同时，传统的思想政治教育模式存在不可完全替代性，VR技术下的高校思想政治教育模式与传统教育模式相结合是很有必要的，基于VR技术的思想政治教育应该在充分尊重教育规律的前提下采取"渐进式"改革方式。

第二节　基于VR技术的思想政治教育的相关案例

本章第一节，我们对基于VR技术的思想政治教育的内容进行了诠释，介绍了双向互动的立体化思想政治教育模式，分析了VR技术的特征与思想政治教育融合的契合性及优化策略，希望对国内形成新时代中国特色的思想政治教育体系提供一定可行性的思路。本节就国内基于VR技术的思想政治教育的成功案例进行列举和分析,从而得到VR技术应用于思想政治教育方面的一些经验,以解决国内高校思想政治教育改革经验不足的问题,并结合国内实际情况进行推广,也有利于国内相关教育的改革和借鉴。

一、北京理工大学基于VR技术的软件"重走长征路"进行思政课教育

2016年12月10日,北京理工大学举办了"高校思政课教育教学改革与虚拟现实技术在思政课中的应用"学术研讨会,会上展示了VR互动体验系统"重走长征路"。爬雪山、过草地……长征中的种种磨难,坐在教室里的大学生往往很难想象,更无法身临其境。在北京理工大学的思政课上,通过与VR技术结合,让学生以角色扮演的方式,以不同角色的视角与模拟角色对话,在长征中作出抉择,学生们第一个体验的场景就是爬雪山。

VR技术为思政课增加体验感,为了运用新媒体技术让思政课教学"活"起来,推动思政课同信息技术融合,研发团队持续探索新媒体在思政课教育教学中的应用,运用VR模拟红军长征过程中的地理环境、气候条件等,通过场景再现、交互体验,让学生"经历"红军遭遇围追堵截、生离死别,亲身感受爬雪山、过草地的艰辛。学生还可以在由虚拟现实创设的条件下亲身体验冒着风雪步步走过悬崖,亲眼目睹战友跌落山崖的心酸。同学们表示,通过VR技术,书本上的文字变得鲜活起来,视觉冲击感很强,对长征中面临的困难有了更深的认识,真切感受到那时红军战士克服了怎样的困难,更能从情感上产生共鸣。这些场景的重现及互动,能够更深刻地帮助学生理解理想信念的重要意义,实现个人理想与社会理想的统一。

通过VR技术,学生可以在虚拟环境中充分利用人的感知功能,深刻体验当时的历史过程,带来更加真实、身临其境的体验,实现"现实与虚拟的互补",让思政课"活"起来。❶❷❸

---

❶ 叶雨婷. VR技术让思政课"活"起来[N/OL]. 中国青年报,2016-12-15(2016-12-15). http://zqb.cyol.com/html/2016-12/15/nw.D110000zgqnb_20161215_4-01.htm.

❷ https://v.qq.com/x/page/m30215q19hv.html.

❸ http://www.ilab-x.com/details/v5?id=5298&isView=true.

二、2017年全国职业院校技能大赛在天津开赛，VR技术创新思政教学

2017年5月8日，第十届全国职业院校技能大赛总开幕式在天津举行。天津中德应用技术大学主办的VR技术创新大学生思想政治工作竞赛进行得如火如荼。活动立足大学生思想政治教育，创新教育形式，把思想政治教育与VR技术有机结合。竞赛要求学生利用VR技术将革命故事制作成交互式的三维动态视景和实体行为的系统仿真，使受众可以沉浸到预先设定的虚拟革命环境中，接受红色体验。竞赛实现了"思政+高技术"的创新，全面激发学生的热情，增强学习体验，实现情境学习和知识迁移。

为配合此次竞赛，学校在全校学生中组织开展了"革命故事征集"活动，获得一等奖的10篇故事作为赛题入选VR技术比赛赛题。VR技术竞赛由4组共12名同学参赛，分别来自机械学院、信息学院、艺术学院等不同专业。VR设计制作包含创新设计方法、虚拟现实技术、三维数字建模、虚拟现实交互设计、人机互动、数字影像后期合成等能力。参赛学生通过预先提供的模型素材，利用虚拟现实制作软件Unity搭建一间红色主题的展示厅，对水桶、扁担、竹竿、步枪等红军所用物品进行建模、贴图，并导出为FBX模型文件，在Unity中再将这些物品添加到展厅的展示台上，最后利用Unity制作VR交互功能，实现用户以第一人称视角在展厅中任意行走、浏览的效果，用户可以通过鼠标点击展示台上的物品，实现在物品上方显示相应的文字简介，同时播放相应的语音解说。

VR技术在大学生思想政治工作中的应用，使思想政治工作不再是简单的"我讲你听"，而是充分发挥学生的积极性，把被动学习变为主动学习，把单向传递变为双向互动，把主要用"心"学习变为"身心"并用。发挥VR的优势创设新的思想政治工作学习情境，将会实现由"教师为中心"向"学生为中心"转变，从而激发学生的学习兴趣，提高教学实效。❶❷

---

❶ 高靓.天津中德应用技术大学：VR技术用于思政教育[N].中国教育报，2017-05-09（3）.

❷ 2017全国职业院校技能大赛在津开赛　VR技术创新思政教学[EB/OL].（2017-05-08）.http://tj.people.com.cn/n2/2017/0508/c375366-30150540.html.

三、用VR技术体验别样思政课，华中师范大学启动云VR+融合创新大赛

2019年3月19日，在华中师范大学举行的"2019云VR+融合创新大赛华中赛区"的大赛现场，科技公司用前沿科技手段让大学生体验了不一样的思政课。在活动现场，广州灵墨信息科技有限公司开发的一套VR虚拟现实党课教育系统引起了大学生的兴趣。在现场体验中，一位大学生穿戴好VR设备，屏幕上立刻出现了一个虚拟的"党史教育馆"。在馆中，既有不同时期党员烈士们的挂像和介绍，中国共产党发展历程图画展，还有习近平总书记的讲话视频，整个画面设计和现实的展览馆并无差别。点击红军长征的模拟沙盘，画面瞬间转移到皑皑雪山之间。"老班长已经牺牲了，请你接过他手中的红旗，继续前进。"画面中，老班长低着头坐在积雪中，冻僵的双手紧紧地握着红旗杆不让它倒下。"这个场景是我们根据小学课文内容《永远的丰碑》中军需处长的故事而设计的，真实地还原了当时的场景，给体验者一种震撼。在整个教育系统中，我们还设计了例如夏明翰就义以及《金色的鱼钩》《七根火柴》等过草地时发生的故事。"据该公司负责人牛先生介绍，这套VR虚拟现实党课教育系统是2018年完成的，做的这个系统是以不忘初心为主题的，旨在通过科技传播革命精神，让大学生的思政课更加丰富多彩。现场参与体验的大学生表示，与传统的思政课教学模式有很大不同，情感投入更多，认识更深刻。本次大赛旨在加速虚拟现实五横两纵技术体系发展与内容作品有效供给，促进VR技术领域发展，推动"产学研用"高效结合。❶

四、南京城市职业学院的同学们头戴VR眼镜开展生动的思想政治教育

2018年10月10日，在南京城市职业学院的思政课上，同学们头戴VR眼镜，"走"进雨花台烈士陵园、故宫等场景中，追忆雨花英烈事迹，体验源远流长的中华文化。思政部为了让思政教学"活起来"，增强时代感和吸引力，

---

❶ 用VR技术体验别样思政课，2019云VR+融合创新大赛华师启动[EB/OL].（2019-03-19）. http://www.sohu.com/a/302396945_106321.

不断推动思政课同新媒体技术的融合。通过沉浸式 VR 技术，让学生"亲临"井冈山革命博物馆、故宫博物院、红色李巷、毛泽东故居等场所，对爱国主义教学基地产生更加直观的印象。通过交互式 VR 技术，模拟红军长征过程中的地理环境、气候条件等，让学生身临其境地体验红军遭遇的围追堵截、生离死别，过雪山草地的艰辛，更好地理解长征精神，学习红军勇往直前、不畏艰难的品质。创新思政教学模式令同学们兴趣盎然，让学生们能更愿意上、更喜欢上思政课。❶

五、5G+VR 技术与思政教学的融合研究——以江苏首家 VR 思政教育实训室为例

2018 年 8 月 31 日，南京城市职业学院公共教学部全体老师在思政教学部老师的指导下，体验了思政 VR 实训室。思政部李玲玲老师为各位老师们讲解了 VR 实训室的设计理念、设备状况及所达到的教学效果。老师们重点体验了"井冈山革命博物馆""故宫博物院"VR 沉浸式教学平台和"飞夺泸定桥""红军过草地"VR 交互式教学平台，并纷纷表达了体验感受。在赞叹新媒体技术在思政课教育教学改革中所起到的增强参与者全方位体验的作用之余，提出多增加 VR 教学素材，将 VR 技术与现实生活相结合的建议，期望 VR 技术能够在思政教学中不断融合、不断突破。此次参观让各位老师置身于一个超越现实、身临其境的综合学习环境，老师们相信通过整体设计、融入最新科技元素和教学手段的实训室将会促进学校思政课朝着更能入耳、入脑、入心的方向发展。作为江苏首家打造思政 VR 实训室的高校，老师们将一直行进在教育教学创新实干的路上，以全面提高学生政治理论素养、思想道德素养为己任，不断践行校园文化精神，勇当职教改革先锋，努力探索出一个具有高职特色的思想政治教育新模式，实现学校在该领域的新突破。❷

---

❶ 南京日报报道：VR 让思政课"活起来"[EB/OL]．(2018-10-12)．https://www.ncc.edu.cn/2018/1012/c3517a28433/page.htm.

❷ 思想政治教学部 VR 实训室建成并投入使用[EB/OL]．(2018-09-14)．https://www.ncc.edu.cn/2018/0914/c3517a27531/page.htm.

六、引入"艺术+"、体验VR技术,大学思政课还可以这样上

2019年3月27日,《北京晚报》以《引入"艺术+"、体验VR技术,大学思政课还可以这样上!》为题,报道了"虚拟现实"让课本"活"起来,思政课堂不但活跃在教室里、讲座中,还活跃在智能化的教辅工具中。在许多高校,使用VR技术学习已不再是新鲜事。在北京理工大学思政智慧教室,同学们只需要戴上VR眼镜,就可以在白雪皑皑的草地上,翻越陡峭的悬崖山路,跟随红军战士的脚步,重走红军长征路。"过去我们了解长征历史大都是靠书本和老师讲授,印象不深,现在可以戴上VR眼镜进入长征的情境来了解,置身于冰天雪地、悬崖峭壁,长征带给我们的是情感上的震撼,书本文字也变得鲜活起来。"体验过这一课的学生告诉记者。为了让思政教学"活"起来,北京理工大学马克思主义学院研制了基于VR技术的软件"重走长征路""青年马克思演说""人类命运共同体"三个主题的思政课素养仿真教育教学产品,学生们不仅可以身临其境地体验红军长征路上的艰辛,还可以将自己置身于青年马克思的时代,与马克思一起朗读《共产党宣言》,在虚拟现实中回顾五千年中华文明历史,见证国家从站起来、富起来到强起来的革命历程。北京理工大学马克思主义学院院长李林英说,"虚拟现实技术为思政课教学提供了直观、形象的思维材料,使教学手段更丰富、更科学,也带给学生更身临其境的体验"。

七、VR技术赋能红色教育,打造思政教育新的着力点——从VR"重走长征路"看贵州师范学院的思想政治教育创新探索

2019年7月初,贵州师范学院开展了一场名为VR"重走长征路"的沉浸式教育活动。师生们通过戴上VR眼镜,置身红军长征路上的经典实景,重温了各项重大战役与重要会议,也在身临其境般的真实体验中感初心、悟初心,传承长征精神,汲取奋进动力。

实景再现,引发深刻情感共鸣。在VR"重走长征路"的项目中,360°

VR全景视频最大限度放大周围环境，打造了一个作用于体验者听觉、视觉甚至触觉的交互世界，给予体验者身临其境的感受，引发强烈的情感共鸣，从而对红军长征一往无前的坚定有了更为深刻的理解，也为我们大力传承弘扬红色文化，奋力走好新时代的长征路坚定了信心。

借力科技，活化思政育人成效。用VR体验教学的方式开展理想信念和革命传统教育，是学校创新思政课教育的一次有效探索。不难看出，VR这种将抽象化知识具体化的技术，通过将文字、图片等信息具象化的表现形式大大降低学生的学习和记忆难度，更加利于学生深化理解学习思政知识。同时，将VR教育资源嵌入沉浸式、互动式的教学过程中，让学生在虚拟空间中与具象化的精神人物进行接触，激发学生的自主学习乐趣，从而使其更加主动、积极地学习相关知识，提高思政课实践教学的实效性，深化思政教育效果。

打破限制，延伸党建教育空间。过去，主题党日活动由于受条件制约，只能就近选择一处红色教育基地开展教育活动，想带支部的党员同志进行大规模集体实践难度极大，但VR技术打破了传统主题党日教育中的时间与空间限制，足不出户就可以自由穿梭于多个红色教育基地中，极大丰富了党性教育的形式与内容，新颖的形式和灵活的操作方法吸引了更多党员去主动解读共产党人的精神密码。让大家在"沉浸式"体验中感受长征的艰辛与伟大、感受革命先烈的如磐意志，主动接受文化熏陶和精神洗礼，激发了支部全体党员在干事创业中更好地悟初心、守初心、践初心。

用技术进步打造创新驱动的引擎是推动思想政治工作将传统优势同信息技术高度融合的有效路径之一，以新一代信息技术为依托，努力打造思想政治教育的创新驱动引擎，为学校思想政治教育改革创新提供了新的着力点。VR技术将原本扁平的理论教育立体化的同时，更增加了互动性和沉浸感。未来，应依托学校作为"国家级众创空间、省级双创示范基地（VR技术开发实验室）"的平台优势，努力探索"VR+思政""大数据+思政""AI+思政"的思想教育新路径，打造思政"金课"。同时，深挖时代感强的鲜活内容，运用现实问题、活思想、活理论、活生生的人和事帮助大学生在理论与实践的世界里辨明方向、廓清迷雾，借力新技术努力把思政课教学内容生动化、具体化、趣味化，从而进一步固本铸魂、守正创新，筑牢新时代高校思想政治工作生命线。❶

八、天津大学开在实验室里的"爆款"思政课，感悟和把握《共产党宣言》的真理力量虚拟仿真实验

2020年1月10日，天津大学新闻网报道了天津大学马克思主义学院在马克思主义基本原理概论课程中增加了"感悟和把握《共产党宣言》的真理力量虚拟仿真实验"。在仿真实验中，学生们仿佛置身于马克思、恩格斯所在的历史时代，实境感受19世纪上半叶欧洲资本主义的发展状况，清晰了解马克思、恩格斯创作《共产党宣言》的原因和过程及《共产党宣言》对中国的影响。仿真实验在教学内容上，融思想性、理论性、体验性、趣味性于一体；在教学方法上，融交互性、启发性、沉浸式、传统式于一体；在考核方式上，融过程评价、结果评价、数据分析、互动交流于一体；在教学目标上，融整体目标、课程目标、场景目标、步骤目标于一体。

沉浸式体验促使学生在学习中与教师教学同步、与课程进度同步，始终保持专心致志的学习状态。在实验操作过程中遇到困难时，学生可以按照教师的指导，自主查阅《马克思主义基本原理概论》《共产党宣言》《马克思主义发展史》《马克思传》等相关资料，寻求解决问题的方法。仿真实验保证了课程在内容上的系统性、逻辑上的清晰性、思想上的连贯性，通过立体式、多面化的纵横对比，加深了学生对课程的理解、对《共产党宣言》的研究，增强了学生对马克思主义理论的理解和把握。

仿真实验还为课程设置保留了较大的纵深空间，教师既能够对某一具体问题进行不断的比较、上溯，也能够把一些抽象难懂的理论讲清楚、把一些枯燥乏味的原理说明白，满足不同程度和兴趣的学生的学习诉求，做到因材施教，让学生获得最大收益。该项实验已在南开大学、天津科技大学、天津财经大学珠江学院等高校陆续推广使用。

---

❶ 周煜. VR技术打造思政创新驱动引擎[EB/OL]. (2019-07-26). http://www.cssn.cn/dq/gz/201907/t20190726_4939474.shtml?COLLCC=2504021842&.

天津大学马克思主义学院创新开展的思政课虚拟仿真实验，实现了对思政课传统教学的延伸和拓展，让课程中的人物"活"起来，事件"亮"起来、理论"动"起来，增加了课程的思想性、理论性和亲和力、针对性，既有系统的理论学习，又有沉浸式的情感体验。通过教学形式、载体的创新，"实验室"里的思政课有了吸引力、感染力，才能让青年学生入身、入脑、入心，实现春风化雨、润物无声的效果。有利于实现"大学生自觉学习和实践马克思主义的教学目的"。❶

九、河南师范大学开展以红色文化资源为主要内容的"立体化"实践教学

近年来，河南师范大学以"寓道于业、寓教于策、寓学于做、共同成长"为理念，将思政课实践教学纳入本科生培养方案，依托"中国共产党革命精神与中原红色文化资源研究中心"，探索形成了课堂叙事性教学、平台情景式教学、基地体验式教学、网络延展式教学四者相互渗透、有机融合、功能互补的"立体化"实践教学模式。

河南师范大学马克思主义学院院长马福运教授介绍，为了把"四位一体"的立体化实践教学模式做精、做细、做实，学院采取了一系列举措，设立了6项实践教学重点项目，在深刻理论阐释的基础上全面规划、策划、设计每门课程的实践教学，精心打造思政课实践教学案例，投资建设的"中国共产党革命精神仿真实践教学"项目，组织学生开展红旗渠精神口述史整理与发掘，以红色文化资源为主要内容的"立体化"实践教学，扩大了教师与学生沟通和交流的渠道，增强了学生学习的主动性、创造性和合作性。

结合思政课各门课程内容特点，把与红色文化相关的人物、故事、事件、调研报告、采访内容等做成案例或改编成不同艺术形式，平台情境式教学借助集开发、移植、整合、展演、制作于一体的多功能实践教学平台，以学生为主体，采用"历史场景再现""舞台模拟""虚拟实践"等形式，分

---

❶ 天津支部生活：开在实验室里的"爆款"思政课[EB/OL]. (2020-01-10). http://news.tju.edu.cn/info/1005/49679.htm.

享自己在红色基地的亲身体验，通过同辈群体的演绎，提升思政课的说服力、感染力。

网络延展式教学也是"立体化"实践教学模式的重要一环。河南师范大学以共享性学习资源建设为基础，网络平台建设为突破口，依托虚拟现实、多媒体、人机交互、数据库和网络通信等技术，通过配置、连接、调节和使用虚拟实验仪器设备进行实验，通过对红色文化资源的设计和开发，组织特定的网络延展式教学体验活动，整合视频、音频、图片动态信息资料等资源，及时获取具有代表性、前沿性的信息资源，提高教学内容的广度和深度的延续。学生可以通过操控计算机、手机以实时互动的方式，在直观、生动、形象、逼真的图形、动画、三维场景构造的虚拟环境中感受历史，体验红色文化资源蕴含的中国共产党革命精神。

马福运表示，河南师范大学依托"四位一体"立体化实践教学理念，申报成立"全国思政课教师实践研修基地"，先后完成了全国100多所高校2000名教师的研修任务，全院教师每年暑期到全国思政课教师实践研修基地研修，全面提高教师教育教学技能和水平，让学生"深度理解、情感接受、内化于心"。❶

十、哈尔滨医科大学用思政虚拟仿真智慧教学弘扬医大精神

由于新型冠状病毒肺炎疫情影响，黑龙江省高校课程由课堂"搬"到"云端"，虽然大部分高校的专业课程从2020年3月2日陆续开始，但思政课却提前上线。黑龙江省各高校通过多渠道多手段上好思政课，点燃广大青年爱国热情，共同战"疫"。哈尔滨医科大学马克思主义学院和黑龙江地理信息工程院空间信息技术应用中心共同研发的一款集信息化教学手段、智能化教学平台、人性化界面设计于一体的"学习标兵"手机App，涵盖"领袖足迹""红色记忆""思政联盟""红医传承"四大板块，用思政虚拟仿真智慧教学弘扬医大精神。在"红医传承"板块中设置了"最美逆行者"专栏，讲述逆行

---

❶ 河南师范大学开展以红色文化资源为主要内容的"立体化"实践教学[EB/OL]. (2019-12-26). http://cang.cngold.org/c/2019-12-26/c6778438.html.

驰援湖北武汉的白袍医者的亲身经历，通过身边人讲身边事，用身边事教育身边人，让学生感受逆流而上冲锋在前的白衣英雄们无私无畏的高尚精神，树立冲锋有你、传承有我的后辈英雄们普济苍生的崇高信念。❶

第三节 基于VR技术的思想政治教育的现状分析❷

一、国内VR技术教育领域需求调查

（一）概述

虚拟现实技术借助一定的科技设备，模拟人对周围真实环境的感知，形成一个以人为主的虚拟空间，以此使参与者通过语言、手势等方式来实现虚拟和现实的交互。该技术在20世纪80年代后逐步成型，最早被应用于军事领域，随着VR设备软硬件相关技术的发展与价格普及大众化，以及以4G、5G为代表的新一代移动网络通信技术的不断应用，VR已经在航天、游戏、教育等多个领域快速发展。目前，国内外的一些企业已经研制了基于虚拟现实技术的教育产品。一方面，利用VR技术进行学习情境的创设，不仅增加了学习内容的趣味性和形象性，而且可以降低某些特定学习过程的风险，并可以有效使某些成本高昂的训练变得廉价易得，这将成为传统教育手段的重要补充。该技术背后隐藏的巨大潜力吸引了许多教育工作者，学界认为它将是继多媒体之后在教育领域内最具有应用前景的一项技术。另一方面，VR技术对教育变革的影响，已经突破了简单的技术辅助层面，达到了创新甚至颠覆传统教学方法的高度。其中，虚拟实验是目前实际应用中较为广泛、实用价值较高且有一定现实意义的应用领域，这也成为国内外相关机构主要探索的方向。

本节通过对浙江省某高校大学一年级学生进行调查，结合相关文献，探

---

❶ 赵一诺，衣春翔. 龙江高校多渠道多手段上好战"疫"思政课 点燃青年爱国热情 [EB/OL]. (2020-02-26). http://www.hljnews.cn/article/21/153686.html.

❷ 本节内容是著者指导学生葛世聪、杨星宇完成的。

究VR及其代表应用领域——虚拟实验的现状，以此为依据对虚拟现实技术运用于教育领域的需求进行探究。

（二）背景与应用

1. 虚拟现实技术分类

目前虚拟现实相关技术已有不少走向成熟，具备实际应用的条件，其中包括以下三类。

桌面虚拟现实技术，是一款基于个人计算机或小型工作站进行仿真的虚拟现实技术，它利用图形工作站和立体显示器产生虚拟情境，进而实现虚拟现实技术。在运用该技术的VR终端，显示器将具有一定的3D空间效果的图形展示给用户，它所带来的立体感能够使参与者产生一定的投入感。尽管如此，桌面虚拟现实技术仍然会受到周围现实环境的干扰，这会让参与者缺乏真实的沉浸体验。它虽然没有完全沉浸式的效果和性能，但是因为成本相对较低，所以应用得比较广泛。现代普通的个人计算机已经具备了应用桌面级虚拟现实技术的条件，此外，一些桌面级VR交互一体机等专用硬件也如雨后春笋般开始出现。本书所重点探究的虚拟实验，大多采用该技术。

沉浸式虚拟现实技术，通过封闭感官的方式给参与者提供完全沉浸的体验，使参与者产生一种身临其境、全心投入的沉浸感受。它利用头盔、眼镜、立体声耳机、数据手套等可穿戴设备把用户的视觉、听觉、手感通道封闭起来，然后提供一个新的、虚拟的感觉空间，并配合其他手控输入设备产生虚拟触动感。此外，该技术不仅可以让参与者通过机体表面的触控板、按键对技术主机下达操作命令，还为参与者搭配了语音识别器从而进行智能的操作控制。为使技术拥有良好的实时性，设计者还在头、手、眼处搭载了跟踪器。常见的沉浸式技术有头盔式显示技术、投影式虚拟现实技术、远程存在系统。该技术已广泛用于娱乐产业，产品包括应用此类硬件的电子游戏、3D观影等。

分布式虚拟现实技术，将原先单个用户孤立的体验利用互联网联系起来，使之形成一个多用户可交互的空间，进而达到了共享信息、协同工作的目的。较为成功的案例有：自1996年开始，北京航空航天大学联合多家单位推动研发分布式虚拟环境基础信息平台DVENET系统，该系统同时支持沉浸式虚拟现实与桌面虚拟现实两种展现形式。由于教育的社会性需求，分布式虚拟现实技术具备广泛应用于教育产业的条件。

2. 虚拟现实技术在教育领域的理论可行性

VR技术被视为颠覆教育手段的工具是有一定的合理性的。值得肯定的是，人的学习能力和获取信息的媒介及模态有很大关联。研究表明：通过视觉与文字互动来学习技能往往付出大而收获小。在观摩之后，亲身的体验性学习在掌握技能中显得至关重要，观摩别人的操作不如自己亲身体验效果好。

当然，也有一些研究阐述了虚拟现实技术在教育领域产生的消极作用。虽然学生在虚拟世界的学习更为积极，但是三维环境中存在的更丰富的视觉元素可能会分散学生对关键内容的注意力，导致认知负荷超载，影响学习效果。如果将虚拟现实技术与传统教学有效结合，将会使现行教育体系大为改观。

3. 国内相关技术普及现状

国内已经出现了不少从事VR技术人才培养的企业：龙图教育推出了主攻移动VR端的Unity引擎课程和主攻PC端VR的UE4引擎课程，同时也对移动端、PC端、HTC Vive这三个技术方向作了大的细分；TURANCA图兰卡实训中心还专门开设了VR场景及渲染设计师班、VR表现设计全科班、VR表现设计长期班、VR游戏场景模型设计师班等；此外，部分教育机构还实现了校企合作，如威爱教育是国内一家HTC认证VR/AR培训机构，由HTC牵头，联合北京航空航天大学软件学院及职圈科技求职平台，培养从3DS Max模型制作到Unity 3D开发等方面的VR/AR行业技术人才。❶

与此同时，教育部于2018年宣布设立高等职业教育专业——虚拟现实应用技术，此举为在高校中培养虚拟现实技术应用专门人才迈出了重要一步，截至2019年已有包括浙江机电职业技术学院、南京信息职业技术学院等71所高职院校开设该专业。

虽然我国虚拟现实技术应用人才培养体系正日渐完善，但根据LinkedIn

---

❶ VR教育创业公司较少　传统转型的公司较多[EB/OL]. (2017-04-13). https://www.caigou.com.cn/news/2017041344.shtml.

发布的《2016全球VR人才报告》，我国VR产业从业人才数仅占据全球VR人才的2%。❶人才匮乏的局面并未得到根本性改善，因而这也制约了VR技术在国内教育产业中的广泛应用。

4. 本研究开展以来国内研究现状

2019年以来共有约179篇相关文献先后发表，其中大部分主题为VR技术与职业技术教育、医学教育等实践性较强的领域的实践方案和可行性探究。如学者吴永聪所发表的《浅谈虚拟现实技术在中职计算机基础教学中应用的必要性》以中职计算机基础课程为例，分析虚拟现实技术在中职计算机基础教学中应用的必要性；学者段好阳、刘福迁、谢建航等的《虚拟现实技术在平衡功能康复训练教学中的应用》就VR技术在平衡功能康复训练教学中的应用进行探讨，为VR技术教学应用提供参考和建议。

定量探究虚拟现实技术运用于教育心理学的相关文献较少，以学者何聚厚、黄秀莉、韩广新等所发表的《VR教育游戏学习动机影响因素实证研究》为典型代表，研究选择小学四年级英语课本的部分知识点，基于HTC Vive设备，设计开发了全沉浸式VR英语学习游戏，并在某小学进行了应用实践。实证研究结果表明，VR教育游戏应用于教学活动，学习者的学习动机受评价反馈、技术可用性、交互性、沉浸感、构想性等多重因素的影响；评价反馈和技术可用性是影响学习动机的根本因素；沉浸感和构想性直接影响学习动机，并在研究模型中具有重要的中介效应；交互性通过影响沉浸感受，间接影响学习动机。总体而言，目前相关研究数量较多，但层次较为深入并有明显创新的较少。

5. 国内外VR技术运用于教育现状

桌面虚拟现实应用于教育的历史较长，且主要以虚拟实验平台的形式投入应用，在国内外均有所发展。国外起步稍早，如1989年由中佛罗里达大学教育训练研究院建立的VSL（Visual Systems Laboratory）虚拟系统实验室。❷到了20世纪90年代末，国内部分高校也相继建立虚拟实验室。近年来随着沉

---

❶ 我国虚拟现实产业人才培养策略探讨[EB/OL].（2019-12-27）. https://www.360kuai.com/pc/9b46efa9a0457254a?cota=4&kuai_so=1&tj_url=so_rec&sign=360_57c3bbd1&refer_scene=so_1.

❷ 曾靓. 虚拟实验系统在现代远程教育中的设计与开发[D]. 重庆：西南大学，2011.

浸式虚拟现实技术投入应用的条件日益成熟，桌面虚拟现实逐步淡出媒体报道与高校研究的前沿。

相较于桌面级虚拟现实技术，国内外沉浸式虚拟现实技术应用于教育的历史均较短，且以高校与民营教育机构为主，部分已投入实际应用。目前，各大高校正在积极成立VR实验室，并开始尝试思想政治教育与沉浸式虚拟现实技术相结合。如清华大学建立了虚拟现实与人机界面实验室，致力于研究和开发一些适用于大学与科研机构的虚拟现实系统；此外，在2016年还与培训机构北京一拍科技有限公司共同发起了虚拟现实VR技术联合实验室（VR Tech Lab），力图开展一系列VR的培训课程和应用。北京航空航天大学虚拟现实技术与系统国家重点实验室于2007年5月批准建设，至今已在可交互人体器官数字模型及虚拟手术、虚实融合环境关键技术及应用、数据驱动的虚拟场景生成方面取得大量成果。北京师范大学于2005年成立了虚拟现实与可视化技术研究所，建立了包含680套中国人完整颅面数据的数据库，颅面形态学知识分析模型和颅面统计变形模型。❶西南交通大学基于微机应用研究室创立了虚拟现实与多媒体技术实验室，主要在虚拟现实与多媒体技术实验室视频压缩与传输、图形或图像处理、虚拟现实技术、数字化铁路及智能交通检测等方面展开研究。

在虚拟实验的追逐浪潮中，民营教育机构也有不少大动作。北京赛欧必弗科技股份有限公司发布"趣上课"，其三大核心在于VR内容、硬件群及虚拟交互。北京微视酷科技有限责任公司用VR技术，结合教学实际需求，自主研发了"IES沉浸式课堂系统"，搭配VR互动教室、VR实训空间、VR课堂三大特色产品，为教学提供了VR教育应用的整体解决方案。由该公司所开发的"IES沉浸式课堂系统"已经成功在北京市中关村二小、培新小学、体育馆路小学等学校投入验证。上述民营教育机构大部分由传统教育机构转型而来，将虚拟现实技术作为一种补充。虽然不少机构力图将沉浸式虚拟现实技术带入中小学课堂，但从全国来看仅有极少数中小学进行了相关尝试。

---

❶ 吴阶平医学基金会，虚拟现实产业联盟，赛迪智库电子信息研究所.虚拟现实医疗应用白皮书（2019年）[N]. 中国计算机报，2019-12-09.

近年来，国外也普遍存在将虚拟现实技术运用于教育的热潮。谷歌于2015年5月推出的谷歌探险先锋计划（Google Expeditions Pioneer Program），可以使学生通过谷歌纸盒体验并探索过往的历史背景、地理环境等，目前谷歌已经为此构建了100多个虚拟考察课程。虚拟现实的优越性，让越来越多的K-12学校开始行动起来。除基础教育领域以外，丹麦科技初创公司Labster于2012年成立，与STEM机构合作构造3D虚拟实验室，它可以让学生有机会进入顶级实验室，大大减少实验成本，这些新兴的教育手段正成为国外教育机体的新活力。

（三）研究方法

1. 研究对象

（1）预测的被试。在预测中共计发放问卷37份，有效回收37份，问卷回收率100%。在预测中被试37名大学一年级学生参与了研究，样本主要来自宁波大学、中国计量大学、浙江财经大学等浙江省高校，包括男生22名、女生15名，30人生活于城市、7人主要生活于农村。其中，共24人主要于东部地区完成基础教育年段的学习，共3人于中部地区完成基础教育年段的学习，另有9人于西部地区完成基础教育年段的学习，有1人于东北地区完成该年段的学习。被试对象共来自10个专业类，包括电子信息类、数理科学类等。

（2）正式施测的被试。在正式施测中共计发放问卷220份，有效回收问卷197份，问卷回收率90%。在正式施测中被试197名来自浙江省某高校的大学一年级学生参与了研究，包括男生57名、女生140名，118人生活于城市、79人主要生活于农村。其中，共138人主要于东部地区完成基础教育年段的学习，共22人于中部地区完成基础教育年段的学习，另有30人于西部地区完成基础教育年段的学习，有7人于东北地区完成该年段的学习。被试对象共来自14个专业类，包括经济类、法政类、数理科学类等。

2. 研究工具

本研究编制现状调查问卷作为主要的研究工具，问卷分为量表部分与人口统计学信息部分，量表部分主要参考GEM九维度模型，结合学者杨雪、吴双、宋金刚所提出的虚拟实验感性要素，将虚拟实验技术应用的接受度与感性体验相结合，将问卷分为感性体验、学生接受度、教师接受度、现实需求四个维度，同时还可将感性体验维度细分为学习性、美观性、易用性、交互性、趣味性及仿真性六个维度。量表部分均采用里克特五点量表范式，有"非常同意""同意""不一定""不同意""非常不同意"五种回答，分别记为5、4、3、2、1。人口统计学信息主要用以收集必要被试对象教育背景与个人背景信息，包括性别、城乡归属、经济地区归属等题项，用以分析城乡地区、性别对相应技术的应用体验是否存在显著差异。

通过两次预测，为改善问卷逻辑统一性与问卷信度，我们删除了部分冗余题项，改变了问卷的编排顺序和部分题项的设问形式，并于问卷首页增加部分补充材料与图片，适当降低问卷的理解难度。全问卷包括20个量表题项与8个人口统计学信息题项，共计28个题项。

二、探究过程

我们首先对问卷的信度与效度进行了探究，Cronbach's Alpha达到0.850结果较好，且通过绘制P-P图与Q-Q图，我们基本认为各结果服从正态分布，故采用参数检验进行下一步探究。针对不同性别，对感性体验、学生接受度、教师接受度、现实需求这四个维度分别进行描述统计比较，其结果见表3-1。

表3-1 基于性别的组均值差异

性别		感性体验	学生接受度	教师接受度	现实需求
男	平均值	3.5739	3.9883	3.7193	3.5819
	个案数	57	57	57	57
	标准偏差	0.59117	0.68128	0.83995	0.62767
女	平均值	3.4673	4.0714	3.3429	3.3798
	个案数	140	140	140	140
	标准偏差	0.57676	0.65796	0.87960	0.36045
总计	平均值	3.4982	4.0474	3.4518	3.4382
	个案数	197	197	197	197
	标准偏差	0.58147	0.66412	0.88292	0.46168

可见，被测样本中男性学生在感性体验、学生接受度、现实需求这三个维度上相对女性学生表现出较大的组内差异，而在教师接受度这一维度上女性学生的组内差异略大，由于男性样本相对女性样本较少，故不能说明男性

学生群体在这些维度上所持观点更具内部差异。从均值来看,在感性体验、教师接受度及现实需求这三个维度上男性学生均值略高,在学生接受度这一维度上女性学生略高。两者差异总体较小且抽取样本占群体总数比例较小,故不排除随机因素影响,须采用统计学手段进行进一步探究(表3-2)。

表3-2 对性别的独立样本检验

维度		莱文方差等同性检验		平均值等同性 t 检验						
		F	Sig.	t	自由度	Sig.(双尾)	平均值差值	标准误差差值	95% 置信区间	
									下限	上限
感性体验	假定等方差	0.357	0.551	1.168	195	0.244	0.10659	0.09128	-0.07343	0.28660
	不假定等方差			1.156	101.663	0.251	0.10659	0.09224	-0.07637	0.28954
学生接受度	假定等方差	0.339	0.561	-0.796	195	0.427	-0.08312	0.10444	-0.28911	0.12286
	不假定等方差			-0.784	100.753	0.435	-0.08312	0.10600	-0.29340	0.12715
教师接受度	假定等方差	1.391	0.240	2.759	195	0.006	0.37644	0.13644	0.10735	0.64553
	不假定等方差			2.813	108.459	0.006	0.37644	0.13381	0.11123	0.64165
现实需求	假定等方差	13.029	0.000	2.836	195	0.005	0.20211	0.07127	0.06155	0.34267
	不假定等方差			2.283	71.528	0.025	0.20211	0.08854	0.02558	0.37864

通过参数检验中常用独立样本 t 检验,可以进一步探究两者是否存在显著差异。首先通过莱文检验,判断两者的方差的差异性。在感性体验、学生接受度、教师接受度这三个维度,由Sig.>0.05可知,两者方差不具备显著差异,故采纳原假设,认为方差相等。而现实需求这一维度,由Sig.<0.05可知,两者方差具有显著性差异,故推翻原假设,认为方差不相等。由此根据不同假设下所进行的 t 检验,可见在感性体验、学生接受度这些维度上,双侧Sig.>0.05,男性学生与女性学生的测试结果并无显著差异。而在教师接受度与现实需求这些维度上,男性学生与女性学生测试结果存在一定的差异,双侧Sig.<0.05。我国普遍男女同校,且接受教育内容与质量并无普遍性差异,教师接受度与

现实需求存在差异可能是由男女学生感性认知上存在一定差异所导致的，难以由此得出男性学生群体与女性学生群体在教师接受度与现实需求这两个维度上具有普遍差异。可知，男性与女性学生群体在四个维度上并无显著差异，性别并非虚拟实验体验与需求的影响因素。我们进一步分析被试对象所受基础教育的城乡地域与地理区划所产生的影响。

我们先将城乡地域作为分组变量，并以此进行比较与探究。如表3-3所示，我们对相关组别进行了简单的统计。

表3-3 基于城乡地域的组均值差异

城乡地域		感性体验	学生接受度	教师接受度	现实需求
城镇	平均值	3.5194	4.0876	3.5085	3.4703
	个案数	118	118	118	118
	标准偏差	0.60282	0.63818	0.83457	0.43995
农村	平均值	3.4665	3.9873	3.3671	3.3903
	个案数	79	79	79	79
	标准偏差	0.55030	0.70092	0.94973	0.49130
总计	平均值	3.4982	4.0474	3.4518	3.4382
	个案数	197	197	197	197
	标准偏差	0.58147	0.66412	0.88292	0.46168

在可见被测样本中，此前于农村接受教育的学生在其中三个维度中展现了相对较大的组内差异，但并不显著，不排除由于样本较少存在一定的随机因素影响。两者均值略有不同，城市地域在各个维度上均值均高于农村地域，但大体相近，无法观察到城乡地域对本书所探究的四个维度有较为显著的影响，故进一步采取独立样本 t 检验（表3-4）。

表3-4 对城乡地域的独立样本检验

维度		莱文方差等同性检验		平均值等同性 t 检验						
		F	Sig.	t	自由度	Sig.（双尾）	平均值差值	标准误差差值	95% 置信区间	
									下限	上限
感性体验	假定等方差	0.761	0.384	0.624	195	0.533	0.05282	0.08466	-0.11415	0.21979
	不假定等方差			0.635	177.357	0.526	0.05282	0.08314	-0.11125	0.21690

续表

维度		莱文方差等同性检验		平均值等同性 t 检验					95% 置信区间	
		F	Sig.	t	自由度	Sig.（双尾）	平均值差值	标准误差差值	下限	上限
学生接受度	假定等方差	0.185	0.667	1.038	195	0.300	0.10023	0.09652	-0.09014	0.29060
	不假定等方差			1.019	156.474	0.310	0.10023	0.09834	-0.09401	0.29447
教师接受度	假定等方差	1.291	0.257	1.102	195	0.272	0.14139	0.12828	-0.11161	0.39438
	不假定等方差			1.074	152.350	0.284	0.14139	0.13161	-0.11862	0.40139
现实需求	假定等方差	0.939	0.334	1.194	195	0.234	0.08004	0.06704	-0.05218	0.21226
	不假定等方差			1.168	154.538	0.245	0.08004	0.06852	-0.05532	0.21541

通过参数检验中常用独立样本 t 检验，可以进一步探究两者是否存在显著差异。首先通过莱文检验，判断两者的方差的差异性。在感性体验、学生接受度、教师接受度、现实需求这四个维度，由 Sig.>0.05 可知，两者方差不具备显著差异，故采纳原假设，认为方差相等。由此进行的 t 检验，可见在本书探究的感性体验、学生接受度、教师接受度、现实需求这些维度上，双侧 Sig.>0.05，故城乡地域并未带来显著差异。在此基础上我们进一步探究四大经济区域间的组间差异（表3-5）。

表3-5 基于经济地域的组均值差异

地区		感性体验	学生接受度	教师接受度	现实需求
东部	平均值	3.5021	4.0845	3.3768	3.4626
	个案数	138	138	138	138
	标准偏差	0.58616	0.67159	0.89771	0.42624
中部	平均值	3.5714	3.8485	3.7727	3.4924
	个案数	22	22	22	22
	标准偏差	0.71224	0.83398	0.75162	0.48924
西部	平均值	3.4238	4.0111	3.5000	3.2833
	个案数	30	30	30	30
	标准偏差	0.49556	0.54304	0.90019	0.58091

续表

地区		感性体验	学生接受度	教师接受度	现实需求
东北	平均值	3.5102	4.0952	3.7143	3.4524
	个案数	7	7	7	7
	标准偏差	0.43532	0.25198	0.75593	0.44840
总计	平均值	3.4982	4.0474	3.4518	3.4382
	个案数	197	197	197	197
	标准偏差	0.58147	0.66412	0.88292	0.46168

由表3-5可知，各经济区域各维度差异较小但不排除随机性影响。在此基础上，我们尝试通过对四大经济区域分组两两进行参数检验中常用独立样本t检验，进一步探究经济地域间是否存在显著差异。除东部与中部在教师接受维度上双侧Sig.接近0.05（0.052），具有较为显著的差异，本书探究的感性体验、学生接受度、教师接受度、现实需求这些维度上，双侧Sig.>0.05，不具有显著差异，故大体而言经济分区间经济发展程度的差异并未带来显著差异。

综上可知，性别、城乡地域与经济区域差异并未使本书所探究的四个维度产生较为显著的差异。由表3-1、表3-3、表3-5可知，感性体验、教师接受度、现实需求均值大于3，学生接受度均值均大于或接近4，从一定程度上反映了男性被试学生与女性被试学生在不同的城乡地域和所属经济地区发展存在一定差异背景下对相关技术均持接受态度，且在被试对象的教育经历中，教师较为接受新教育技术与手段，均具备对虚拟现实技术进一步实现应用的现实需求，此前基于桌面级虚拟现实技术的虚拟实验感性体验尚有进一步提升的空间。

三、研究结论与建议

本研究综合参考了现有文献，主要采用了量表等工具，参考构建可虚拟实验评价模型，运用独立样本t检验等方法，探究了目前国内虚拟现实相关技术应用于教育的发展现状。可知，虚拟现实技术特别是桌面级虚拟现实技术运用于课堂尚有一定的改善空间，我国具备进一步推进虚拟现实进入课堂的现实需求与接受条件，学生与教师对虚拟现实技术运用于课堂较为期待，性别差异、城乡差异与东西部差异均不显著，认为具有较为普遍的意义。

基于本次问卷调查与相关文献的研究，笔者认为目前在我国推进虚拟现实进入课堂可采取以下策略与推广方向。

（一）在利用现有多媒体教学设施的条件下推进VR技术进入课堂

通过研究可知，目前我国对虚拟现实技术等新兴教育手段存在较大的需求，国内的发展热点为沉浸式虚拟现实技术的推广与应用，且取得了一定的成果，在高校中进行了一定的推广。但其问题是明显的，其与传统多媒体教学的硬件设施难以形成有机结合且应用成本较为高昂。我国尚属于发展中国家，且人口众多，体量较大，地区间发展差异较大。根据国家统计局发布的数据，我国目前有普通高校2663所，普通高中13737所，初级中学35696所，普通小学161811所❶，此外还有数量庞大的职业教育学校、特殊学校等教育机构。这些学校数量较大、地域分布广泛且分布地区之间发展差异较大，可见在与原先的硬件设施割裂的条件下，仅发展基于沉浸式虚拟现实技术的教育产品是与我国的发展现状脱节的。

目前多媒体硬件与教学方式已基本在我国实现普及，一个常见的多媒体教室通常包括一台电子计算机、一台投影或液晶显示设备与一组多媒体音响，这些设备已经足够应用桌面级虚拟现实技术进行虚拟实验教学。因而，在充分利用原先教育硬件资源的条件下，发展高质量的桌面虚拟现实教育产品是一种较为可行的发展方向。在此基础上，随着条件的逐步成熟，进而逐步引进沉浸式虚拟现实，形成有效互补，保证资源的有效利用。

（二）积极引导教师使用相关技术推进教学方式变革

除虚拟实验等领域，虚拟现实技术仍具有较大发展潜力。首先在其应用领域上，其发展不应局限于自然科学教育。目前国内部分高校已迈出了将虚拟现实技术应用于新领域的第一步，北京师范大学、北京理工大学等多所高校开始尝试将虚拟现实技术运用于思想政治教育，取得了较好的成效。同时，推进相关技术走向应用需要较为科学的理论支持，教育理论的研究应具备一定的超前性。多媒体教育环境下的教育理论仍具备一定的迁移性，基于虚拟现实的教育手段本质仍是基于计算机多媒体材料的多模态学习。通过对相关理论的研究与迁移，在科学理论的指导下教师能够较快掌握新的教育方法。

---

❶ 教育部：2018年全国共有各级各类学校51.89万所[EB/OL].（2019-02-26）. http://www.chinanews.com/gn/2019/02-26/8764843.shtml.

第四章
基于VR技术的思想政治教育的指导思想和原则

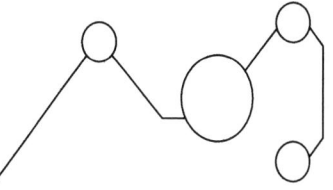

第一节 基于VR技术的思想政治教育应遵循的指导思想

思想政治教育是思想政治教育学的实践化，思想政治教育学的理论基础是马克思主义。因此，思想政治教育的理论基础也是马克思主义，坚持以完整准确的马克思主义科学体系为根本指导思想，一方面以整体性的马克思主义科学体系为指导，始终坚持马克思主义的本质规定性，始终坚持马克思主义的立场、观点和方法，始终坚持马克思主义的基本原理，始终坚持马克思主义的基本特征；另一方面以马克思主义中国化的最新成果为指导，中国共产党在把马克思列宁主义同中国实际相结合的过程中形成了重要的论述。这些理论观点和创新成果连接成一个有机的理论创新整体，指导我们社会主义现代化的思想政治教育，成为基于VR技术的思想政治教育应遵循的指导思想。❶

一、马克思主义经典作家的相关重要论述

马克思主义是我们立党立国的根本指导思想，也是社会主义意识形态的旗帜和灵魂。只有深入研究马克思主义基本原理，才能推动马克思主义基本

---

❶ 张耀灿，陈万柏. 思想政治教育学原理[M]. 北京：高等教育出版社，2001.

原理同中国的具体国情更好地结合，运用科学的世界观和方法论，从复杂纷繁的社会现象中抓住本质，把握大势，认清方向，不断提高认识世界和改造世界的能力，在实践中不断丰富和发展马克思主义。❶

在《现代思想政治教育学》一书中，张耀灿等认为，思想政治教育必须坚持马克思主义理论教育的主导地位，实现对个体价值选择与社会价值取向的主导。思想政治教育主导性的实现，必须促进社会和人的全面发展、促进马克思主义理论的创新和发展、促进教育多样化的发展。❷思想政治教育是马克思主义实现促进社会和人的发展的价值目标的桥梁与中介。马克思主义为科学创新思想政治教育提供了科学的世界观和方法论指导，思想政治教育本身要以马克思主义作为指导并促进马克思主义的创新与发展。

马克思主义是一个完整而严密的理论体系，马克思主义哲学、政治经济学和科学社会主义三个组成部分存在严密的逻辑联系。马克思主义的哲学辩证唯物论最显著的特点之一就是它的实践性，强调理论对于实践的依赖关系，理论的基础是实践，又转过来为实践服务。判定认识或理论是否为真理，不是依主观上觉得如何而定，而是依客观上社会实践的结果如何而定。真理的标准只能是社会的实践。实践的观点是辩证唯物论的认识论之第一的和基本的观点。❸马克思主义哲学认知论中实践与认识关系的论述也指出，实践决定认识，是认识的来源，是认识发展的根本动力，是认识的最终目的，也是检验认识正确与否的唯一标准。认识过程中有两个阶段的特性：在低级阶段，认识表现为感性的，在高级阶段，认识表现为论理的，但任何阶段，都是统一的认识过程中的阶段。感性和理性二者的性质不同，但又不是互相分离的，它们在实践的基础上统一起来了。同时，马克思主义的物质利益观要求创新高校思想政治教育必须坚持与物质利益相结合的原则，为解决思想问题与解决实际问题相结合提供了科学的理论依据。❹❺

---

❶ 袁阳.思想政治教育视野下的北京精神培育研究[D].北京：中国矿业大学，2015.

❷ 张耀灿，郑永廷，吴潜涛，等.现代思想政治教育学[M].北京：人民出版社，2006.

❸ 毛泽东选集：第1卷[M].北京：人民出版社，1991.

❹ 马克思恩格斯选集：第1卷[M].北京：人民出版社，1972：16-19.

❺ 列宁全集：第18卷[M].北京：人民出版社，1988：144.

我们在不断探索创新运用新媒体、新技术使思想政治教育"活"起来、更有生命力的实践中发现，VR技术与思想政治教育具有极强的亲缘性。以马克思"现实的人"的理论为分析基础，运用"现实社会关系生成"为视角的思想政治教育问题分析框架，可以得出VR技术适用于思想政治教育。VR技术大大拓展了学生实践的空间，不仅可以重现消失的历史，让学生在虚拟情境中认知和实践，而且现实环境中绝不会出现的事物也成为学生进行实践的对象，因此极大提升了学生认识范围的广度与深度，产生感性的认识。根据自己的感性认识对虚拟对象进行实践，根据实践结果检验感性认识的正确性，在这个交互、体验、反思、行为的过程中，形成理性认识。基于VR技术的思想政治教育，丰富了思想政治教育内容、方法与载体要素，有效发挥了思想政治教育主导性。

可见，基于VR技术的思想政治教育要有效开展，就要巩固马克思主义的指导地位，自觉以马克思主义的立场、方法、观点作为改革创新工作的指导思想去指导实践。新形势下改进和加强高校思想政治工作，更应重视马克思主义对人的本质的认识和理解，将马克思主义关于主体客体化、客体主体化的思想融入新时代思想政治工作的改革创新中，确保思想政治教育始终围绕着马克思主义理论的系统化、加强理想信念教育、培育和践行社会主义核心价值观的中心任务。

二、毛泽东思想的相关重要论述

毛泽东在关于马克思主义认识论的代表著作《实践论》中，以实践观点为基础，以认识和实践的辩证统一为中心，具体地论述了实践及其在认识过程中的地位和作用。首先，强调人类的生产活动是最基本的实践活动，它决定其他一切活动。他指出，"这些问题的解决，一点也不能离开实践。无论何人要认识什么事物，除了同那个事物接触，即生活于（实践于）那个事物的环境中，是没有法子解决的"。其次，实践是认识的来源和推动认识发展的动力。他指出，"从认识过程的秩序说来，感觉经验是第一的东西，我们强调社会实践在认识过程中的意义，就在于只有社会实践才能使人的认识开始发生，开始从客观外界得到感觉经验。一个闭目塞听、同客观外界根本绝缘的人，是无所谓认识的。认识开始于经验——这就是认识论的唯物论"。最后，只有人们的社会实践，才是人们认识外界的真理性的标准。

《实践论》中还强调"理性认识依赖于感性认识的问题。如果以为理性认识可以不从感性认识得来，他就是一个唯心论者"❶。经过实践得到的理性认识，还须再回到实践中去，这是认识过程的第二次能动的飞跃。VR技术应用于教育的优势就包括沉浸性、多感知性、交互性、构想性、自主性，这些都有利于感性认识和实践，并经过感觉而到达思维，逐步了解事物的内部矛盾、内部联系，了解它的规律性，实现理论的认识。想要学生认可和内化思想政治教育的内容并践行，最好的方法是能够让学生基于VR技术自己得出对思想政治教育内容的理性认识，并由他们自己体会，感受其巨大的作用，从而自觉地"内化于心，外化于行"❷。

基于VR技术的思想政治教育构建双向互动的立体化思想政治教育模式，其形成一个深度学习场域，逼真的临场感与实时的交互性，充分调动学习者的感觉体验和思维器官反思，可以从根本上改变学生的思维方式，从虚拟实践中体会从教育内容的学习到现实中的应用和实践过程，培养学生的思考习惯，提高学生的学习实效，完成个人思想品德认知、情感、信念、意志、行为之间的转换。可见，基于VR技术的思想政治教育可以实现"通过实践而发现真理，又通过实践而证实真理和发展真理。从感性认识而能动地发展到理性认识，又从理性认识而能动地指导革命实践，改造主观世界和客观世界"。同样，该模式里的"情境模块""交互模块""体验模块""反思模块"及"提升模块"五个模块，就是从感性认识到理性认识，再到实践中去的过程。正如《实践论》中所讲，"理性认识依赖于感性认识，感性认识有待于发展到理性认识，这就是辩证唯物论的认识论"❸。认识从实践始，经过实践得到了理论的认识，还须再回到实践去。认识的能动作用，不但表现于从感性的认识到理性的认识之能动的飞跃，更重要的还须表现于从理性的认识到实践这一个飞跃。

---

❶ 毛泽东著作选读：上册[M]. 北京：人民出版社，1986：129.

❷ 毛泽东选集：第2卷[M]. 北京：人民出版社，1991：707.

❸ 毛泽东著作选读：上册[M]. 北京：人民出版社，1986：130.

毛泽东指出，"人类认识发展的全过程是：实践、认识、再实践、再认识，这种形式，循环往复以至无穷，而实践和认识的每一循环的内容，都比较地进到了高一级的程度"❶。这就是辩证唯物论的知行统一观。因而，客观现实世界的变化运动永远没有完结，人们在实践中对于真理的认识也就永远没有完结。马克思列宁主义并没有结束真理，而是在实践中不断地开辟认识真理的道路。改造客观世界，也改造自己的主观世界即改造自己的认识能力，改造主观世界同客观世界的关系，以达到主观和客观的统一。❷

三、中国特色社会主义理论体系的相关重要论述

坚持马克思主义理论体系的完整性和系统性，必须把握马克思主义中国化最新理论成果的精髓和实质。中国特色社会主义理论体系是马克思主义普遍原理与中国改革开放具体实践相结合的理论成果，是中国化的马克思主义，具有科学性和时代性相统一的特征。

邓小平作为当代中国伟大的马克思主义者，是我国改革开放的总设计师，是建设中国特色社会主义理论的创立者，也是社会主义精神文明建设理论的奠基人。邓小平曾指出："教育要面向现代化，面向世界，面向未来。"❸邓小平同志所说的教育包括科学文化教育和思想政治教育，无论是科学文化教育，还是思想政治教育都必须以面向现代化为目标，立足当代，面向世界，着眼未来。就是要立足当前开放性的社会现实，在开放的环境中，树立世界眼光，主动学习和借鉴人类创造的一切优秀成果。

思想政治教育同信息技术的融合是与信息技术的发展紧密联系在一起的。思想政治教育同信息技术相融合逐渐被提出并不断发展。早在2000年6月，江泽民同志就提出了"要重视和充分运用信息网络技术，使思想政治工作提高时效性，扩大覆盖面，增强影响力"❹的要求。2000年9月，教育部下发《关于加强高等学校思想政治教育进网络工作的若干意见》，强调要"扎实推

---

❶ 毛泽东著作选读：上册[M]. 北京：人民出版社，1986.
❷ 毛泽东选集：第1卷[M]. 北京：人民出版社，1991：282-298.
❸ 邓小平文选：第2卷[M]. 北京：人民出版社，1994：367.
❹ 江泽民文选：第3卷[M]. 北京：人民出版社，2006：94.

进思想政治教育进网络的各项工作","充分运用网络手段拓展思想政治教育的视野,用正确、积极、健康的思想文化占领网络阵地"❶。2005年6月19日,胡锦涛同志批示:"网络上的新事物层出不穷,互联网新媒体网络电台对青少年的影响日益增强。如何兴利抑弊,善加利用,需很好研究。"❷ 2012年,教育部颁布的《教育信息化十年发展规划(2011—2020年)》正式提出了"现代信息技术与教育的全面深度融合"的概念,强调以教育信息化带动教育现代化,促进教育创新与变革。2004年,中共中央、国务院《关于进一步加强和改进大学生思想政治教育的意见》要求把"培养什么人""如何培养人"作为一个重大课题摆在高等教育的首位。"如何培养人"是高校思想政治教育应着重解决和回答的问题,在开放的时代,坚持开放性原则无疑应是"如何培养人"的重要途径。坚持开放性是实现思想政治教育根本任务的重要途径,实现这一任务既要立足现实又要着眼长远,将现代信息技术与思想政治教育进行全面深度的融合。

四、习近平新时代中国特色社会主义思想的相关重要论述

党的十九大,确立了习近平新时代中国特色社会主义思想在社会主义事业中的指导地位。习近平新时代中国特色社会主义思想巩固了马克思主义在我国意识形态领域的指导地位,坚持社会主义核心价值观,继续推进马克思主义中国化时代化大众化,必须以习近平新时代中国特色社会主义思想为引领。习近平总书记在党的十九大报告中指出:"意识形态决定文化前进方向和发展道路。必须推进马克思主义中国化时代化大众化,建设具有强大凝聚力和引领力的社会主义意识形态,使全体人民在理想信念、价值理念、道德观念上紧紧团结在一起。……加强互联网内容建设,建立网络综合治理体系,

---

❶ 教育部思想政治工作司.加强和改进大学生思想政治教育重要文献选编(1978—2008)[M].北京:中国人民大学出版社,2008:302.

❷ 网络电台、网络电视:青少年青睐的新传媒形态[EB/OL].(2006-01-16). http://news.sina.com.cn/o/2006-01-16/13587998115s.shtml.

营造清朗的网络空间。"❶要加强网络意识形态建设,创新网络传播模式,占领网络制高点。

在全国宣传思想工作会议上,习近平总书记指出,"必须坚持巩固壮大主流思想舆论,弘扬主旋律,传播正能量,激发全社会团结奋进的强大力量"❷。"要把网上舆论工作作为宣传思想工作的重中之重来抓","依法加强网络社会管理,加强网络新技术新应用的管理,确保互联网可管可控,使我们的网络空间晴朗起来"❸。习近平总书记指出了新时期我国宣传思想工作的基本职责,并要求为此有所作为。"宣传思想工作一定要把围绕中心、服务大局作为基本职责,胸怀大局、把握大势、着眼大事,找准工作切入点和着力点,做到因势而谋、应势而动、顺势而为。"❹要求领导干部"要把系统掌握马克思主义基本理论作为看家本领"❺,"把全国各族人民团结和凝聚在中国特色社会主义伟大旗帜之下"❻。

2016年2月19日,习近平总书记在党的新闻舆论工作座谈会上指出:"党的新闻舆论工作是党的一项重要工作,是治国理政、定国安邦的大事,要适应国内外形势发展,从党的工作全局出发把握定位,坚持党的领导,坚持正确政治方向,坚持以人民为中心的工作导向,尊重新闻传播规律,创新方法手段,切实提高党的新闻舆论传播力、引导力、影响力、公信力。"❼

习近平总书记强调,"宣传思想工作就是要巩固马克思主义在意识形态领域的指导地位,巩固全党全国人民团结奋斗的共同思想基础"❽。这"道出了意识形态工作的根本性、战略性、全局性意义"❾,指明了新时代思想政治教

---

❶ 中国共产党第十九次全国代表大会文件汇编[G].北京:人民出版社,2017.

❷ 习近平.习近平谈治国理政[M].北京:外文出版社,2014.

❸ 中共中央文献研究室.习近平关于全面深化改革论述摘编[M].北京:中央文献出版社,2014:83.

❹ 习近平.习近平谈治国理政[M].北京:外文出版社,2014:153.

❺ 习近平关于党的群众路线教育实践活动论述摘编[M].北京:党建读物出版社、中央文献出版社,2014:37.

❻ 习近平.习近平谈治国理政[M].北京:外文出版社,2014:154.

❼ 中国共产党第十九次全国代表大会文件汇编[G].北京:人民出版社,2017.

❽ 习近平.习近平谈治国理政[M].北京:外文出版社,2014:153.

❾ 雒树刚.牢牢把握"两个巩固"根本任务 扎实推进宣传思想文化工作[N].人民日报,2013-09-09.

育仍然要坚持马克思主义和中国化马克思主义在意识形态领域的指导地位并为其巩固发挥功能与作用，继续确认了新时期我国思想政治教育主导性的本质要求与功能属性。

习近平总书记高度重视思想政治教育，坚持科学性、阶级性与实践性的有机统一，创新有效发挥思想政治教育主导性的途径，形成了一系列新思想、新观点和新要求，丰富了我国思想政治教育的理论与实践，是新时期我国思想政治教育发展创新的指导思想。在马克思主义指导下，习近平思想政治教育主导性思想坚持党的领导，成为新时期我国思想政治教育发展创新的重要遵循。"努力以思想认识新飞跃打开工作新局面"❶，对提高新时期我国思想政治教育实效性具有重大的理论价值和现实意义。

习近平新时代中国特色社会主义思想，是高校思想政治教育工作的指导思想。我国高校思想政治教育的理论和实践要始终坚持以习近平新时代中国特色社会主义思想为引领，正确处理意识形态性与科学性之间的关系，提高大学生思想政治教育的实效性，推进大学生思想政治教育工作的深化和拓展。

习近平总书记在全国高校思想政治工作会议上特别强调，"做好高校思想政治工作，要因事而化、因时而进、因势而新"❷，指明了新形势下加强和改进思想政治工作的方法、方位和方向，对于指导新媒体视阈下思想政治教育的创新发展同样具有方法论意义。"因事而化"强调的是方法问题，新媒体视阈下的高校思想政治教育要把准学生思想脉搏，面向不同群体、不同个性特点采取针对性措施；"因时而进"强调的是方位问题，新媒体视阈下的高校思想政治教育发展要在马克思主义发展史特别是思想政治教育学发展史的高度上把握工作进程，从新时代新征程中找准发展空间，不断凝练传统经验，回应时代命题；"因势而新"强调的是方向问题，新媒体视阈下的高校思想政治教育必须时刻思考"培养什么样的人"的问题，并且紧扣世界新变局、社会新变革的情势变化。同时，习近平总书记指出："要遵循思想政治工作规律，遵循教书育人规律，遵循学生成长规律，不断提高工作能力和水平。"❸因此，

---

❶ 中共中央文献研究室.习近平关于全面深化改革论述摘编[M].北京：中央文献出版社，2014：84.

❷ 习近平.习近平谈治国理政：第二卷[M].北京：外文出版社，2017：378.

❸ 习近平.习近平谈治国理政：第二卷[M].北京：外文出版社，2017：378.

高校思想政治教育要将马克思主义整体性思想和思想政治教育基本规律相结合，并不断提升融合的深度，赋予新媒体视阈下思想政治教育以新时代的内涵和能量，要讲究恰当的时间、地点、场合、方法、载体、技巧，以更"接地气"的方式，达到大学生喜闻乐见的程度。高校思想政治教育，因实践的发展，因环境的变化，需要运用当前新兴的信息技术手段，贴合网络时代思想政治工作的特点，同时结合新时代大学生思想政治工作的规律，通过载体创新、内容创新、方式创新、手段创新等开展教育。❶习近平总书记在哲学社会科学工作座谈会上指出，"不断推进学科体系、学术体系、话语体系建设和创新，努力构建一个全方位、全领域、全要素的哲学社会科学体系"❷。新媒体视阈下，信息技术深刻影响和改变了人们的生活，网络成为发挥思想政治教育主导性的重要载体，教育应该积极同信息技术相融合，发挥其积极作用，而基于VR技术的思想政治教育以其显著的优势成为创新和探索建设的新话语体系。

在2016年G20杭州峰会开幕式上，习近平指出，以互联网为核心的新一轮科技和产业革命蓄势待发，人工智能、虚拟现实等新技术日新月异，虚拟经济与实体经济的结合，将给人们的生产方式和生活方式带来革命性变化。❸在2016年12月召开的全国高校思想政治工作会议上，习近平总书记指出，"要运用新媒体新技术使工作活起来，推动思想政治工作传统优势同信息技术高度融合，增强时代感和吸引力"❹，突出强调了新媒体新技术在加强和改进高校思想政治工作中的重要作用，对做好新时代思想政治工作提出了新的要求和方向。❺

2018年10月19日，2018年世界VR产业大会在南昌盛大开幕，习近平总

---

❶ 吴满意，景星维，唐登蕾.网络思想政治教育理论前沿问题研究[M].成都：四川大学出版社，2019.

❷ 习近平.在哲学社会科学工作座谈会上的讲话[M].北京：人民出版社，2016：22.

❸ 韩保江.新常态下中国经济的难题与出路[M].北京：人民出版社，2016：245.

❹ 习近平.习近平谈治国理政：第二卷[M].北京：外文出版社，2017：378.

❺ 张耀灿.新时代高校思想政治教育中的几个基本问题[J].西北工业大学学报（社会科学版），2019（1）：1-6.

书记向2018年世界VR产业大会致贺信。2019年8月，中共中央办公厅、国务院办公厅印发《关于深化新时代学校思想政治理论课改革创新的若干意见》，明确提出"大力推进思政课教学方法改革，提升思政课教师信息化能力素养，推动人工智能等现代信息技术在思政课教学中应用，建设一批国家级虚拟仿真思政课体验教学中心"。

VR技术作为新媒体技术，其沉浸性、多感知性、交互性、构想性、自主性等特点能有效提高参与者的全方位体验，让思想政治教育走进学生，贴近学生，服务学生，让思想政治教育活起来、动起来，增强时代感和吸引力。❶因此，VR技术作为信息技术快速发展的代表，高校思想政治教育可以充分运用这一新技术，基于VR技术加强思想政治教育，进一步增强思想政治教育的魅力。❷

第二节　基于VR技术的思想政治教育的原则

思想政治教育原则是思想政治教育活动必须遵循的基本准则，是在实践中形成和发展起来的，因而它也必然随实践活动的变化而发展变化。高校思想政治教育原则为大学生思想政治教育内容、形式、方法等确立了发展、创新的基本准则，在高校思想政治教育实践活动中具有十分重要的地位和作用。原则要坚持从实际出发，实事求是，努力体现时代性，把握规律性，富于创造性。相对于思想政治教育内容、形式、方法、载体等而言，思想政治教育原则更具有先决性、规定性的作用，高校思想政治教育原则的科学性决定着思想政治教育的科学性。❸

一、"以生为本"，协调发展原则

思想政治教育是一种教育实践活动，这一活动在于教育者根据社会的要求和人的发展需要，通过对受教育者进行思想上、政治上的教育，使其思想

---

❶ 易雯静，张振，李流舟.浅析虚拟现实技术在高校党建思想政治教育中的应用[J].湖北函授大学学报，2018（4）：58-59.

❷ 李林英.运用虚拟现实技术让思想政治理论课活起来[N].人民日报，2017-01-10.

❸ 陈万柏，张耀灿.思想政治教育学原理[M].3版.北京：高等教育出版社，2015.

政治素质得到提高和完善。它以人为作用对象，是做人的思想、精神世界的工作。思想政治工作的主体是人，对象是人，出发点和落脚点也是人，一切环节都围绕人而展开。只有见人见事、有理有情，思想政治工作才能掌握运行规律，找到有效途径，抵达理想彼岸。实践证明，围绕人、关照人、服务人，其独特优势和作用就发挥得好；培养人、塑造人、帮助人，其地位和作用就能不断巩固。脱离了人，思想政治工作就会空对空，投入的人力物力再大、付出的时间精力再多，最终也会失去目标，偏离方向，成为无源之水、无本之木。因此，高校思想政治教育要"以生为本"，教育引导学生形成符合社会发展要求的思想政治品德，发挥学生的主动性，提高学生的积极性，激发学生的创造性，培养具有正确思想意识、良好道德行为的大学生，培养和造就合格的社会主义建设者和可靠接班人。❶

"以生为本"是思想政治教育的本质要求，也是基于VR技术的思想政治教育的根本原则。"以生为本"，即以学生及其根本利益为考虑一切问题的出发点和落脚点。教育中以人为本就是以学生为本，以学生的全面发展为本，必须关注学生、关爱学生、关心学生，以学生作为教育的起点，以促进学生全面发展为目标。新媒体视阈下，网络所构建的是一个虚拟世界，但是思想政治教育还是要坚持从唯物史观的"现实的人"的立场及中国共产党思想政治教育一直以来"以人为本"的优良传统出发来研究网络中的"现实的人"，根据人在现实中的自主性、能动性和创造性的主体的中心地位，本质上还是人的思想政治教育，在教育中要充分考虑到当代大学生思想上的多样性和差异性。❷

习近平总书记指出，思想政治工作从根本上说是做人的工作，必须围绕学生、关照学生、服务学生，不断提高学生思想水平、政治觉悟、道德品质、文化素养，让学生成为德才兼备、全面发展的人才。❸基于VR技术的思想政治教育的实践正是要相信学生、调动学生、为了学生，充分发挥学生的积极性和主动性，满足学生的需要是增强思想政治教育有效性的切入点，尊重学

---

❶ 袁阳.思想政治教育视野下的北京精神培育研究[D].北京：中国矿业大学，2015.

❷ 吴满意，景星维，唐登蕓.网络思想政治教育理论前沿问题研究[M].成都：四川大学出版社，2019.

❸ 习近平.习近平谈治国理政：第二卷[M].北京：外文出版社，2017：377.

生的主体地位是增强思想政治教育实效的关键点。一切为了学生，坚持"以生为本"能够充分尊重学生的主体地位，在教育过程中开展学生乐于参与、便于参与的教育环节。

新媒体视阈下高校思想政治教育的关键是如何推动思想政治教育同信息技术进一步融合，发挥信息技术对思想政治教育深层次变革、深层次改进的牵引与促进作用，从而弥补传统的单一思想政治教育与大学生的现实需要不一致而影响教育实效的现状。实际上，信息技术带来的不只是教育形式、教育载体等的多样化，更重要的是为思想政治教育的开展精准化、个性化、高效化提供可能，有利于实现"精准思政"。坚持"以生为本"的原则，就要求教育工作者在构建思想政治教育内容系统时，要注意层次性，在进行教育时要根据不同的教育对象确定、实施不同的教育内容，把思想政治教育的先进性要求和广泛性要求结合起来，有的放矢的精准教育可以大大提高教育内容的接收度和吸收度。VR技术的不断成熟为实现思想政治教育的"精准化"提供了技术保障，"VR+教育"实现的互动、体验及即时反馈为深入了解教育对象的思想行为状况，全程监测、评估教育教学活动及效果提供了现实可能。"VR+教育"可以更加全面、客观、及时地记录教育对象在教育过程中的反应和动态，这样VR技术可以使教育者更深入了解教育对象，进而把脉教育对象思想的整体状况和变化态势，为教育对象提供具有针对性、具体化、个性化的教育服务。同时，基于VR技术的思想政治教育运用信息技术可以精确记录思想政治教育活动的全方位信息，有效追踪教育对象接受教育后的发展变化，便于监测、评估和分析思想政治教育的效果，有利于精准发现问题、深入改进思想政治教育。"VR+教育"带来的"以生为本"协调发展的精准化层面的运用和发展才是VR技术对思想政治教育产生真正革命性影响的地方，才是推动思想政治教育变革、实现深层次发展的关键。

基于VR技术的思想政治教育过程中坚持"以人为本"、协调发展的原则，其构建的立体式双向互动模式，"反思模块"及"升华模块"充分发挥了学生的主观能动性，使教育内容从感性认识转化为理性认识，进而指导学生的内化和外行实践。既注重发挥教育者的主导作用，又注重发挥学生的能动作用，将教育和自我教育统一起来，强调了思想政治教育的重要性，也突出了自我教育的必要性。只有教育与自我教育相结合，教育才能取得实效。因此，基于VR技术的思想政治教育既提高学生的认知水平，又指导实际行动，实现"知行合一"。

二、科学借鉴，结合实际原则

思想政治教育绝非一朝一夕的事，让思想政治教育内容深入人心，指导学生的行为需要的是长期的熏陶和养成。基于VR技术的思想政治教育的发展过程中，应当广泛借鉴国内外教育经验和启示，结合高校的实际情况，不断总结和进步。基于VR技术的思想政治教育要有相应的配套的实施方案，建立积极的引导机制、激励机制、监督机制和评价机制，坚持活动开展的可持续性和深入。同时，科学借鉴一定要与注重实际相结合，紧紧围绕实践教育环节，要贴近学生。

《中国互联网络发展状况统计报告》显示，截至2019年6月，我国网民规模已达8.54亿，互联网普及率达到了61.2%。信息技术尤其是网络信息技术的迅猛发展与广泛应用深刻影响、改变着处于其笼罩与辐射场域中的社会与个人，深刻影响、改变着社会的生活方式、交往方式、发展方式，深刻影响、改变着人们的学习方式、思维方式、行为方式。"信息网络技术的发展和普及，对社会生活的各个领域和人自身的发展，已经产生并将继续产生广泛而深刻的影响。"❶

因此，新媒体环境下教育工作者必须更加重视运用信息技术来改进思想政治教育，不断将新信息技术与思想政治教育相融合，推出各种新的教育载体、教材形态和方法形式，从而给思想政治教育带来革命性的影响。信息技术与思想政治教育的融合已有了诸多富有成效的理论研究和实践探索，推动了思想政治教育的变革与发展。但是，思想政治教育是做人的工作，不同于其他认知性或技术性的教育，其在于帮助人们形成良好的思想政治素质和道德品质，其强调对教育内容的认同，培养情感，实现思想内化和行为外显。新媒体环境下，对与信息技术相融合的思想政治教育的内容的吸引力、方式的可行性，调动学生学习积极性的水平和激发学生学习的主动性都提出了较

---

❶ 方平.关于校园网站建设的几点建议[J].科教文汇（中旬刊），2010（8）：190-191.

高的要求。当前信息技术与思想政治教育融合中还存在一些问题,有的将思想政治教育与信息技术简单"整合""组合""嫁接"在一起,技术设备没有发挥其真正的作用,成了摆设,并没有带来实际效果;有的教育过程中重技术化倾向、重形式轻内容、重过场轻效果,教育内容的粗糙和简单,冲淡了对教育效果的关注与重视,不能引起学生的兴趣和关注,由于缺少与学生的交流和互动,技术运用的热情遮蔽了思考和实践,机械地应用技术甚至会引起学生的反感;信息技术也是把"双刃剑",而有的技术和教育融合时,没有充分认识到新技术的优势和不足,可行性和必要性分析不到位,以至于教育过程中没有规避技术应用中带来的不利影响。

理论联系实际的原则是马克思主义最基本的原则之一,体现了认识与实践、矛盾的普遍性与特殊性的辩证统一关系,揭示了理论教育与实践教育互为条件、不可分割的关系。因此,我们在基于VR技术的思想政治教育探索和实践过程中要充分认识到信息技术与思想政治教育融合的现状,规避信息技术与思想政治教育融合过程中的问题,找准思想政治教育同VR技术相融合的基本路向。信息技术新时代改变着其环境下的社会与个人,深刻影响、改变着社会的生活方式、交往方式、发展方式,深刻影响、改变了人们的学习方式、思维方式、行为方式。思想政治教育要积极主动地融入信息技术新时代,处理和应对信息技术场域中发生的新情况,教育引导在信息技术影响下生活、成长的大学生群体。思想政治教育应该将其传统优势同VR技术高度有效融合,根据两者特点的耦合性进行深度有效的交融。既要将思想政治教育置于新媒体的视阈下结合VR技术来审视发展问题,也要将VR技术置于思想政治教育的视阈中审视运用问题;既要从思想政治教育的内在逻辑出发审视VR技术的运用如何避免其不足,实现其优势的问题,也要从VR技术自身的内在逻辑出发审视与思想政治教育融合如何建立创新模式的问题。只有通过辩证统一的分析考量,才能真正发挥VR技术在思想政治教育中的积极效用和应有功能,才能实现新媒体视阈下基于VR技术的思想政治教育全方位的深刻变革。

VR技术和思想政治教育融合是一种全新的思维理念与工作方式,应追求二者高质量的有机融合。通过前面章节的介绍我们看到,随着"VR+教育"的蓬勃发展,国家给予VR技术应用于教育更多的关注和政策支持,越来越多的高校和机构也尝试将VR技术与思想政治教育教学相结合,并产生大量的成功案例。VR技术同思想政治教育的融合得到人们的关注与重视,是适应时代发展潮流的必然要求。现阶段,信息技术是思想政治教育面临的最大变量,最深层次地要求、推动着思想政治教育转型,而VR技术在5G的加持下应用会更加普及,也会更加彰显信息技术的优势,其催生出具有新特点的新事物和新现象,产生了思想政治教育发生、发展的新环境、新条件,也必然要求教育内容、教育样态、教育方式发生对应的改变。❶

基于VR技术的思想政治教育就是将思想政治教育融入VR技术创设的情境、营造的时空、生发的场域中,进行思想价值引领与道德教化。这种"融入"不仅仅是通过网络将文字、图片、声音、动画和视频融于一体,创设或再造一系列崭新的情境,使学生在这种营造和创设教育内容情境中认知与体验,将思想政治教育内容、活动寓于其中,潜移默化地进行教育,更重要的是创设一个包含诸多因素、各种活动、复杂关系及虚拟与现实并存的体验空间,吸引并引导全身心的介入,对营设的情境进行干预,与虚拟教育进行交互互动,通过对教育情境的自主性、选择性的改变体验,从而极大地影响沉浸于其中的学生的认知、情感、评价、信念、意志及境界,启发学生思考和反思,改变学生的学习和行为方式。通过这种入脑入心的教育方式,对正能量的现象进行传播,对不良现象进行批判、引导与教育。

在思想政治教育中要坚持理论联系实际的原则。基于VR技术的思想政治教育的内容选择、解读和呈现方式必须切合实际,围绕、服从、服务于党的基本任务与中心工作,贯彻、落实党的路线、方针、政策,始终与社会的发展状况、发展需要相适应。具体包括思想政治教育目标、内容、方法、资源及实施等实际,实现教育的全面深度融合,有机地化为一体。

基于VR技术的思想政治教育目标要结合实际。习近平总书记在全国高校思想政治工作会议上强调:"要教育引导学生正确认识世界和中国发展大势,从我们党探索中国特色社会主义历史发展和伟大实践中,认识和把握人类社会发展的历史必然性,认识和把握中国特色社会主义的历史必然性,不断树

---

❶ 第44次《中国互联网络发展状况统计报告》[EB/OL]. (2019-08-30). http://www.cnnic.cn/hlwfzyj/hlwxzbg/hlwtjbg/201908/t20190830_70800.htm.

立为共产主义远大理想和中国特色社会主义共同理想而奋斗的信念和信心；正确认识中国特色和国际比较，全面客观认识当代中国、看待外部世界；正确认识时代责任和历史使命，用中国梦激扬青春梦，为学生点亮理想的灯、照亮前行的路，激励学生自觉把个人的理想追求融入国家和民族的事业中，勇做走在时代前列的奋进者、开拓者；正确认识远大抱负和脚踏实地，珍惜韶华、脚踏实地，把远大抱负落实到实际行动中，让勤奋学习成为青春飞扬的动力，让增长本领成为青春搏击的能量。"❶

基于VR技术的思想政治教育内容要结合实际。当代大学生处在经济全球化、网络世界多元化的环境中，这对大学生的思想政治素质提出了新的要求。大学生不仅要有过硬的专业知识和技能，更要有维护国家主权、国家利益和国家安全的政治素质，以及爱国主义、集体主义和社会主义的思想素质。因此，结合实际应用VR技术，科学创新大学生思想政治教育，就必须主动联系经济全球化这一最大的实际，对大学生进行爱国主义、集体主义和社会主义教育，积极进行社会主义核心价值观和理想信念的教育。

基于VR技术的思想政治教育方法要结合实际。新媒体环境下，教育必须联系网络化、信息化的实际。一方面，有利于结合大学生各具特色的个性特长、心理，以及敢于求新存异、积极探索的科学精神，引导他们自发地思考和内化思想政治教育的内容，增加认同感。另一方面，新媒体环境下教育的开放性、匿名性、虚拟性等特点，导致先进的与落后的、健康的与有害的、高尚的与低俗的各种信息鱼龙混杂、良莠不齐。大学生正处于世界观、人生观、价值观形成的关键时期，需要思想政治教育工作者帮助他们去辨别。这就需要应用信息技术积极的一面，有力地抵制其消极的一面。

三、整体把握，循序渐进原则

信息网络化技术的出现是具有里程碑意义的科技革命，新媒体环境改变了整个世界的面貌，改变了学生的生活方式、思维方式和行为方式，改变了时间、空间概念。新时代高校思想政治教育是一个更加具有全局性、战略性的重大问题。为此，要整体把握对新时代思想政治教育特点、规律，面临的

---

❶ 习近平. 习近平谈治国理政：第二卷[M]. 北京：外文出版社，2017：331.

挑战、机遇及热点、难点问题的研究，为基于VR技术的思想政治教育奠定坚实的理论基础。创新大学生思想政治教育，应在基于VR技术的思想政治教育中抓重点，针对当前基于VR技术的思想政治教育中存在的突出问题和薄弱环节，切实建立长效机制，强化高校思想政治教育的效果。

VR技术拓展了大学生思想政治教育的空间和渠道，为大学生思想政治教育的现代化提供了技术条件和物质保障，其结合高等教育改革发展实际，为高校思想政治教育带来新思路和新机遇。高等教育改革有效地推动了高校的快速发展，同时也带来了一系列必须深入思考和研究的新情况、新问题，只有准确把握和找到问题的原因，并帮助解决大学生的这些问题，才能不断增强大学生思想政治教育的针对性和有效性。

首先，基于VR技术的思想政治教育要充分坚持整体性的原则。整体性原则是指在实施教育设计、教育内容时，必须使思想政治教育系统各要素协同作用，使教育过程成为具有良好功能的系统。整体性是就思想政治教育内容的总体而言，在构建基于VR技术的思想政治教育模型时从整体把握，系统地构建一个立体化双向互动的教育模型，由"情境模块—交互模块—体验模块—反思模块—升华模块"构成，形成一个完整的教育闭环，根据不同的教育对象和现状，该模式的起点也是不同的，但整个模型就是一个循序渐进的教育过程。

其次，基于VR技术的思想政治教育要循序渐进地开展。思想政治教育发展的基本规律不断随着社会与时代的发展变化而发展变化，不同社会发展阶段、不同社会历史条件会对思想政治教育提出不同的任务与要求，也会为思想政治教育提供不同的发展环境与条件。当今时代，科技进步日新月异，VR技术、大数据、人工智能等现代信息技术深刻改变着人类社会生活，构筑着全新的社会图景，开启了人类历史上的重大变革。随着VR技术的普及和"VR+教育"的蓬勃发展，思想政治教育也无法回避，必须直面它的存在，这也是思想政治教育创新与发展的时代背景和推动力量。即使在高校和教育机构已经有大量的思想政治教育教学应用VR技术的成功案例，但基于VR技术的思想政治教育还是应该在整体把握的前提下循序渐进地应用并渐进式发展。

具体来讲，一是科学性和思想性相结合的原则，是指在思想政治教育过程中既要保证思想政治教育内容的真实性、客观性、先进性，又要把马克思主义的立场、观点、方法渗透到思想政治教育的过程中，培养大学生正确的世界观、人生观、价值观和高尚的道德品质。要从思想政治教育的内在发展逻辑角度审视同VR技术的融合问题。思想政治教育有着自身特殊的内在规律性与任务要求，推进思想政治教育同VR技术相融合，要从思想政治教育的自身特性、教育要求、目标内容出发，要遵循思想政治工作规律、教书育人规律、学生成长规律，结合VR技术的自身特点、发展规律，循序渐进地进行，避免出现简单化"嫁接"。二是从基于VR技术思想政治教育的开发者和应用者的角度考量，需要循序渐进地推进。在实际工作中，有丰富经验和扎实的理论素养的思想政治教育工作者往往缺少VR技术的操作与实践经验，而具有VR技术运用能力的专业开发人员往往又缺乏扎实的思想政治教育理论素养，给二者融合的精准度和深度造成了影响。可见，需要不断提高教育产品开发者与使用者、思想政治教育工作者正确认识技术、学习技术、使用技术、管理技术的能力。三是要把握好VR技术与应用于思想政治教育的VR技术的整体品性和具体特性，充分考虑其与不同学科教育教学相结合活动的适合性，找准契合点，有针对性地、合理而有效地运用，不断探索"融合"模式；遵循好新媒体视阈下大学生的思想行为规律、人的发展变化规律。同时，高校思想政治教育的对象也存在着生源地、家庭教育环境、年龄、所学专业、接受能力、知识结构、价值取向等各种不同，他们的道德品质和认识水平可能也处于不同层次，因此基于VR技术的思想政治教育不能简单地"一刀切"，应随着融合教育的过程和成效进行动态的教育目标调整。四是要推动基于VR技术的思想政治教育活动的实践化和常态化，以一带十，以点带面，不断固化和转化思想政治教育新成果。值得注意的是，思想政治教育的最高层次就是情感、态度、价值观的输出，传统的思想政治教育在这方面有其不可替代的作用。我们要更加关注如何发挥VR技术的独特优势，找准实际的切入点，使教育中的情感体验可以更快、更入心地传递给学生。可见，基于VR技术的思想政治教育要循序渐进，最终实现传统思想政治教育模式与基于VR技术的思想政治教育模式相辅相成、互助式发展的目标。

四、政府主导，全社会参与原则

新媒体视阈下基于VR技术的思想政治教育的培育和践行有赖于政府主导作用的发挥，不管是相关政策的制定、具体工作的开展、相关资源的整合与利用，还是思想政治教育中存在的一系列问题的解决与改善，都需要政府提供强有力的支持与保障。所以说，基于VR技术的思想政治教育的有效开展需要发挥政府的主导作用。首先，政府应全盘考虑VR技术应用于教育中的有关问题，把"VR+教育"的培育和发展纳入社会发展规划中，并制定相应的发展纲要。2018年，教育部发布《关于开展国家虚拟仿真实验教学项目建设工作的通知》，以进一步推进现代信息技术融入实验教学项目，拓展实验教学内容广度和深度，延伸实验教学时间和空间，虚拟仿真实验教学将实验教学信息化作为高等教育系统性变革的内生变量，将成为助推高等教育教学质量变轨超车的重要工具，助力高等教育强国建设，由此看出政府已经在政策层面上给予支持与保障。另外，教育部《关于公布2019年度普通高等学校本科专业备案和审批结果的通知》中，将虚拟现实技术作为新增专业，也足以看出国家对VR技术发展的重视和支持，并进行统筹考虑。其次，应当制定相关政策制度。2019年8月，中共中央办公厅、国务院办公厅印发《关于深化新时代学校思想政治理论课改革创新的若干意见》，明确提出"大力推进思政课教学方法改革，提升思政课教师信息化能力素养，推动人工智能等现代信息技术在思政课教学中应用，建设一批国家级虚拟仿真思政课体验教学中心"。该政策就是直接给予基于VR技术的思想政治教育以强有力的支持。此外，政府也应积极动员全社会力量参与到VR技术应用于教育的发展建设中，充分利用各类宣传阵地做好社会动员工作，整合利用各种社会资源，调动教育机构和高科技企业的主观能动性与积极性，使其深刻认识到信息时代"VR+教育"的重要意义，应充分利用广播、电视、报刊、网络等新闻媒体，多层次、全方位加大宣传基于VR技术的思想政治教育中涌现出的先进经验和典型，基于VR技术的思想政治教育营造出政府主导、全社会积极参与的良好氛围。

当然，政府的主导作用并不意味着基于VR技术的思想政治教育只有政府存在。政府的作用主要体现在公共政策的制定上，更多的作用发挥应该是高校及相关教育机构。具体来说，在基本程序的运作上，在实际的实施和操作上更多的是高校及相关教育机构。在建设资金来源上，除了政府以财政投入的形式加大对基于VR技术的思想政治教育的投入外，应当鼓励高校、社会组织、企业等兴办、投资"VR+教育"。政府通过整合资源、监督利用效果的方式来体现其主导作用，使各种社会资源在最大限度上转化为思想政治教育的优势力量。

现代信息技术在较长一段时期以来一直在推动着思想政治教育的理念革新、内容创新和方法更新，新媒体视阈下，基于网络的高校思想政治教育已经取得了长足发展。在这样的理论基础前提下，随着VR技术不断革新换代、"VR+教育"蓬勃发展，在大学生中越来越普及，高校思想政治教育将继续应对不断变化的机遇和挑战。基于VR技术的思想政治教育坚持马克思主义立场、观点、方法不变，教育的目标始终是坚持马克思主义科学理论的指导，引导大学生树立社会主义核心价值观，形成正确的世界观、价值观、人生观。通过这些先进的、科学的世界观和方法论，教育大学生、启发大学生、解决大学生的立场和思想问题。VR技术为生动、形象地开展思想政治教育提供了新方式、新手段，也为精准掌握教育对象的思想行为状况、进行"量身定制"的教育服务、开展"精准思政"提供了现实条件和技术保障。同时，VR技术形成的超越时空和可操作互动的全新局面，将会越来越多地影响大学生的日常生活，逼真的虚拟情境和沉浸感，可能会深刻影响着大学生的认知与感知，为高校思想政治教育带来诸多新问题和新挑战。VR技术与网络技术有亲缘关系，如果不加以控制和管理，在开放式传播体系下，网络环境中不健康、负面的思想也会通过VR技术传播。加之，VR技术传播过程比传统的网络传播更具吸引力和感染力，对其的监管难度可能更大，其对大学生的消极的、不良的影响也可能更大，使大学生在主流思想、主流价值观上"达成共识"越来越困难。但VR技术经过几十年的发展成熟，随着5G技术的商用，其普及是信息技术发展的一种必然趋势。因此，高校思想政治教育工作者不能回避其发展前景，而应该率先占领"VR+教育"这个阵地，比如，通过应用VR技术给思想政治教育带来的跨时空体验、"五感"教育体验、自主的构想性学习，探究式、启发式的反思教育，实现大学生们思想道德上的升华。总之，基于VR技术的思想政治教育既可以探索创新教育模式，发挥VR技术的积极作用，也可以进一步推动高校思想政治教育的改革和长足发展。

与此同时，思想政治教育过程还具有显著的社会性特点，是在一定社会历史条件下和社会环境中进行的，受社会历史条件和社会环境制约，这就要求思想政治教育过程必须实现自身的社会化，主动面向社会，实现全社会参与的原则。基于VR技术的思想政治教育，同样依靠全社会的力量，通过政府、教育部门、学校及相关机构开发积极向上的"VR+教育"内容，净化网络环境，抵制和克服VR技术普及过程中的消极影响，充分利用社会环境中的积极影响，使受教育者形成社会所需求的思想品德。

五、注重引导，显性隐性结合原则

高校思想政治教育要求显性教育与隐性教育相辅相成，灌输与渗透相结合，更加尊重学生的主体地位。"隐性思想政治教育和显性思想政治教育是隐性教育和显性教育的延伸，隐性思想政治教育是相比较显性思想政治教育来说的。隐性思想政治教育是指思想政治教育中的隐性成分，主要以隐性课程、文化氛围、环境影响等方面组成，主要特征是运用学生周围的可以利用的资源进行潜移默化的影响。"❶高校隐性思想政治教育可以充分调动学生的主动性，提高学生的参与意识，促进教育内容的内化和吸收。应通过思想政治教育工作者的有效引导，结合当代学生个性化的特征，把"精准思政"的针对性与充分利用新媒体正面的思想政治教育资源结合起来，充分发挥VR技术、人工智能、大数据等新技术的优势，开展针对性强、覆盖面广的思想政治教育，用学生喜爱的方式来发出社会的主流声音。

在我国，高校思想政治教育过去用得比较多的是显性思想政治教育，尤其是灌输教育已成为思想政治教育的一条重要的经验，也发挥了巨大的教育作用。长期以来，我国传统的思想政治教育多是单向和线性的，主要采取直接灌输的方式，注重系统的教育和理论灌输，传授给大学生正确的价值观和理想信念。而随着信息网络技术的发展，人们思想观念、行为方式都发生了很大变化，价值观念也变得多样化。对于出生成长于网络时代的大学生来说，他们更加强调自由、个性、平等，厌恶单一的理论灌输、生硬解释等部分显

---

❶ 王伟，邢坤.微媒体时代高校隐性思想政治教育工作原则研究[J].科技风，2019（32）：210.

性教育方式。因此,高校教育工作者应该在保留发挥显性思想政治教育优势的基础上,"因事而化,因时而进,因势而新",创新更多注重教育引导的方式,把显性思想政治教育与隐性思想政治教育有机结合。

新时代开展高校思想政治教育要坚持把显性思想政治教育与隐性思想政治教育结合起来,就要充分发挥正面传授与潜移默化协调并进的优势,使高校思想政治教育展现出新的生机与活力。新媒体环境下,有些教育工作者开展网络思想政治教育的方式不当、应对不力,网络技术与思想政治教育融合的方式简单生硬、形式粗糙,缺乏足够的吸引力、亲和力,导致网络思想政治教育的优势没有充分发挥,柔性化解、隐性引导作用发挥不明显。新媒体中蕴含着丰富的、生动的思想政治资源,教育方式也从单向变成多向,从线性转变为非线性。高校隐性思想政治教育要充分调动VR技术的积极要素,对VR教育环境进行管理,塑造良好的基于VR技术的思想政治教育的生态、引领"VR+教育"健康发展要求,从而维护意识形态安全。我们需要加强对VR技术应用于教育问题的重视,采取积极的管理措施,不断开发优秀的"VR+思想政治教育"资源。打造学生喜闻乐见、乐于接受的"VR+思想政治教育平台",提升平台的吸引力和亲和力,在总结学生喜好的学习方式和接受习惯的基础上打造思想政治教育教学的新形态及新的生长点,充分体现思想性、价值性、引领性、主导性。同时,加强对"VR+思想政治教育平台"的监管,使优秀的思想政治教育资源不受侵害、占据主流,促进隐性思想政治教育的蓬勃发展。基于VR的思想政治教育构建的立体化双向互动模型,由"情境模块—交互模块—体验模块—反思模块—升华模块"构成。虚拟的沉浸性教育环境,使大学生在潜移默化中受到主流意识形态的熏陶,帮助学生学会感知和思考,通过大学生在虚拟情境中各种形式的体验品味、独立思考、自我反思和提升这一"接地气"的教育模式,教育更加具有开放性、互动平等性,增加了教育的选择性,充分发挥学生的主体地位并对其进行理论渗透,提高当前大学生思想政治教育的吸引力、感染力和针对性、实效性。

可见,基于VR技术的思想政治教育既充分坚持了注重引导,显性教育与隐性教育相结合的原则,最大化地挖掘大学生在隐性思想政治教育中的潜能,也是显性思想政治教育与隐性思想政治教育有机结合的有益探索。

六、实践检验，注重实效原则

现代信息技术极大地拓展了思想政治教育的空间，为思想政治教育带来了改革创新的发展契机。同时，"社会主义初级阶段社会存在的多样化，对推进现阶段社会生产力的发展，对增强社会的活力有着重要的意义，没有多样化，就不可能有社会主义初级阶段经济社会的蓬勃发展"❶。现代信息技术和社会存在的多样化，引起了人们思想观念、生活方式、行为方式等的多样化和价值观念的多元化，尤其是对于思想活跃而且还处在价值观形成关键时期的大学生而言，影响就更大。他们在思想活动过程中所表现出的自主性、多变性和差异性尤为明显，这就给高校的思想政治教育带来了新的挑战。同时，紧密联系多样化的社会实际创新高校思想政治教育也是新形势的客观要求，给高校思想政治教育的方式方法带来了多样性。但需要强调的是，高校思想政治教育的多样性一定要坚持主导性的原则，在坚持主导性原则的基础上，与教育方式方法的多样性相结合，即"在思想政治工作的实践中，首先要坚持主导性前提下的多样性。在选择思想政治教育内容的时候，主导性是前提，是根本。在主导性的问题上要有坚定性、一贯性。不能把多样性理解为朝令夕改、变幻莫测、随欲而定，而是为了更好地贯彻主导性的灵活性，体现教育的针对性和准确性。另一方面，抛弃多样性，就会使我们的教育抽象、单调。其次，坚持多样性之中的主导性。思想政治教育内容的多样性选择，根本目的是更好地体现主导性。近年来出现的思想政治教育内容'泛化'的现象，值得注意。那种把一切行为和内容，都冠之以思想政治教育名义的做法，实际上是取消了思想政治教育"❷。

可见，高校思想政治教育内容不能"泛化"，其应该坚持主导性，通过实践检验，具有教育实效。注重实效性，是高校思想政治教育永恒不变的努力方向，也是实现其根本目标的重要保证。2004年，中共中央、国务院

---

❶ 顾海良. 深化科学性　加强针对性　提高实效性——当前高校"两课"教育教学改革的根本问题[J]. 中国高等教育，2004（11）：3.

❷ 刘书林. 论思想政治教育原则方法的更新[J]. 学校党建与思想政治教育，2002（9）：14-17.

发布的《关于进一步加强和改进大学生思想政治教育的意见》指出:"坚持以马克思列宁主义、毛泽东思想、邓小平理论和'三个代表'重要思想为指导……努力提高思想政治教育的针对性、实效性和吸引力、感染力,培养德智体美全面发展的社会主义合格建设者和可靠接班人。"可以看出,增强大学生思想政治教育的实效性是目标,增加大学生思想政治教育的针对性、吸引力、感染力是手段、途径和方法。基于VR技术的思想政治教育就是在坚持马克思主义理论指导决不动摇的前提下,积极探索以VR技术为载体的大学生思想政治教育新途径,通过积极占领这块思想政治教育的新阵地,来拓展大学生思想政治教育的空间和渠道,切实解决思想政治教育中的实际问题。"思想政治教育既要教育人、引导人,又要关心人、帮助人。"❶

从根本上说,高校思想政治教育是一项实践活动,其一切经验和方法都是通过实践获得的,在实践中获得的宝贵经验和有效方法,对增强高校思想政治教育的实效性来说,无疑是最直接、最有效的。反过来讲,高校思想政治教育是否有实效性,又是通过实践来进行检验的。高校思想政治教育是实践活动,不可能一成不变。新媒体视阈下,在大学生思想政治教育过程中,大学生易于接受新鲜事物,有很强的猎奇心理,使新情况、新问题层出不穷,他们的思想道德修养水平也在动态的发展变化中。因此,应该用发展的眼光去认识新情况,用发展的眼光看待大学生思想政治教育的实效性问题。

思想政治教育同VR技术的融合要始终围绕思想政治教育的根本任务进行,充分考虑教育的实际情况,遵循思想政治教育的基本理念及原则规律,与教育改革发展需求有机结合起来,要始终坚持"以内容为王""以质量为要""以效益为重"的原则。VR技术的运用是为更好实现思想政治教育目的服务的,实现思想政治教育的创新发展,是其核心追求。基于VR技术的思想政治教育构建的立体化双向互动模型,重视对融合的质量效益、有机程度的关注。它由"情境模块—交互模块—体验模块—反思模

---

❶ 仲兆华. 新时期大学生思想政治教育原则创新研究[J]. 徐州师范大学学报(哲学社会科学版), 2011 (6): 129-132.

块—升华模块"构成,坚持以实效为重,紧紧围绕教育目标,对教育内容进行有效呈现,使思想政治教育内化,使知、情、意、信、行均衡协调发展,并经过了教育环节和教育效果的实践检验,更好地育人,更好地提升大学生的思想水平、政治觉悟、道德品质、文化素养,促进大学生的成长发展。

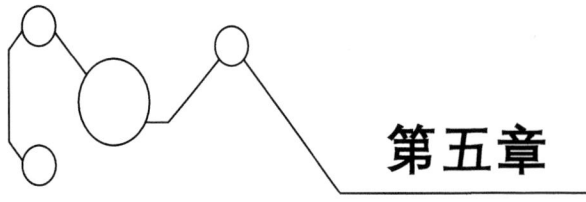

第五章
基于VR技术的思想政治教育的学科基础

第一节 思想政治教育学的相关原理

思想政治教育学是在马克思主义理论指导下，研究教育对象的思想品德的形成与发展、思想政治教育现象及其发展规律的一门具有鲜明中国特色的社会应用科学，其建立在综合运用多门学科的理论和方法并总结丰富实践经验的基础上。

思想政治教育学的理论基础是马克思主义，正如中国社会科学院马克思主义研究院樊建新研究员所指出的，思想政治教育工作始终坚持以马克思主义为主导。马克思主义教育是思想政治教育的灵魂，是思想政治教育沿着正确方向发展的重要保障。❶"可以说，马克思主义是迄今唯一真正以解放全人类为使命并寻找到实现的现实道路的思想理论。"❷坚持以完整准确的马克思主义科学体系为根本指导思想，一方面是以整体性的马克思主义科学体系为指导，始终坚持马克思主义的本质规定性，始终坚持马克思主义的立场、观点和方法，始终坚持马克思主义的基本原理，始终坚持马克思主义的基本特

---

❶ 林敏.新中国成立70年来思想政治教育理论的创新与发展——"2019年全国思想政治教育学术研讨会"综述[J].社会科学动态，2019（12）：117-119.

❷ 董雅华.论思想政治教育的规训性与解放性：一种对思想政治教育特性的哲学探究[J].东南大学学报（哲学社会科学版），2014（2）：10-16.

征；另一方面是以马克思主义中国化的最新成果为指导。通过两个方面的创新和发展，成为一个有机的理论科学整体，用来统领思想政治教育并推进思想政治教育学科建设的发展。

新时代思想政治教育具有新的历史使命，要始终坚持用马克思主义理论解读时代，以习近平新时代中国特色社会主义思想引领时代发展，谱写思想政治教育理论新篇章。正如恩格斯所说："社会一旦有技术上的需要，这种需要就会比十所大学更能把科学推向前进。"❶在新中国成立70年来思想政治教育理论的创新与发展——"2019年全国思想政治教育学术研讨会"上，中国社会科学院马克思主义研究院樊建新研究员指出，思想政治教育学科在理论研究和实践创新方面都取得了巨大进步。❷

张耀灿在《对"思想政治教育原理"的重新审视》一文中指出，"思想政治教育原理"的理论体系自1985年建立至今，思想政治教育学科建设进入了一个新的历史发展阶段，必须要有新思路促进其进一步发展创新，对思想政治教育学理论基础的认识要拓展和深化。思想政治教育的主体性研究、价值论研究和交往实践思想政治教育的研究等成果涌现。思想政治教育说到底是做人的工作的，自觉拓展、深化对思想政治教育理论基础的认识，既坚持马克思主义意识形态理论指导，又坚持马克思主义人学指导，定能在思想政治教育及其研究中更好地贯彻落实以以人为本为核心的科学发展观，全面推进思想政治教育的科学化。

一、研究教育对象的思想品德的形成与发展

思想政治教育学科从一开始就确认研究对象是人们思想政治品德形成发展规律和对人们进行思想政治教育的规律。研究思想政治教育不能不懂得人的思想品德形成发展规律，思想政治教育学认为思想政治教育过程和人的思想品德的形成与发展过程是统一的，只有弄清了思想品德形成发展规律才能教育引导人们形成良好的思想品德。因此，研究思想政治教育过程及其规律，

---

❶ 马克思恩格斯选集：第4卷[M].北京：人民出版社，1995：732.

❷ 林敏.新中国成立70年来思想政治教育理论的创新与发展——"2019年全国思想政治教育学术研讨会"综述[J].社会科学动态，2019（12）：117-119.

就必须首先研究人的思想品德的形成与发展过程及其规律。因为只有遵循人们的思想品德形成发展规律去开展教育才能取得实效，只有提高了每一个个体的思想政治品德素质，思想政治教育才算得到落实、才能达到目的。思想政治教育过程和人的思想品德的形成与发展过程是统一的。人的思想品德的形成与发展是主观因素和客观因素相互作用的产物。因此，人的思想品德是内在转化过程与外部制约过程的辩证统一。

（1）内在转化过程。人的思想品德形成与发展过程是人的思想品德认识转化成相应的思想品德行为的过程，一个人思想品德的形成过程从认知到行为不能直接转化，一般经历知、情、信、意、行五个发展过程，而且知、情、信、意、行是相互联系、相互影响、相互制约、相互渗透和相互促进的。"思想品德认识是思想品德情感、信念和意志形成的根据，是一定社会的思想品德原则和规范转化为个体思想品德行为的基础。思想品德情感的形成对思想品德的形成与发展过程起催化、强化作用。而思想品德信念的形成是思想品德形成过程的关键，是思想品德行为的强大动力和精神支柱。思想品德意志的形成对思想品德形成过程起调节促进作用。只有顽强的思想品德意志，才能使思想品德认识转化为思想品德行为。"❶可见，一个人的思想品德形成与发展一般是按认识—情感—信念—意志—行为的程序，由低级到高级，由简单到复杂，相辅相成、相互转化发展，形成相对稳定的心理特点、思想倾向和行为习惯。思想品德通过行为表现出来，要求人们表里如一，引导人们言行一致，思想政治教育只有付诸行动，才不空洞，才有实际意义。

（2）外部制约过程。人的思想品德的内在转化是人的主体性的表现，它对于受教育者思想品德的形成与发展具有极其重要的作用。马克思主义认为，人的思想不是天上掉下来的，也不是头脑里固有的，而是客观现实在人脑中的反映。社会存在与社会意识辩证关系的原理，是唯物史观最根本的原理，它科学地回答了外部条件对人的思想品德的形成和发展的制约作用。马克思主义认为，是人们的社会存在决定人们的社会意识，而不是相反。人们不能自由地选择社会形态，总是在既定的现存的条件下创造历史的。"历史过程中

---

❶ 郭丽娜. 重视非智力因素能够增强高校思想政治教育的实效性[J]. 职业时空，2010（1）：176-177.

的决定性因素归根到底是现实生活的生产和再生产"❶，离开了社会环境，人的思想品德的形成与发展也是不可能的。因此，外部条件主要是指社会环境，从外部影响和制约人的思想品德的形成与发展过程，对人的思想品德的形成与发展具有重要的影响。

可见，人的思想品德形成的内在转化过程和外部制约过程是相互联系、相互影响、相互制约和相互渗透的。思想政治教育过程是一个长期的、反复的过程。这是由人的思想品德形成与发展过程的长期性和反复性决定的。

思想政治教育学的实践化就是思想政治教育。人们在界定"思想政治教育"这一核心概念的时候，往往会把它和"思想政治教育学"区别开来，其中以邱伟光和张耀灿主编的《思想政治教育学原理》一书中的区分最具代表性，认为思想政治教育是一项实践活动，而思想政治教育学是以思想政治教育实践活动为研究客体的科学，前者解决的是做什么和怎么做的问题，后者解决的是是什么和为什么的问题。"由于社会主义思想政治教育奠定在马克思主义理论与无产阶级革命实践的坚实基础上，因此本身就蕴含着按照社会发展和人的全面发展需要，提高社会整体与个人思想道德素质和文明程度的规律的理性认识。……认定思想政治教育本身就是一门科学，是完全正确的、不容否定的；把思想政治教育理论的学科定名为思想政治教育，绝非一时的疏忽。"❷因此，对思想政治教育的研究既应注重应用研究、咨询决策研究，也应注意加强基础理论的研究。

二、研究思想政治教育现象及其发展规律

研究思想政治教育现象及其发展规律，用科学的精神改进教育，一直是高校思想政治教育工作探索中的一个重要内容。

首先，思想政治教育过程理论是思想政治教育学理论体系的核心。思想政治教育过程有其自身的特点和发展规律。思想政治教育过程和人的思想品德形成过程是协同统一的。前面我们已经介绍了，人的思想品德是在社会实践的基础上主客体因素相互作用和协调的产物，是内在转化和外在制约相互

---

❶ 托马斯·库恩.科学革命的结构[M].金吾伦，胡新和，译.北京：北京大学出版社，2003.

❷ 平章起，梁禹祥.思想政治教育基本理论问题研究[M].天津：南开大学出版社，2010：32.

作用，内在思想矛盾不断转化的结果。思想政治教育过程是教育者和受教育者共同参与、相互作用的有目的的活动过程。只有发挥双方的主观能动性，通过形式多样的思想政治教育活动，教育者向受教育者教授社会要求的思想观念、道德规范，同时促使受教育者在教育过程中感受、体验、认同和掌握这些观念与规范，才能取得好的效果。

思想政治教育过程具有很强的实践性，受教育者只有通过社会实践活动的体验，才能验证教育者教授的思想品德观念并形成自己的认识，通过多次的思想品德实践的锻炼，强化自己的思想品德情感、信念和意志，进而逐步养成良好的思想品德行为习惯。可见，受教育者思想品德中的认识、情感、信念、意志及行为各要素，都是在社会实践中形成并不断强化和巩固的，思想政治教育过程是在教育者和受教育者的双边实践活动中得以展开的。按照以上规律，我们建立的基于VR技术的思想政治教育模式是立体化双向互动的，并且是动态、开放、丰富的，随着思想政治教育社会实践活动的不断调整，思想政治教育过程才能完成。

其次，思想政治教育主导性问题是思想政治教育学的关键问题。思想政治教育主导性指的是，"思想政治教育坚持引导、选择的主要方向、方面和重点，并在个体发展和社会发展中发挥主导作用的特性"[1]。实践、认识、再实践、再认识的不断反复和无限发展是人类对事物发展认识与实践的不变真理。在思想政治教育的建设发展过程中，其主导研究范式发生了从"社会哲学范式"到"人学范式"的转变。在"人学范式"研究基础上的思想政治教育强调的是人的主体性的充分发挥，不仅要推动社会的全面发展，更要促进人的全面发展。[2]在这一研究范式的转向下，人们对思想政治教育的总体认识和研究发生了深刻变革。如在人学理论框架下，形成了思想政治教育人学理论体系，主要以万光侠的《思想政治教育的人学基础》[3]和一系列博士论文为代表。"人学理论对于思想政治教育来讲具有了特殊的意义，是思想政治教育的基础理论。"[4]

---

[1] 石书臣.现代思想政治教育主导性研究[M].上海：学林出版社，2004：16.

[2] 李乾夫.思想政治教育哲学基础的三个层级[J].红河学院学报，2014（12）：89-91.

[3] 万光侠.思想政治教育的人学基础[M].北京：人民出版社，2006.

[4] 颜军.马克思人学理论：思想政治教育的哲学基础[J].求实，2013（10）：80-83.

我们对思想政治教育核心内容和基本方法的认识也在拓展与深化。思想政治教育的核心内容是对人们进行社会主义、共产主义理想信念教育，在思想政治教育方法的拓展和深化上，加强了对人们自教自律方法和开展隐性教育、渗透教育、体验教育等方式的研究与实践。高校思想政治教育可以理解为大学生和教育工作者，通过多种方式开展思想、情感的交流互动，引导大学生吸纳、认同一定社会的思想观念、政治观点、道德规范，促进大学生认识、情感、信念、意志、行为协调发展和思想品德自主的社会实践活动。它体现了"交互主体性"的现代理念，如基于VR技术的思想政治教育的显著特点之一就是"交互性"，体现了"以生为本"的原则。

张耀灿讲到"思想教育论"时指出，其包含教育者施教过程及规律研究、受教育者自我教育（接受、学习）过程及规律研究。思想政治教育其他主干学科和分支学科都应从各自实际出发加强对思想品德形成发展规律与教育对象自教自律规律的深化拓展研究❶，而基于VR技术的思想政治教育模式就是探索自我教育的方式和模式，强调教育中受教育者的自教自律和思想品德的自主构建，即"教是为了不教"。"人们的社会存在，决定人们的思想。而代表先进阶级的正确思想，一旦被群众掌握，就会变成改造社会、改造世界的物质力量。"❷我们只有系统研究新媒体时代人们思想品德形成发展的规律，才能有的放矢地进行教育，否则思想政治教育规律的认识便是无源之水、无本之木，无法指导思想政治教育提高实效性。

三、综合运用多门学科的理论

高校思想政治教育理论作为一个综合性、多学科的理论体系，进行理论创新，除了坚持马克思主义理论的宏观指导外，还广纳博引政治学、教育学、伦理学、心理学、社会学、管理学等相关学科的理论知识。作为教育学科体系的一个组成部分，思想政治教育学遵循了教育学的基本原理和基本规律，这为探索大学生思想形成、发展、变化规律及其成长成才规律提供了重要的理论依据，有利于理论的创新发展。借鉴伦理学对道德起源、道德本质、道

---

❶ 张耀灿.对"思想政治教育原理"的重新审视[J].中国会议，2011（7）：27-33.

❷ 毛泽东著作选读：下册[M].北京：人民出版社，1986：839.

德形成、道德关系及其发展规律的科学研究,为思想政治教育过程提供改革思路。综合运用心理学的理论,通过改变教育环体,充分发挥教育的隐性作用,使思想政治教育产生"润物细无声"的效果。思想政治教育运用社会学相关原理,使现代思想政治教育学与社会需要紧密结合,引导人们形成符合社会发展要求的思想道德素质,调动人们参与社会建设的积极性、主动性、能动性,进而推动人和社会的全面发展。

我国高校思想政治教育的发展趋势和展望,应当如北京师范大学思想政治工作研究院冯刚教授在新中国成立70年来思想政治教育理论的创新与发展——"2019年全国思想政治教育学术研讨会"上所指出的,思想政治教育发展趋势和展望需要有世界眼光、中国情怀、时代特征,做有思想的行动者、关注实际问题的研究者。

第二节 思想政治教育学的相关方法

没有一种教育活动是不需要教育方法的。《孟子集注》中言:"事必有法,然后可成。师舍是则无以教,弟子舍是则无以学。"方法是人们达到预期目的的一种手段、工具、途径和范式,也是人们对客观规律的科学把握与自觉运用。思想政治教育方法是实现思想政治教育目的的重要手段,是教育者与受教育者互动连接和相互作用的扭结,对于完成思想政治教育目标和保证教育实效性具有重要意义。思想政治教育从根本上是做人的工作,涵盖人的心理、情感和行为,不仅要受教育者知道知识,还需要受教育者认同,主动将其内化并付诸行动,因此,思想政治教育更加需要注重教育的方法。

一、理论灌输法

思想政治教育通过理论的灌输,用马克思主义的最新理论来凝聚人心,在教育中寓情于理,启发受教育者积极思考,提高人们的思想觉悟和认识水平。教育者应充分认识和掌握受教育者思想接受活动的规律。按照理论灌输的对象和方法不同,理论灌输法又可以分为谈话法和讲授法。在高校思想政治教育的过程中，这两种方法都是经常使用的。教师要科学地探索学生的接受方式，针对不同对象，确定教授目标，选择教授方法，使教育富有针对性、高效率和吸引力。

（1）谈话法。谈话法是以师生交谈的方式进行知识教授和价值辅导的教育方法，传统的思想政治教育常用的是面对面的谈话方式，新媒体时代可以通过现代信息手段进行一对一的不见面谈话。谈话法是一种古老的教育方法，主要包括提问和对话。中国古代教育家孔子倡导"叩其两端"的方法，让学生注意事物的正反两面，从事物的矛盾中求得正确的答案。古希腊的苏格拉底则提倡助产式谈话法。

（2）讲授法。讲授法是以教师的语言作为主要媒介系统，连贯地向学生传授知识、表达情感和价值观念的教育方法。讲授法的使用历史悠久，几乎是各门学科教育教学中都要使用的教育方法。讲授法能够在同一时间内向更多的学生传授丰富和系统的信息，讲授的过程也有利于学生思维能力的提高和价值观念、理想信念的养成。讲授法广泛运用于思想政治教育中。在我国，学校日常的思想政治教育相关科目的教学往往采用讲授的方式进行。现在也经常采取报告、宣讲的形式请一些先进人物或者专家就某一思想政治教育内容进行讲演。新媒体时代，讲授法与信息网络技术结合，开始采用线上与线下相结合的方法，讲授法受到时空的限制越来越小。❶

二、情感教育法

思想政治教育学的原理中，在人的思想品德的形成与发展中充分强调了情感的作用，它是使受教育者产生移情和共情的教育方式之一，被思想政治教育应用得越来越广，包括情感陶冶法和情感激励法。

（1）情感陶冶法。情感陶冶法是指根据教育内容和目标，设置一定的情境让学生自然而然地得到道德情感与心灵的熏陶、教育的一种教育方法。如果说讲授法、谈话法等是一种显性的、明示的思想政治教育方法，陶冶法则是一种隐性的、暗示的思想政治教育方法。陶冶法通过环境影响人，关注环境和人的发展之间的相互作用与影响。陶冶法可以实现情感对认知的内化和

---

❶ 巴拉诺夫，等.教育学[M].李子，等译.北京：人民教育出版社，1983：198.

情感联系、内化认知基础上的自我完善和提升。古代教育家孔子、老子等都曾倡导和践行过的所谓"无言之教"就是陶冶法的应用。新媒体环境下，基于VR技术的思想政治教育也是通过运用VR技术的明显优势来创设沉浸的教育场景，让学生"身临其境"地受陶冶、受教育。

（2）情感激励法。情感激励法是通过师生双方良好的情感关系，激发学生学习知识的积极性，从而达到提高教育教学效率的一种教育方法，其也较多地作为管理方法使用。人是有意识的，具有较强的社会属性和自觉能动性。情感是沟通师生交往关系的基础，做好思想政治教育就是一个交流情感和转化思想的过程，必须以情感为切入点，使师生能够产生精神上的沟通和共鸣。教师传授的知识是否被学生接受和认可，学生是具有选择性的。传授的思想政治教育内容被认可和被践行，就更需要激发学生的积极性和主动性。情通则理达，教育者与受教育者双方的尊重和信任是教育的前提，教师要从情感上和行动上真正关怀学生，劝导和帮助学生，感动学生，学生的情感信任有利于接受思想政治教育。❶

三、实践锻炼法

实践是人的思想形成的源泉，在改造客观世界的过程中改变主观世界，是人的思想发展的动力和思想品德形成与发展的基础。实践锻炼对于实现学生的社会化和提高学生的思想觉悟与认识能力，有着极其重要的作用。教师传授的知识和信念，只有通过学生置身社会实践的体验才能转化为自身认识和情感，进而转化为品德信念和品德意志去指导行为，通过实践的进一步强化成为学生的品德行为习惯。同时，学生自己所认识的各种观点是否正确，有没有误读曲解，也只能靠实践来检验。因此，教师可以根据学生群体的不同年龄、特点和爱好，设计具有针对性的量身定制的实践活动，并做好教育效果的评估，再配合适当的教育和引导。另外，模拟教育法也算是实践锻炼法的具体形式之一。模拟教育法是指在高校思想政治教育情境中通过模拟教育的内容、环境，让学生去体验思想政治价值和道德实践的教育活动，可以通过"角色扮演"，加深学生

---

❶ 苏霍姆林斯基.让少年一代健康成长[M].黄之瑞，等译.北京：教育科学出版社，1984.

对角色的体验和理解，从而实现共情。近年来，出现得比较多的是模拟法庭、模拟市场等。

实践锻炼法和模拟教育法是以学生为主导的教育方法，在教育过程中要注意循序渐进和扎实稳定，防止出现形式主义，不能只是表面热闹，盲目躁进可能会起到教育的反效果。

四、榜样示范法

榜样示范法是指以榜样人物的高尚思想、模范行为、卓越成就等影响受教育者的思想、感情和行为的一种德育方法。❶榜样的力量是无穷的，被很多教育家重视。把相对抽象的道德准则和价值观念生动化、具体化，更具有感染力、吸引力，容易引起人们思想的共鸣，促使人们自觉地去引以为范，去效仿来规范自己的行为，提高自己的思想道德素质。在思想政治教育中，榜样示范法要求具有群众性，"接地气"推出的榜样既真实可亲又可以让学生通过学习而可以做到。因此，思想政治教育中榜样的人选要精心筛选，树立的榜样要有教育的针对性，使宣传、颂扬榜样的过程成为开展隐性思想政治教育的过程，发挥带动作用。高校思想政治教育过程中可以选树大学生、同龄人，发挥朋辈作用，使榜样的思想品德被学生们内化于心、外化于行。新媒体视阈下，利用新媒体即时传播效应，宣传方式更丰富、更生动，使学生自觉地被影响。

五、自我教育法

自我教育法就是教育者通过引导受教育者进行自我反省、自我解剖、自我监督、自我总结等，自己教育自己，自己做好自己的思想工作，进行自我修养提升，用积极因素克服消极因素。高校思想政治教育中，学生更加重视平等和选择权，要求双向互动，反感以教师为主体的单向教育。要实现思想政治教育工作的实效，必须通过主体的积极思考，特别是自我教育才能达到。自我教育通过学生自身的思想矛盾斗争，用正确思想战胜错误思想，去树立正确的世界观、人生观和价值观，有利于激发学生自我教育的自觉性和能力。

---

❶ 顾明远.教育大辞典[M].上海：上海教育出版社，1998.

由于是学生自己通过思考后，被内心深入认可的，因而认识一旦形成会更加稳定，有利于增强和巩固思想政治工作的效果，更好地实现思想政治教育的目标。

启发教育法，可以包含在自我教育方法中。启发的方法是现代教育教学中所倡导的，其实相关教育理念古则有之。《论语·述而》中记载："子曰'不愤不启，不悱不发。举一隅不以三隅反，则不复也'。"可解释为："不到他努力想弄明白而不得的程度不要去开导他；不到他心里明白却不能完善表达出来的程度不要去启发他。如果他不能举一反三，就不要再反复地给他举例了。"思想政治教育学意义上的启发法，实际是指教育者通过调动受教育者的积极思维而使其有所领悟思想品德的教育方法。而在现当代教育中启发法不仅仅和谈话法结合使用，很多通过启发学生进行自我探索、反思、自省或者自学等相关的教育方法，也被认为是启发教育法。它既包括启发已形成的固有良知，更包括改变固有认知，升华自己的认知。因此，思想政治教育只有在具备一定的主体接受条件的情况下才能进行。高校思想政治教育中虽然要发挥学生的主体性，也必须考虑学生的道德发展水平与个性实际。大学时期，这个年龄段的大学生思想还不成熟，价值观还在形成期，思维能力有待提高，因此也不能过度使用启发教育法，而忽略了教师对知识的教授。

六、因材施教法

因材施教法，也可以叫雕琢法，它形象地指出，思想政治教育中，教师对学生的教育和引导要"像雕塑家塑造作品必须依据作品胚胎的纹理和其他特征进行工作一样"[1]，注重教育的针对性，对教育对象要有所区分，了解学生的现状因材施教。另外，思想政治教育"就像雕塑家的工作必须一点一滴逐步进行一样"，要循序渐进、耐心细致地开展，"浇花浇根，育人育心"。

思想政治教育方法坚持在继承中发展，不断适应时代的发展，在新媒体的环境下也存在不同学科间的教育方法交叉使用的情况，但其遵循的前提仍然是"以生为本"。

---

[1] 檀传宝.学校道德教育原理[M].北京：教育科学出版社，2003.

第六章
基于VR技术的思想政治教育的路径

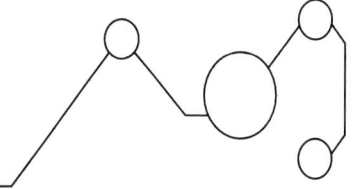

第一节 将VR技术运用于思政课教学中

一、将VR技术运用于思政课教学的现实需要

2019年8月,中共中央办公厅、国务院办公厅印发了《关于深化新时代学校思想政治理论课改革创新的若干意见》,并发出通知,要求各地区各部门结合实际认真贯彻落实。该意见提出,大力推进思政课教学方法改革,提升思政课教师信息化能力素养,推动人工智能等现代信息技术在思政课教学中应用,建设一批国家级虚拟仿真思政课体验教学中心。这也是国家多次出台政策要求建设好作为五大"金课"之一的虚拟仿真实验项目之后,再次强调将VR技术运用于思政课教学中。

早在2018年4月,教育部印发《教育信息化2.0行动计划》,指出为深入贯彻落实党的十九大精神,加快教育现代化和教育强国建设,推进新时代教育信息化发展,培育创新驱动发展新引擎,结合国家"互联网+"、大数据、新一代人工智能等重大战略的任务安排和《国家中长期教育改革和发展规划纲要(2010—2020年)》《国家教育事业发展"十三五"规划》《教育信息化十年发展规划(2011—2020年)》《教育信息化"十三五"规划》等文件要求,制订本计划。计划中明确指出,智慧教育创新发展行动,加快面向下一代网络的高校智能学习体系建设。适应5G网络技术发展，服务全时域、全空域、全受众的智能学习新要求，以增强知识传授、能力培养和素质提升的效率和效果为重点，以示范性虚拟仿真实验教学项目等建设为载体，加强大容量智能教学资源建设，加快建设在线智能教室、智能实验室、虚拟工厂（医院）等智能学习空间。

2018年6月21日，教育部部长陈宝生在新时代全国高等学校本科教育工作会议上提出，对大学生要合理"增负"，提升大学生的学业挑战度，合理增加课程难度、拓展课程深度、扩大课程的可选择性，真正把"水课"变成有深度、有难度、有挑战度的"金课"。2018年8月，教育部专门印发了《关于狠抓新时代全国高等学校本科教育工作会议精神落实的通知》，提出"各高校要全面梳理各门课程的教学内容，淘汰'水课'、打造'金课'，合理提升学业挑战度、增加课程难度、拓展课程深度，切实提高课程教学质量"。这是教育部文件中第一次正式使用"金课"这个概念。将虚拟仿真实验项目列为五大"金课"之一，体现了教育部对虚拟仿真实验教学的高度重视。

2019年4月19日，《教育部高等教育司2019年工作要点》发布，强调实施一流课程（金课）"双万计划"。推进"学习革命"，打造"学习中国"。大力发展"互联网+""智能+"教育，建设优质开放共享的一流课程，服务学习型政党、学习型社会、学习型国家建设。统筹规划国家级和省级一流课程培育与建设，打造高阶性、创新性、挑战度"金课"。认定一批国家虚拟仿真实验教学项目，打造虚拟仿真"金课"，作为推进"智能+"教育的创新一招。发布第二批国家虚拟仿真实验教学项目。

2019年4月，教育部在《中国高等教育的质量革命启动实施"六卓越一拔尖"计划2.0有关情况》中指出，实施"六卓越一拔尖"计划2.0是落实《加快推进教育现代化实施方案（2018—2022年）》，进一步提高高校人才培养质量和服务经济社会发展能力的一次战略行动，是新时代全面振兴本科教育、打造教育"质量中国"的战略一招、关键一招、创新一招，是中国高等教育一次"质量革命"，意义深远。2019—2021年，教育部将分三年全面实施"六卓越一拔尖"计划2.0。这个计划可以概括为一个总体部署、三项核心任务、一次质量革命，这三项核心任务包括面向所有高校、所有专业，全面实施一流课程建设"双万计划",也就是"金课"建设计划。建设10000门左右国家级一流课程和10000门左右省级一流课程,包括具有高阶性、创新性、挑战度的虚拟仿真和社会实践各类型课程,具体任务是建设1000项左右虚拟仿真"金课"(国家虚拟仿真实验教学项目)。

2019年10月,教育部发布《关于深化本科教育教学改革全面提高人才培养质量的意见》,指出为深入贯彻全国教育大会精神和《中国教育现代化2035》,全面落实新时代全国高等学校本科教育工作会议和直属高校工作咨询委员会第二十八次全体会议精神,坚持立德树人,围绕学生忙起来、教师强起来、管理严起来、效果实起来,深化本科教育教学改革,培养德智体美劳全面发展的社会主义建设者和接班人,提出实施国家级和省级一流课程建设"双万计划",着力打造一大批具有高阶性、创新性和挑战度的线下、线上、线上线下混合、虚拟仿真和社会实践"金课"。积极发展"互联网+教育"、探索智能教育新形态,推动课堂教学革命。严格课堂教学管理,严守教学纪律,确保课程教学质量。

综上所述,相关政策密集出台,可见国家对建立虚拟仿真"金课"是非常重视的。其原因何在?教育部高教司司长吴岩的一番话,可能从一定程度上作出了解释,他指出,"虚拟仿真实验实训的课有可能是一种新的教育生产力。虚拟仿真,我们看中的是'互联网+教育'之后的'智能+教育'。我很赞赏和支持杨宗凯教授在西安电子科技大学探索'智能+教育'。如果说'互联网+教育'的课深刻地影响了今天,那么'智能+教育'有可能开启教育的未来。我们一方面在做'互联网+教育',另一方面要紧紧跟踪、探索创新'智能+教育'。未来'互联网+教育''智能+教育',将有可能成为新的教育形态。对此,大家一定要保持足够的兴趣和敏锐,要敢于先吃螃蟹,中国的教育有可能为世界提供真正的中国方案"❶。

思想政治理论课是关系高校培养什么样的人、如何培养人以及为谁培养人这个根本问题的重要课程,是落实高校立德树人这个根本任务的关键课程。在新时代,思想政治理论课要能够坚持不懈地传播马克思主义的科学理论,用习近平新时代中国特色社会主义思想铸魂育人,培育和弘扬社会主义核心

---

❶ 吴岩:建设中国"金课"[EB/OL].(2018-12-06).https://www.sohu.com/a/280049005_273375.

价值观，实现维护国家意识形态安全、培养社会主义建设者和接班人的目标，引导大学生增强中国特色社会主义"四个自信"，就必须用好课堂教学这个主渠道，因事而化、因时而进、因势而新，做到政治性与学理性相统一、价值性与知识性相统一。❶

将VR技术应用于思政课教学，体现了"因事而化、因时而进、因势而新"。正是因为国家对建立虚拟仿真"金课"的重视和高校思想政治理论课的重要意义，国家在《关于深化新时代学校思想政治理论课改革创新的若干意见》中提出，大力推进思政课教学方法改革，建设一批国家级虚拟仿真思政课体验教学中心。

二、VR教学在思政课上应用的优越性

从教学信息化发展进程来看，技术将无处不在，也将更智能和更具社会性。信息技术、智能技术与实验教学的深度融合破解了高等学校教学中的一些难题，解决了原先"做不到""做不好""做不了""做不上"的问题，VR教学也应运而生。VR教学是新媒体教学在信息时代的新拓展，是高校思政课教学研究与实践的新领域。

VR教学是指使传统教学适应新技术的发展，培养现代型人才的一种新型教学模式，是人类进入虚拟空间进行教育与活动的一种教学方式。其既包括虚拟的教室、虚拟的实验室及虚拟的教师等，也包括运用VR技术构建的虚拟的学习环境，对教学进行客观的重现，让学生在超越现实的虚拟环境中自由移动、交互和操作，体验到无法用简单的图文或者视频构造的情境。在这种情境内，学生能够通过形、声、闻、味、触"五感满足"，注重学生的主体感受，增加自我体会，有利于培养学生的自主学习能力与自我思考的能力。对感性思考力、创造力、设计思维的关注和提高，符合新课改对教学模式的要求。

VR教学突破了传统教学在时间、空间上的限制，极大程度地延伸教学空间，同时在教学资源上也能够实现大量的扩充。VR教学，能够模拟知识的发

---

❶ 张雷声，顾钰民，佘双好，等. 新时代思想政治理论课的改革创新[J]. 理论与改革，2020（1）：1-21.

生情境，根据教学内容定制模拟的场景，给学生提供仿真的再现或构想的情境，学生通过这些场景"看到"教学内容，使教育内容由抽象变得形象和生动，充分调动学习者的多种感官刺激，将知识点以画面的形式刻画在脑海中，激起了学生的学习兴趣，激发了学生参与课堂、积极思考的热情，促进学习的有效发生。另外，VR教学通过构建沉浸式虚拟环境，为学生提供身临其境的感觉和自然的交互方式，提高感性和理性认识。学生通过体会、交互、反观自我，领会并吸收思政课的要义。与传统的思政课教学不同，VR教学改变了"教师说、学生听"的单一直线型教学模式，可以真正让师生全员参与教学互动，其具有的增强性、再现性和证据性特征，还弥补了教师的讲授知识与现实很难呈现证明的问题，增加了教学内容的说服性和教师的权威性。VR教学不仅能够为课堂带来相关服务与相关技术支持，也能促进教学模式的进一步发展。

与此同时，随着学生的学习方式逐渐向信息化、数字化、智能化发展，传统的思政课教学模式的一些弊端也不断暴露出来，出现了一些低阶性、陈旧性的课，教师不用心上的"水课"。一方面，某些教师安于传统、固守旧有样式，无法适应新时代的新要求、新情况，教学过程往往比较呆板，在课堂上学生的参与感较弱，与教师的互动较少，枯燥的理论、灌输式的教学，使学生对思政课知识的学习往往依靠死记硬背和课下复习，只满足于对知识的了解，而并不是"心领神会"，学生的"到课率""抬头率""点头率"都低，教学必然会疲软乏力，甚至劳而无功、做而无效。另一方面，信息技术与课堂教学融合不够紧密、学生信息化学习方式有待改善等。❶同时，在传统的常态化教学中，信息技术在教学中的应用停留在"呈现事实""创设情境"与"提供示范"等层面，缺乏较高层次的"原理解释""亲身体验""情境互动"与"设疑思辨"的应用❷，一定程度上导致了学生对教学内容缺乏兴趣或者学习多停留在浅层阶段。因此，整顿高等学校的教学秩序，"淘汰水课、打造金课"正式写入教育部的文件。

---

❶ 杨雪萍.基于unity 3D的虚拟现实技术在中学物理教学中的应用研究[D].上海：上海师范大学，2015.

❷ 沙景荣，姚勇伟，王艳艳.信息技术支持中小学课堂教学的作用到底是什么[J].中国电化教育，2009（9）：89-93.

习近平总书记在学校思想政治理论课教师座谈会上，提出了"推动思政课建设内涵式发展"的明确要求，必须积极顺应教育发展的规律，回应时代发展的阶段性诉求，直面思政课中的现实问题，走以立德树人为目标、质量提升为核心和内部优化为动力的思政课内涵式发展道路。

信息网络技术突破了时间和空间的限制，新思维、新技术越来越多地渗透到教学领域，推动着思政课新时代教学的不断变革。积极同信息技术相融合，改革思政课的授课模式，是思政课教学适应信息技术时代的必然需要，是提高实效、实现新发展的内在要求，也是提高思政课"到课率""抬头率""点头率"，实现教学的入脑入心的有效途径，还是"打好提高思想政治理论课质量和水平攻坚战"的关键所在。基于VR技术的思政课教学模式是突破传统课堂的新型教学模式，构建新型课程与教学形态，是学校顺应新时代潮流的必然选择，我们要应用VR技术的特点，着力提升思政课的思想性、理论性和亲和力、针对性，将其作为提高思政课教学实效的内在驱动。

首先，VR技术有效促进学习三大核心要素有机结合：VR教学法、资源与VR设备、学习者体验，共同致力于打造灵活有效的VR集成学习环境，可以激发学生的学习动机、增强学习体验、创设心理沉浸感、实现探询式学习和知识迁移等。其次，VR技术的教学思维集中了新媒体的多种特征，VR教学模式不同于以往新媒体教学模式，最为明显的特征是其具有无可比拟的技术性，其更强大的情境性、沉浸性、多感知性、参与性、交互性、构想性等，支持师生在特定的教学模式中创建和使用对象，能够给予师生在现实世界中无法获得的教与学的体验。最后，VR技术成为一种有效的传达方式，使学生在基于VR技术学习的同时进行无限的思考和领悟，完全符合信息化教学的发展理念。

三、基于VR技术的高校思政课教学的组织建构及原理

我们如何应用VR技术开展思政课的教学呢？2019年3月18日，在学校思想政治理论课教师座谈会上，习近平总书记对思想政治理论课的改革创新提出了具体的要求，他强调："推动思想政治理论课改革创新，要不断增强思政课的思想性、理论性和亲和力、针对性。"同时，他提出了思想政治

理论课改革创新的八个方面的"统一",即坚持政治性和学理性相统一、坚持价值性和知识性相统一、坚持建设性和批判性相统一、坚持理论性和实践性相统一、坚持统一性和多样性相统一、坚持主导性和主体性相统一、坚持灌输性和启发性相统一,以及坚持显性教育和隐性教育相统一。❶这就为高校思政课的改革很好地指明了方向和路径。

(一)基于VR技术的高校思政课教学的组织建构

我国高校教学模式的发展经历了单一媒体—复合式媒体—交互式的复合媒体—高沉浸式VR媒体这样一个过程,其相对应的教学模式的组织架构也要进行相应的改变,才能协调发展。

基于VR技术的高校思政课教学,结合思政课教学的特点,应用VR技术这项具有极强竞争力的技术,将认识世界、感知世界、构建知识紧密融合,是一种无技术痕迹的情境教学方式。它研究一种基于VR教学的实施策略,建立一种立体化教学理念,提倡在教学的过程中,注重结合体验与交互,营造良好的学习氛围,建立有效互动的师生关系,避免学生对教师的过度依赖,尊重学生个性、促进学生自主学习,激发学生积极性的同时提高学生的综合素质和创新能力,为高校思政课教学提供一条良好的路径,有利于高校思政课教学的改革和实现内涵式发展。应运用VR技术,结合情境认知理论"大多数知识都是人的活动与情境互动的产物"❷,构建基于VR技术的高校立体化思政课教学模式。该模式设计为两个模块,四个学习循环,实现线上与线下互联。两个模块包括"教师设定教育内容"模块与"学生感知内化教育内容"模块,两个模块是双向互动的,分别为"体验""反思""形成感知"和"验证认知",形成"体验—反思—形成感知—验证认知"相互循环系统,由表及里、由内到外地交互体验,让学习者在受教育的过程中有所感悟和反思,更加全面、深刻地认识和理解教学内容,实现教育内容和情节的移情、共情。该教育模式加强了课程体系的整体设计,提高思政课教学的规划性、系统性,避免随意化、碎片化。

---

❶ 习近平主持召开学校思想政治理论课教师座谈会强调:用新时代中国特色社会主义思想铸魂育人 贯彻党的教育方针落实立德树人根本任务[N]. 人民日报,2019-03-19.

❷ 高文. 情境学习与情境认知[J]. 教育发展研究,2001 (8):30-35.

在该教学模式里专门构建了"学生感知内化教育内容"模块,与"教师设定教育内容"模块平等地双向互动,观察学习中的具身参与,不仅体现了受教育"到场",更实现了受教育的"上场",是兼容了内容之知、方法之知与体验之知的综合性学习。主要策略是"教师设定教育内容"模块通过VR技术创设虚拟情境,比如以优秀传统文化、历史事件、革命历史故事及历史人文典故为素材开发和创作情境。运用"调动视觉直观功能""形成趣味性强的教育氛围""激发学生'自主学习'动机""体验丰富情境满足学习"几个环节,实现"境中思""境中学""境中做""境中冶",进而增强思政课教学的时代感和吸引力。通过学习者的学习体验、临场感及心流体验的认知过程影响个体产生移情,达到教育共情。"学生感知内化教育内容"模块则通过与"现实教育环境"相结合,让学生开展讨论和交流,形成"感知",加深"理解"并"巩固",从而提高思政课的教学效果。该教学模式的组织架构将深层次改变传统的思想政治教育思维和单向的思想政治教育模式,营建新的教学生态,在激发学生创造性的深度学习方面发挥重要作用。革新教学形式,重构教学理念与教育思维,这种教学方式无疑生动直观、令人印象深刻,使学习具有个性化、智能化、沉浸式等多维度必将成为主要发展潮流。

教学过程中将合理有序地安排理论教学、实验教学、实践教学及自主学习的时间。思政课教学的总体内容和每一项内容的实施,都要有明确的目的性,明确各个层级的教学目标。要求教师在"教师设定教育内容"模块一定要正确把握教学内容系统的目标,使之与思政课的总体目标一致。同时,又要善于把内容系统的目的分解到各个环节上,使每个环节的目标都能与具体的"境中思""境中学""境中做""境中冶"联系起来,与内容系统的目标构成一个协调一致的目标体系,从而使学生逐步实现各个层次的目标,最终实现思政课教学大系统的总目标。在平日的教学过程中,根据不同章节教学内容的特点,运用丰富的案例素材,把有意义的事情设计成生动鲜活的教学情境,有针对性地制定教学目标,满足学生的学习需求。

通过立体完善的教学系统架构,教师的全情投入,以情动人,深入浅出,彰显理论的魅力,让思政课有温度、有色彩。主动式学习、场景化体验、多维情境教育,将开启一个崭新的教学时代。其教育思维体现在它打破了传统的教学模式，通过在教育设计、教育创作和教育实施全过程中使用VR技术，完成教育手段、教育方法、教育形态及教育空间的形态转换，形象生动地展示了事物的性质、规律及事物之间的内在联系，帮助学生对思政课教学内容达到更加深刻和准确的理解，为提高教学效果、优化教学手段提供更加科学化、系统化的理论参考。它的出现将颠覆传统的教学思维和单向的教学模式，为教育界带来一系列重大变革，并营建新的教育生态环境，从而探索出新的高校思政课教学体系，以更好地适应当今中国教育教学现状。基于VR技术的高校思政课教学的组织建构见图6-1。

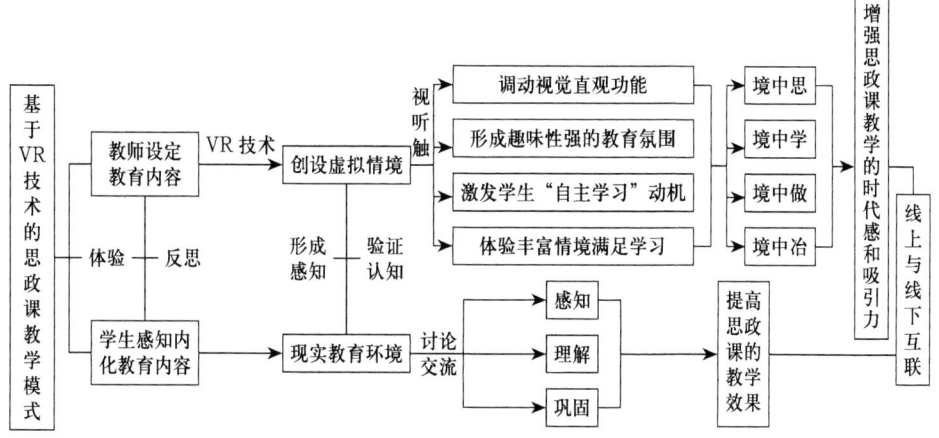

图6-1　基于VR技术的高校思政课教学的组织建构

可见，基于VR技术的高校思政课教学可以作为"智能+教育"的先锋实践，可以通过触手可及的信息技术解决高校思政课教学中的一些短板问题，促进教学过程中虚与实的结合，连接师生的智能终端，将教学的每个环节都赋予全新的体验，实现师生多元实时互动，促进知行意的统一等，为传统教学中存在的教学方式单一、教学内容枯燥等问题提供了一种有效的解决方法。但是，正如列宁这样说过，"实践高于（理论的）认识，因为它不但有普遍性的品格，而且还有直接现实性的品格"❶，"认识有待于深化，认识的感性阶

---

❶ 参见列宁《黑格尔〈逻辑学〉一书摘要》。新的译文是："实践高于（理论的）认识，因为它不仅具有普遍性的品格，而且还具有直接现实性的品格。"（列宁全集：第55卷[M]. 北京：人民出版社，1990：183）

段有待于发展到理性阶段——这就是认识论的辩证法"❶，我们对VR技术应用于思政课教学还有待认识的深化。因此，基于VR技术的思政课教学需要评价和不断完善，着重考虑模式应用的适切性及实效性等问题，树立科学的评价导向，摒弃重技术方法运用与平台开发的量化评价方式，更加重视技术与教学内容融合的实际成效，重视对学生发展的实际作用。

基于VR技术的思政课教学模式研究，应当有更强的创新性和可实践性，需要增加对比实验，可以采取实验法，搭建学习效果评价体系，初步让VR技术进入高校思政课课堂，进行试点实验。通过数据对应用VR技术的思政课教学效果进行论证评估。比如，在基于VR技术的思政课教学评价中，学生被分为两组：一组除了传统的思政课教学模式外，还使用基于VR技术的思政课教学模式；另一组仅使用传统的思政课教学模式。

值得一提的是，新模式下为了掌握学生的学习情况，教师不仅需要对学生的学习行为进行监督，还需要对虚拟教学系统开发人员的开发行为进行监督，改善学生与场域基础平台的适配性，帮助学生更快地适应基于VR技术的思政课深度学习场域，找到合适的学习方式方法。教师被赋予了新职责，可能具化为教学情境里的以虚拟人物、角色为外衣的虚拟化身，通过多人联机的方式，将教师、学习者、学习同伴等纳入教学场景中。

（二）基于VR技术的高校思政课教学的组织建构的原理

原理1：高校思政课不仅是对学生进行知识的传授，而且更重要的是对学生进行价值观和理想信念的培育。思政课教学中必须认清和处理好知识性与价值性的关系。首先，思政课教学不仅需要知识传授，更承载着价值引导和信仰确立的特殊功能。如果说知识学习是过程或手段，那么用真理的强大力量引导，进行正确价值观的培育则是思政课的最终目的和归宿。其次，思政课价值观的引导，要寓于知识传授和学理分析之中，要循循善诱、深入浅出，以理服人、以情动人，真正地实现共鸣，要符合人的思想品德形成的规律，即认识、情感、信念、意志、行为相互转化的规律。价值和信念的引导不应硬性灌输、强制接受，这就要求我们能够真正从学生的思想困惑出发，找准

---

❶ 参见列宁《黑格尔〈逻辑学〉一书摘要》："要理解，就必须从经验开始理解、研究，从经验上升到一般。"（列宁全集：第55卷[M]. 北京：人民出版社，1990：175）

教育教学的切入点,来回应学生的现实关切。同时,在教学过程中可以通过有启发性的问题,引导学生通过自己的思考和逻辑推演得出结论,或者通过提问使学生通过逻辑推理发现自己认识上的不合理或者不全面的地方,从而修正自己的看法,这样掌握的知识既是深刻的也是容易被学生自己所信守的,这样更有利于学生认同和弘扬社会主旋律,积极传递正能量。

原理2:基于VR技术的高校思政课教学的组织建构中充分运用了情境认知理论。情境认知理论认为知识具有情境性、生成性、分布性和默会性,学习应当根植于情境之中,通过社会协商达到一种文化适应和知识创新,是一种合法的边缘性参与。❶教学情境的设计要体现出认知活动的真实性,具备真实性认知活动的学习情境将对知识的建构起到帮助作用。情境的真实性有利于激发学生的学习实效。传统的高校思政课教学,尽管也加入了视听等新媒体技术,但还是很难达到情境认知理论里对真实性的教学效果。针对传统高校思政课教学的局限性,结合情境认知理论,基于VR技术的思政课教学组织建构里充分应用VR技术的沉浸性特点,创设"身临其境"的逼真情境,较好地把抽象概念转化为具象感受,让学生在虚拟现实场景中去体验,从而有所感、有所思、有所悟、有所获,进而引起广大学生的共鸣,延伸课堂教学效果,让思政教学真正"内化于心",激励广大学生在激情燃烧的青春岁月,用行动诠释和践行社会主义核心价值观,凝聚一股强大的正能量,融入实现中华民族伟大复兴的历史洪流中。

原理3:学生的学习投入直接影响到学生的学习效果。弗雷德里克斯(Fredricks)等认为,学习投入包括行为(Behavioral)、情绪(Emotional)和认知(Cognitive)三个独立维度。内在情感投入对学习成绩产生直接的正向预测作用,外在情感投入通过内在情感投入的中介作用对学习成绩产生间接的预测作用。❷而且深度学习和浅层学习的根本区别在于学习者获取与加工信息的方式。与浅层学习不同的是,深度学习强调了学习行为的高投入性与复杂性,追求学习的高目标层次——创新、评价与分析。克里斯·德迪(Chris Dede)

---

❶ 贾义敏,詹春青.情境学习:一种新的学习范式[J].开放教育研究,2011(10):29-37.

❷ 郭继东.英语学习情感投入的构成及其对学习成绩的作用机制[J].现代外语(双月刊),2018(1):55-65.

阐述了数字技术在深度学习中的角色，以自设计的 Eco MUVE 系统为基础，对其在科学课上的效果进行评估，同时结合访谈法对教师的态度与看法进行调查，结果表明，更积极及更多时间的监督能够优化游戏学习效果。学生的学习投入程度是评价教学过程活泼度、生动度的重要指标，沉浸式 VR 技术正是营造了一个虚拟空间，学生在该空间中探索，产生"学习行为"。在设计的深度学习场域模型中，将教师监督纳入模型中，这也是教学中教师主导力、感染力和引领力的重要来源。因此，在组织建构中，我们专门提到了教师不仅需要对学生的学习行为进行监督，需要对虚拟教学系统开发人员的开发行为进行监督，而且还有新职责。

原理4：情感陶冶法是指根据教育内容和目标，设置一定的情境让学生自然而然地得到道德情感与心灵的熏陶，它是一种比较隐性的、暗示的教育方法，强调环境与人的发展的相互作用，在与认知活动联系的情感化育过程基础上提升陶冶人的思想品德。比如，基于 VR 技术的思政课教学中呈现爱国主义相关内容的虚拟情境，向学生介绍当时的历史史实，激发学生的民族情感，引出爱国主义教学的内容，实现了学生思想情感状态与教学内容的有机统一。

原理5：教学环体的作用。教学环体是指对人的思想品德形成与发展过程和思政课教学过程产生影响的一切自然条件和社会条件的总和，学生的思想品德形成与发展是在教学环境的影响和制约下进行的。教育环体使教师与学生的相互影响存在于思政课教学全过程，无时不有、无处不在地影响着思想政治教育过程及其诸要素。经过优化的环境，本身就是思政课教学的重要育人因素，它对人们的熏陶感染，更是"润物细无声"地起着"春风化雨、点滴入土"的作用。

原理6：哈尔滨工程大学马克思主义学院刘英杰教授认为，推动意识形态工作建设，归根结底是要做人的工作。她试图从接受者的角度，即认知、情感、意志、行为四个层面来分析新时代如何使社会主义意识形态深入人心。她指出，知行合一是意识形态认同的最佳效果，行为不仅是衡量意识形态是否深入人心的重要尺度，更是推动意识形态深入人心的重要方式。基于 VR 技术的高校思政课教学让学生不仅在虚拟情境中体验，而且可以在情境中交互，在极富亲和力的教育场景中释疑解惑。思政课的生命力在于其有效性，不仅"内化于心"而且"外化于行"，不仅知道而且践行是其实效性的最好体现。高校思政课的技术探索，最终的落脚点是希望知识和信仰可以真正走进学生的心中，对学生产生触动。

四、VR技术在高校思政课中的作用

随着VR技术日趋成熟，如我们前面章节已经介绍过的应用案例，VR技术已被运用于高校思政课教学中，并取得良好的教学效果。这是高校思政课教学手段、教学模式的一场变革和创新，使教学内容极大丰富，教学效果显著提高和改善，得到了广大师生的普遍认可。

（一）有利于更好地表现教学内容

基于VR技术的思政课教学实现了对思政课传统教学的延伸和拓展，VR技术最核心的特征就是虚拟情境的创设，可以把书本上描绘的事件、人物、故事和当时的环境进行构建，形象地展示给大家。通过教学形式、载体的创新，教师把需要重点讲授的内容和场景融入课件中，学生只要戴上专业的设备就能够产生"身临其境"的感觉。通过进入虚拟的教学情境中，将课本的抽象内容和理论知识比较直观生动地展示给学生，使学生对知识点的理解更直观，既有沉浸式的情感体验，又能系统地学习理论。

（二）有利于激发学生学习兴趣

一些传统的思政课堂，对于作为"互联网时代原住民"的大学生来说第一感受可能是说教、呆板、枯燥，教师总是讲理论、说道理、提要求，产生了"教师卖力教、学生应付学"的尴尬局面。对于他们来说，"有意思的内容"，是他们上课时最关注的点。因此，很多高校也充分把握他们的特点和学习心理，一改思政课原本的刻板印象，将VR技术应用于思政课教学，探索新颖多样的授课形式、丰富多彩的授课内容，打造学生真心喜欢、愿意参与的思政课堂。思政课，创新才能入心，思政课的探索是为了"走进学生的心"。基于VR技术的思政课教学模式，学生成了课堂的主角，让他们沉浸在设置好的教学虚拟场景中，他们去体验一个个过程，去克服一重重困难，去完成一个个任务。这整个教学过程符合学生对新事物的猎奇心态，符合学生对实践的需求,极大地激发了学生对思政课的学习兴趣和热情,让学生可以从理性和感性两方面学习,实现"春风化雨、润物无声"的效果。

(三) 有利于更好地开展互动教学

随着VR技术的成熟,更多高校认识到VR技术在思政课教学领域的应用价值,借助VR技术,理论教学可以有效使用启发式、研讨式、分析式等教学方式,突破了时空的限制,师生甚至可以扮演虚拟主人公的角色进行语言和行为的交流互动,改变了以往师生之间大多靠问答互动的单一局面,使课堂内涵更丰富、氛围更活跃,学生更愿意上、喜欢上思政课,大大提高了学生的主动学习及参与积极性,培养思考能力和锻炼思维。开展互动教学,让更多的学生参与到思政课教学过程中,让思政课充满时代感和吸引力,提高了思政教学的效率,将思政理论与实践相结合的教学工作落到实处。

(四) 有利于增强思政课的亲和力和针对性

VR技术可以重现逼真的历史场景,切实增强思政课的亲和力和针对性,让"事实胜于雄辩"。如天津大学马克思主义学院在马克思主义基本原理概论课程中增加了"感悟和把握《共产党宣言》的真理力量虚拟仿真实验"。在仿真实验中,学生仿佛置身于马克思、恩格斯所在的历史时代,实境感受19世纪上半叶欧洲资本主义的发展状况,清晰了解马克思、恩格斯创作《共产党宣言》的原因和过程及《共产党宣言》对中国的影响。随着网络化的普及,大学生的兴趣和口味逐渐变得多元化,思政课教学不能局限于满堂灌、照书念,而应多考虑大学生的兴趣爱好和接受心理,以大学生喜闻乐见的形式让他们接受知识、学到真理、养成信念。基于VR技术的思政课教学增强了吸引力、感染力,才能让大学生对所学内容入身、入脑、入心。

(五) 有利于让思政课教学"活"起来

将VR技术应用于高校思政课教学的重要意义,一些专家和学者也给出了积极的评价。例如,曾任北京市哲学社会科学规划办公室主任的崔新建认为,思政课的内容与理想、信念、信仰关系密切,新技术的教学辅助可以带给学生一种"身临其境"的感觉。这种体验式的思政课为学生带来了新鲜感,更容易走进人心。李林英也表示,虚拟现实技术的出现,使教学手段更科学化、多样化、高效益,能提供直观、形象的视听觉材料。这能让学生感知到在现实中不能触碰的事物，实现"线上与线下互联"。虚拟仿真技术可以用情境化的方式，丰富学生感受，带入情绪，让学生的理解更深刻、更丰富。对于新媒体技术在思政课程中的应用与发展，北京理工大学党委书记赵长禄表示，新媒体技术可以使思政工作"活"起来，将思想政治工作的传统优势同信息技术融合，可以增强时代感和吸引力。VR与思政课结合，也让理想信念教育不再"虚拟"。

五、基于VR技术的高校思政课教学模式与传统教学模式相结合的必要性

基于VR技术的高校立体化思政课教学模式有其明显的优势，其所营造的沉浸式学习方法在教学中的应用，极大地提高了教学质量，革新了传统的教学方式，给我们的教学方式带来了新的思路，为思政课教学探索出一条创新之路。但是我们也应当厘清其局限性，客观地审视将VR技术应用于思政课教学的不足之处，有利于获得更全面的认识，更加灵活有效地运用。基于VR技术的高校思政课教学模式是新兴事物，早期阶段融合的要求和水平都相对较低，自身还存在着问题，需要随着人们认识水平的提高与深化，使VR技术与思政课教学进一步融合。

基于VR技术的高校思政课教学应该采取"渐进式"。同时，由于传统的教学模式存在不可完全替代性，因此，高校思想政治教学中基于VR技术的高校思政课教学模式与传统教学模式要有机结合。

VR技术在思政课教学应用中最大的挑战是，虚拟世界中教师仍然按照传统方法进行教学，从而导致虚拟现实技术的巨大潜力无法发挥。基于VR技术的思政课教学环境所突出的"以学生为中心"的教学理念同传统教学课堂所倚重的"以教师为中心"的教学方式之间如何衔接，还有待进一步的实践和研究。另外，教师与学生是基于VR技术思政课教学系统的使用者，技术人员是基于VR技术思政课教学系统的制作者，两者之间存在供需关系。师生与技术人员之间存在一定的知识障壁，如何将师生的教学需求转化为软件开发需求是基于VR技术教学学习场域的第一道门槛，这里的需求转化工具可以是人员或者是一套标准。学生、教师、技术人员及需求转化工具是基于VR技术思政课教学模式的灵魂，四者之间应该协调互助。因此，未来几年需要教师以

开放的心态迎接新技术给教学形式带来的变化。首先，要完成身份的转化，由知识的传递者、活动的组织者，转变为活动的监督者、参与者和体验者，或者充当讲解员和导览员的角色。其次，要完善教学模式、创新教学策略、改变教学内容呈现方式、优化教学活动、改革教学评价方式。同时，学生需要化被动为主动，提高媒体素养，适应情境学习、体验学习、探究学习和小组合作学习。VR技术带来的教学新模式目前还只是一个雏形，想象和完善的空间仍然很多。总体上讲，VR技术尤其是沉浸式VR在教学中的应用还不成熟，硬件设备、软件资源、应用环境、教学方法和教学评价等领域都有待进一步研究和探索。

VR技术作为一项具有极强竞争力的技术，对思政课教学模式和方法的改革提供了一个良好的思路，开创了创新型的教学新模式。应通过研究基于VR技术的思政课教学模式，创新系统、完善体系，优化建构，提高教学质量。现在已有很多高校创设或者引进一批包括VR互动教室、VR课程建设、虚拟仿真实验室等多个方面系统组成的VR教学系统，如前面章节介绍过的北京理工大学研制了基于VR技术的软件"重走长征路"，而且北京理工大学已经建成"重走长征路""青年马克思演说""人类命运共同体"三个虚拟仿真思政课，建成了两个思政智慧教室，为师生提供沉浸式、互动式教学应用。相信不久的将来，逐渐庞大的VR教学资源将会嵌入现代化的思政课教学中。

我们把日益成熟的VR技术引入高校思政课教学领域是一场有益的改革，它将VR技术的信息化、智能化、可实验性与思政课深度融合，是充分调动教师和学生积极性的全新尝试，将对教学管理的创新产生重要影响。通过立体化教学，按照"虚实结合、以虚补实"原则，实现线上和线下分工合作与互补，通过双重互动，实现对学习者学习全过程的最优化支持，优化教学内容和教学方法，生动再现思政课的教学内容，努力做到把思政课从"有意义"讲得"有意思"、从"有深度"讲得"有温度"，提高教学效果。这将有利于探索对教学模式进行标准化的管理，创造出更优的教学质量；既值得深入思考其中的理论基本脉络，也需要广泛探究其中的实践价值。而这也将进一步丰富和优化信息技术与教学深度融合的体系与路径，为当前的高校教育改革提供创新思路。

第二节 将VR技术运用于美育+思想政治教育中

一、美育的定义及其特点

(一) 美育的定义

美育又称美感教育,即通过培养人们认识美、体验美、感受美、欣赏美和创造美的能力,从而使我们具有美的理想、美的情操、美的品格和美的素养。狭义的美育(形式美育),认为美育是以培养对象的审美素养(如审美观、欣赏美和创造美的能力等)为目标的教育活动,如"美感教育""审美教育""审美观和美学素养教育"等。广义的美育(实质美育),其追求美育的精神实质,人生的美学趣味和教育的审美境界,强调美育对人生境界的促进功能已是现代美育的核心。有人认为:"真正的美育是将美学原则渗透于各科教学后形成的教育。"❶美育定义由狭义到广义的过程中由形式美育走向了实质美育,即从以培养对象的审美素养(如审美观、欣赏美和创造美的能力等)为目标的教育活动到以上述目标为手段,追求人生的美学趣味和教育的审美境界,强调美育对诗意人生的促进功能已成为现代美育的核心。在我国,高校的美育是指培养学生认识、爱好美和创造美的能力的教育,也称美感教育或审美教育,是全面发展教育不可缺少的组成部分,它可以提高学生思想,发展学生道德情操,是为建设社会主义精神文明和培养学生心灵美、行为美服务的。❷美育包括艺术美、自然美、社会美、科学美等范畴,具体是指:艺术美涵盖音乐和舞蹈、绘画、影剧欣赏、文学、体育;自然美涵盖以大自然为审美对象所感受和体验到的美;社会美涵盖以社会生活中美好的人与事为对象而感受和体验到的美;科学美涵盖以科学的内容和形式为对象所感受到的美。

"美育"概念,是在18世纪50年代鲍姆嘉通建立"美学"学科体系之后,

---

❶ 彭一邺.科技美学融入高校美术教育的审美取向及其美育价值研究[J].美与时代(下),2013(12):131-132.

❷ 周德昌,江月孙.简明教育辞典[M].广州:广东高等教育出版社,1992.

由席勒提出来的。但是早在中国古代就有美育实践和美育意识,如周公"制礼作乐",礼是伦理关系的规范、仪式,乐是包括诗、歌、舞在内的综合体艺术,礼乐结合,既是治理国家的法律、制度,又是进行教育的方式。到春秋末期的孔子,以"六艺"——礼、乐、书、数、射、御教授弟子。孔子结合音乐、诗歌、舞蹈等艺术部类发挥了他的美育思想,奠定了中国古代美育的思想基础,并在一两千年的封建社会中形成了中国的美育传统。中国近代著名教育家蔡元培先生在中国首倡"美育",在其《对于新教育之意见》中,美育首次被定为基本教育方针。蔡元培在《教育大辞书》的美育条目中明确指出,"美育者,应用美学之理论于教育,以陶养感情为目的者也",概括了美育与美学和教育的关系。他认为:"美感者,合美丽与尊严而言之,介乎现象世界与实体世界之间,而为津梁。"❶通过美育,可以提升人们的趣味和情操,树立美好的人生观和世界观。因此,美育虽然表现为一种感性活动过程,但在感性形式中溶解着理性的社会内容,在主体的感性直观中历史地积淀着人类的理性能力,它以一种独特的方式进行德智体美劳的全面教育。

(二)美育的特点

美育是一种情感教育,它的任务是要塑造与形成人们优美、高尚、丰富的感情、趣味、心灵和精神境界,具有以下特点。

(1)形象性。美育的显著特点是形象性。美育是从欣赏美的形象开始,以具体生动的感性形象为教育载体,从始至终围绕美的形象,让受教育者通过美的形象来领悟美的内蕴。无论是艺术美、自然美、社会美,还是科学美,都离不开形象。借助这些鲜明、具体、深刻、生动的形象来感染受教育者,使他们的心灵受到震撼,激起情感的共鸣,唤起人们心底的美感,进而开展审美教育。

(2)情感性。美育是以情感教育为特征的一门学科,即以美感人、以情动人的教育。美育教育的目的是培养人们对真、善、美的热爱和对假、恶、丑的憎恨,在道德上有鲜明正确的是非观,培养他们对真、善、美的热爱,进而更深层次感受人生的美,激励他们去追求自身的高尚,提升自己的人生境界。

---

❶ 连超. 蔡元培的书法美育观及其社会价值[J]. 美术教育研究, 2016 (3): 46-47.

（3）娱乐性。娱乐性是美育的鲜明特点。美育通过艺术欣赏等活动，让受教育者通过对美的感受、理解和鉴赏而获得快乐教育，在享受快乐的同时轻松地受到启迪和熏陶。不仅可以使人们满足精神上的审美需要，而且可以从中受到教育和启迪，这是和其他教育大多采用灌输的方式来进行明显不同的。

（4）普遍性。美的普遍性，决定了美育的普遍性。美是无时不在、无处不在的，因此，美育也就无时不可进行，无处不可进行。它不只是在学校的课堂或校园中进行，而是越来越多地涉及人们生活的方方面面，包括艺术美、自然美、社会美及科学美，人们的生活都离不开审美和美育。新媒体视阈下，人们随时可以受到美的熏陶和教育，学生的思想品德养成和思想境界的提升都离不开对美丑的认知，美育正在成为一种生活教育或人生教育。

（5）持久性。美育不是一朝一夕能够完成的事情，是一个潜移默化的过程，这就需要我们持久地培养。美育是靠形象与情感教育来进行的，逐渐受到熏陶和感染。因此，它在教育效果上往往具有深刻性、持久性，形成后相对稳定。

二、高校开展美育的功能及基本任务

（一）高校开展美育的功能

"兴于诗，立于礼，成于乐"，中华民族自古以来重视美育对人和社会发展的重要意义。习近平总书记在全国宣传思想工作会议上的讲话给学术界、艺术界明确提出了一个重大任务："要把优秀传统文化的精神标识提炼出来、展示出来，把优秀传统文化中具有当代价值、世界意义的文化精髓提炼出来、展示出来。"在文艺工作座谈会上的讲话中，习近平总书记又特别谈到欧洲文艺复兴运动产生了一批"巨人"，引用恩格斯的话说，文艺复兴"是一个需要巨人而且产生了巨人——在思维能力、热情和性格方面，在多才多艺和学识渊博方面的巨人的时代"[1]。可见，进入新时代，培养更多的杰出人才，培养德智体美劳全面发展的社会主义建设者和接班人，高校需要进一步加强美育。

---

[1] 习近平. 在文艺工作座谈会上的讲话[M]. 北京：人民出版社，2015：5.

高校为国家培养杰出人才，不仅需要知识灌输、专业技能训练，更需要心灵教化和人格培养，把他们培养成为有正确的世界观、人生观和价值观，有高远的精神追求，有高尚的人格修养，有广阔平和的胸襟，有丰富的学养的人才。从专业知识和技能来说，美育、艺术教育、人文教育好像没有直接发挥作用，但杰出人才不能只局限于专业知识和技能，还包括培养创造力、想象力，培养热情和性格方面及多才多艺和学识渊博，培养学生富有同情心、道德感、审美感，具有文化气质和文化品格等。

高校实现美育的功能需要做到以下两点：第一，美育要从多方面提高人的文化素质和文化品格，拓宽学生的胸襟，培养他们高尚的趣味和格调，让他们感受人生之美，引导人们有一种高远的精神追求，追求一种更有意义、更有价值的人生，提升人生境界。第二，高校美育要重视遵循教育规律，要遵循美育特点，遵循大学生成长规律，同时做到教育的与时俱进，因事而化、因时而进、因势而新。

（二）高校开展美育的基本任务

社会主义社会的美育是为建设社会主义精神文明和培育学生心灵美、行为美服务的，是与个体生命状态、独立人格、综合素养等紧密联系的。它用现实生活中的美好事物和反映在艺术形象中的先进人物的思想感情、精神境界和活动来感染受教育者，它广泛而深入地影响着学生的情感、想象、思想、意志和性格。它能丰富学校的文化精神生活，激起学生的情绪体验，进而转化为信念和意志，有助于培养高尚情操，提高思想政治觉悟，鼓舞学生树立正确的世界观、人生观和价值观，深刻认识中国共产党领导和中国特色社会主义制度的显著优势，坚定"四个自信"，为实现共产主义理想和创造一切美好的事物而奋发向上。

高校美育的基本任务具体包括以下几个方面。

（1）美育培养学生充分感受现实美和艺术美的能力。具体包括培养学生充分感受自然界的美，培养学生对社会美的正确观点和感受社会美的能力，培养学生发现生活的美、思想的美、理想的美，使他们受到生动的思想品德教育，促进他们的政治品质、道德面貌和思想感情健康地成长。

（2）美育用优美感人的艺术形象，帮助学生认识人们的生活、理想和斗争，通过促进学生智力发展，扩大和加深他们对客观世界的认识，使学生具有正确理解和善于欣赏现实美及艺术美的知识与能力，养成学生对于美和艺术的爱好，促进学生的良好道德品质的形成。

（3）美育培养和发展学生创造现实美及艺术美的才能与兴趣，在帮助学生认识现实、认识历史的同时，培养他们的观察能力、想象能力、形象思维能力和创造能力。要使学生学会按照美的法则建设生活，把美体现在生活、劳动和其他行动中，养成他们美化思想及生活的能力和习惯。

三、将VR技术应用于美育+思想政治教育的意义

以美育人、以文化人，立于新时代，美育工作与思想政治教育工作是完全可以充分有机融合的，力求更全面发挥"美育思政"的积极效用。美育对于人的成长发展具有重要意义。在文艺工作座谈会上，习近平总书记指出，文艺事业是党和人民的重要事业，文艺战线是党和人民的重要战线，要求文艺创作要从"高原"攀登到"高峰"，同时要求各级党委贯彻好党的文艺方针政策。[1]2018年8月，习近平总书记在给中央美术学院8位老教授回信中就做好美育工作，弘扬中华美育精神提出殷切期望，强调美术教育是美育的重要组成部分，对塑造美好心灵具有重要作用。"你们提出加强美育工作，很有必要。做好美育工作，要坚持立德树人，扎根时代生活，遵循美育特点，弘扬中华美育精神，让祖国青年一代身心都健康成长。"[2]2018年9月10日，习近平总书记在全国教育大会上再次强调，要全面加强和改进学校美育，坚持以美育人、以文化人，提高学生审美和人文素养。这就要求美育要扎根时代生活，遵循美育特点，弘扬中华美育精神，推动美育工作同步于中华民族伟大复兴的伟大事业。

同时，高校增强思想政治教育的实效性，可以充分发挥大学的美育作用，通过美育+思想政治教育来实现。美育具有十分重要的育人功能，应培养情趣高雅、品位高尚、健康向上、特色鲜明的校园美育氛围，把大学生思想政治教育融入丰富多彩、积极向上的学术、艺术等活动中，使学生在活动中受到

---

[1] 索春艳，张耀灿.习近平思想政治教育主导性思想研究[J].学校党建与思想教育，2017（5）：8-13.

[2] 习近平：做好美育工作弘扬中华美育精神[EB/OL].（2018-08-30）. http://www.xinhuanet.com/politics/2018-08/30/c_1123355775.htm.

熏陶、启迪，得到教育，使学生形成优良的思想道德品质。美育+思想政治教育，坚持科学素养和艺术情怀相结合，扎根时代生活，遵循美育特点，扎实做好美育工作。美育对思想政治教育有积极的影响。美育是以感性的形象体系为媒介、以情感人为特征的，可以"陶养感情"，音乐就具有强大的感染力，很容易激起心灵的震荡和共鸣。思想政治教育因为结合了美育而变得更有亲和力，更容易被人所接收。经典歌曲，作为意识形态领域的文化产品，它是党和人民在长期的革命及建设过程中所产生的思想与感情的升华，是时代精神和民族精神的结晶，富含深刻的文、史、哲、美等思想政治教育资源，因此，它是美育与思想政治教育结合的最好载体。"外化于行"必以"内化于心"为基础，就教育而言，让教育内容入学生之心，是首要目标。

高校思想政治教育和美育传统态势的积极创新及富于价值的改革，这是一种互利共赢、教学效益得到充分放大的学科综合。比如，通过家国情怀教育和审美教育，使学生了解中国历史上的经典革命歌曲，熟悉歌曲的创作背景、意义和发展过程，激发大学生的爱国热情、政治认同和文化自信。它表明思想政治教育与艺术教育、人文教育相统一，已越来越成为现代高校思想政治教育的鲜明特点和强烈要求，是现代意义的思想政治教育学科建设进入综合交叉、深入发展阶段的重要表现。

四、将VR技术运用于美育+思想政治教育中的必要性和可行性

（一）将VR技术运用于美育+思想政治教育中的必要性

2019年4月，教育部发布了《关于切实加强新时代高等学校美育工作的意见》，该意见指出，党的十八大以来，我国高校美育工作取得可喜的进展，美育的育人导向更加凸显，结构布局不断优化。但是，高校美育工作与当前教育改革发展的要求还不相适应，与构建德智体美劳全面培养的育人体系还不相适应，与满足广大青年学生对优质丰富美育资源的期盼还不相适应。我们看到高校的美育教育有了可喜的进步，但同时美育教育中还存在问题，而且遇到了新情况、新问题，主要表现在以下方面。

其一，在新媒体视阈下，学生对于知识的接受方式发生变化，他们接收

的知识信息立体、形象，传统的知识点式的思维抽象性的理论讲解不能很快给予"美的体验"，已经很难吸引大学生，加之学生感性体验经历较少，强行使其进行抽象的理性思考，他们很难理解抽象的知识，因此，对他们的教育效果甚微。同时，网络这把"双刃剑"，使学生有机会接触到一些低俗的文化和作品，从而有可能使学生的情趣、格调、眼光、追求等也会慢慢降低。

其二，与美育相关的课程，如音乐、美术、文学等，大多为全校通识课程，以大班和跨年级、跨专业教学居多。既存在学生人数多、教师和教学资源少的情况，也存在不同年级、不同专业背景的学生基础和理解能力的差异。同时，一些精品美育课程，存在教室空间等的限制，无法满足更多学生的需求。将VR技术运用于美育+思想政治教育中，可以很大程度上缓解这些问题。

（二）将VR技术运用于美育+思想政治教育中的可行性

将VR技术运用于美育+思想政治教育中，是必要的也是可行的。美育是在体会与情感共同作用下进行的，体会艺术美、自然美、社会美及科学美等，最好莫过于身临其境地体验和感知。这样的教育需求与VR技术本身具有的沉浸性、多感知性、交互性、构想性、自主性等特征非常融洽。VR技术可塑性强，它可以根据设计者的设计构想，系统性地对体验者传达虚拟信息，提升信息传递的效率及真实性，使用户能够快速地学习理解传达信息的含义。❶ VR技术可以创设具有临场感、沉浸感和交互性的教育情境，让学生置身于直观生动、形象逼真的图形、动画、三维场景构造的虚拟的艺术意境中，学生通过对真实场景的感知和体验，深刻领会美，体悟美的真理。VR技术具有强烈的代入感和新颖性，合理设计基于VR技术的美育+思想政治教育，可以使教育效果事半功倍。

沉浸性是VR技术最显著的特点。通过桌面式VR设备、手持式VR设备、头戴式VR设备等，将原本抽象的图片、文字、音乐，变成了生动的具体情境，学生可以体验不同的虚拟场景，在增加趣味性的同时引起情感的共频，也更能加深学生对美的深刻理解。大量的美育素材以三维动画可感的形式，展现在学生面前，学生可以完全沉浸其中，用他们的形、声、闻、味、触"五感"同步综合的感官体验，感受美的具体形式。也只有这样，

---

❶ 唐晓睿，但午剑.虚拟现实技术在美育教学中的应用前景[J].戏剧之家，2019（25）：180.

学生才能真正地将自己对于艺术、美的理性思考建立在感性素材上。课堂教学中很多抽象的概念和比较讲解，才能被潜移默化地接受，如将北宋画家张择端的《清明上河图》长卷用VR技术再现于学生眼前，让他们身临其境，感受散点透视法是如何彰显汴河数十里的繁华两岸的，这样教学效果更好。

另外，VR技术所具有的极高的互动性能让学生很好地参与到美育教育情境中，产生更加深刻的情感体验，这样的印象会比传统的方式更具直观性和持久性，提升学生自觉接受美的熏陶的积极性。相比于以往抽象教条式的教育推广，生动形象的体验式教育更有利于促进学生美的意识的形成、美的情感持续，传统的美育体系也将进一步改进和完善。

VR技术应用于美育+思想政治教育，它使美育+思想政治教育变得更有生命力，更生动形象、富有立体感和交互感。它通过循序渐进的教育过程，更能提升人们的精神境界，陶冶美的情操；让学生感受人生之美，引导人们有一种高远的精神追求，追求人生之美，追求一种更有价值的人生，提升人生境界。VR技术本身是信息网络技术，可以通过网络的传播打破时间和空间的限制，通过更多的途径传播美育，让更多的学生有机会学习到美育的相关通识课程，利于扩大受众面，让美育广泛传播。由此可见，将VR技术应用于美育+思想政治教育中的前景是广阔的。

五、将VR技术应用于美育+思想政治教育的案例

接下来我们就以"经典歌曲赏析"的美育与思想政治教育虚拟仿真实验为例，将VR技术应用于美育+思想政治教育进行案例介绍。

（一）将VR技术应用于美育+思想政治教育的整体思路和原理

虚拟仿真实验将认识世界、感知世界、构建知识紧密融合，是一种无技术痕迹的情境教育方式。在VR情境下观察学习中的具身参与不仅体现了受教育"到场"，更实现了受教育的"上场"，是兼容了内容之知、方法之知与体验之知的综合性学习。基于虚拟仿真实验的美育与思想政治教育的主要策略是"境中思""境中学""境中做""境中冶"，通过学习者的学习体验、临场感及心流体验的认知过程影响个体产生移情，达到教育共情。美育与思想政

治教育虚拟仿真实验,将深层次改变传统的思想政治教育思维和单向的思想政治教育模式,营建新的教育教学生态,在激发学生创造性的深度学习方面发挥重要作用。革新教育形式,重构教育理念与教育思维,这种教育教学效果无疑生动直观、令人印象深刻,使学习具有个性化、智能化、沉浸式等多维度必将成为主要发展潮流。主动式学习、场景化体验、多维情境教育,虚拟仿真实验将开启一个崭新的教育教学时代。其教育思维体现在它打破了传统的教育模式,通过在教育设计、教育创作和教育实施全过程中使用虚拟仿真技术,完成教育类型、教育手段、教育方法、教育形态及教育空间的形态转换,形象生动地展示了事物的性质、规律及事物之间的内在联系,帮助学生更加深刻和准确地理解思政课教育内容,为高校美育与思想政治教育结合探索出一条创新之路。

美育与思想政治教育虚拟仿真实验,意在通过"五感满足",实现知行意的统一,使经典歌曲潜移默化地影响大学生人格、价值观和世界观的良性调整与固化,改善他们的精神状态,拓宽他们的文史视野,使美育成为返本开新的思想政治教育实践,展现高校高度的文化自觉和教育自觉。

(1) 情境认知理论认为,大多数知识都是人的活动与情境互动的产物,科学化、系统化地让学生全面、深刻地认识教育内容,由内到外地交互体验,让学习者在受教育的过程中感悟和反思。而音乐艺术的最高目的就是使人的知识、感情和意志和谐发展,使人们的感觉和情感合乎理性,使理性、道德的认识成为体现在感觉和情感中的东西。

(2) 熏陶—感染法中包含着艺术熏陶,即可以通过音乐等艺术手段对受教育者进行情感熏陶,寓理于情,以情动人,其具有的愉悦性、隐蔽性、轻松的、无意识性的特点,易于为人接受,通过以情感人、以情育人,使人们在不知不觉中接受熏陶感染和潜移默化的教育,培养其思想政治品德并使之得以升华和提高。

(3) 美育与思想政治教育虚拟仿真实验,融整体目标、课程目标、场景目标、步骤目标于一体,构建"教师设定教育内容"模块和"学生感知内化教育内容"模块,形成双向互动的美育与思想政治教育结合的模式;形成"体验—反思—形成感知—验证认知"PDCA闭环管理系统,实现线上与线下互联。

（4）应用虚拟仿真实验将经典歌曲教育融入高校思想政治教育这一过程，就是以"艺术化""大众化"理念，将美育、中国革命史教育、爱国主义教育、思想品德教育和情感教育合而为一，教学内容上，融思想性、理论性、体验性、趣味性于一体，自然有效地融入莘莘学子精神世界的过程。经典歌曲教育是文化育人与思想政治教育的有机统一体。

（5）美育与思想政治教育虚拟仿真实验里的经典歌曲是情感化的动人的艺术产品，通过身临其境的体验，在经典歌曲教学过程中，歌声同时感动着教育主体和客体，形成了以音乐为核心介质的教育主客体之间思想情感上的有机融通，融交互性、启发性、沉浸式、传统式于一体。从思想政治教育载体的历史发展来看，经典歌曲教育活动本身属于传统载体——"理论教育"（课堂教育形式）范畴；而作为教育内容的经典歌曲则属于现代载体——"文化载体"（文学艺术）范畴。通过让学生"动心""动情"，才可能达到思想政治教育"入心"的效果，这是实现思想政治教育有效性的基础条件。

（二）将VR技术应用于美育+思想政治教育的实验教学方法整体介绍

该实验为综合实验，是音乐学和思想政治教育学实验结合形成的综合性实验项目，我们在虚拟仿真项目中主要采用的是虚实结合、说理和演示相结合的教学方法，使我们课程的理论和实践能够有机融合，使学生能够通过虚拟仿真实验项目的操作完成理论和实践的融通，学会用理论知识解决实践问题。如虚拟操作步骤将实验的全过程完整展示，模拟曲线将实验结果进行综合展示分析，实验原理部分则以动态画面生动展示实验中每一首经典歌曲反映的背景和意境，几个部分相互协同使学生能更全面真实地聆听歌曲，感受经典歌曲反映的思想和精神实质，实现"以乐化人"的潜移默化的美育与思想政治教育的结合。

选取古今中外具有高度思想性和艺术性的歌曲作品及相关史料，提取其中关于意识形态、价值观、历史文化、艺术风格等诸方面的有益养料，按照教学目标和要求，用虚拟仿真实验项目进行科学设计，努力实现经典歌曲背后重大历史事件的全景再现，使教学内容生动化、系列化、整体化、个性化，具有很强的教学灵活性；教学内容和课程质量经得起检验，均符合美育和高校思想政治教育的严格要求。通过歌唱家深情而"柔性"的表达，在音乐所还原的时代气息里,原本严肃的教育会变得更加自然、动情和美好,而早已逝去的社会政治、历史和文化也变得如此真切、形象和精简。

(三)将VR技术应用于美育+思想政治教育的具体操作步骤

(1)学生通过平台进入实验场景。系统主界面选择后按时间节点显示场景图片,对应不同历史时期的经典歌曲,点击图片选择曲目进入相应的虚拟场景。

(2)选择学习模式进入,出现文字提示"岁月如歌,请选择经典歌曲"。此时出现按时间顺序串联的经典歌曲的曲目,在虚拟仿真场景中出现动画和歌曲背景及重要事件。既有欣赏,又有演唱,还有深层解读,这是对大学生极为生动感人的中国近现代史教育,也是他们了解国史、国情,深刻领会历史和人民为何选择马克思主义、选择中国共产党、选择中国特色社会主义道路的好途径、好方法。

(3)情景交互。根据实验场景中的文字提示,点击进入"情景交互"。虚拟仿真实验场景生动还原了"井冈山会师"的情境。

(4)角色扮演,"识—听—思—唱"一体化训练。根据实验场景中的文字提示,学习者通过"赏歌曲""创角色""入场景"三个步骤,通过"识—听—思—唱"一体化训练法,沉浸于虚拟仿真动画场景。

(5)完成本项目实验总结。通过过程评价、结果评价、数据分析、互动交流,综合本实验项目各阶段的实验考核结果,给予学习者优秀、良好、合格的结果性评定和相对应的评语。学习者还需要根据实验项目操作感受写实验心得体会,巩固所学知识,最终点击"提交"按钮上传,完成实验。教师对上传的实验报告进行在线批改并形成学习者最终的评定结果。

(四)将VR技术应用于美育+思想政治教育的实验方法描述

本项目采用的实验方法主要包括以下几种:情景交互法、角色扮演法等。

(1)情景交互法。情景交互是本实验项目实施的一项重要方法。为了更好地达到实验目的,体现项目的虚实结合,实验中按照不同歌曲设置不同背景或环境的虚拟场景,让学习者在"沉浸式"的情景中欣赏歌曲,在体验美的过程中,接受美育与思想政治教育。

(2)角色扮演法。项目通过Unity 3D等前沿技术构建歌曲里描述的场景和人物等,学习者通过"赏歌曲""创角色""入场景"三个步骤,输入其姓名,创建人物角色,通过"识—听—思—唱"一体化训练法,增加"沉浸式"体验感受。在考核模式中,在规定时间内通过人机互动,对歌曲中包含的思想和教育意义进行思考,真正学唱经典歌曲。

综上所述,美育作为审美教育,是情操教育和心灵教育,也是最重要、最基础的人生观教育方式之一。美育能够为思想政治教育引领奠定良好的情感基础,有助于思想引领工作的开展。在高校思想政治教育改革和美育的发展研究背景下,通过VR技术将美育与思想政治教育有机结合,是符合现代思想政治教育学客观规律的,让大学生亲近经典、学习经典,以美育人、以文化人,关注美育思政功能、提升思想政治教育的内涵,实践以"入脑""入心""入行"为目的的思想政治教育发展,引导大学生寻找人生意义,追求更高、更深、更远的境界。可见,将VR技术应用于美育+思想政治教育是值得进一步研究和探索的。

第三节 将VR技术运用于红色文化主题教育场馆中

一、建设红色文化主题教育场馆的意义

(一)红色文化的内涵

红色文化起源于20世纪革命年代,是中国共产党领导人民在革命、建设和改革进程中形成的具有鲜明特色的文化样态,爱国和爱党、爱社会主义高度统一,是对中华优秀的传统文化、革命文化和社会主义先进文化的凝练。在大部分研究者眼中,红色文化融合了中国特色社会主义、马克思列宁主义和毛泽东思想等,是先进文化的重要代表。❶红色文化的先进性主要体现在其内核是优秀精神品质,即红色精神,这是中国共产党人和广大人民群众共同作风、共同信念、共同精神品质和思维方式的集中体现。红色文化是中国共

---

❶ 李水弟,傅小清,杨艳春.历史与现实:红色文化的传承价值探析[J].江西社会科学,2008(6):159-162.

产党以中国化的马克思主义为指导思想，带领无产阶级奋斗的先进文化，形成于中国革命、建设和改革的历程中。❶

红色文化有其科学内涵。它是伴随中国共产党革命斗争而诞生，在马克思列宁主义指导下，根植于中国国情，并在波澜壮阔的新民主主义革命中不断发展，集中体现中国人民不屈不挠之革命精神的无产阶级政治文化。❷它是中国特色社会主义文化的重要组成部分，是伴随中国无产阶级革命产生、发展并繁荣起来的先进文化，包含着一系列与之相关的历史文化遗产和精神文化内涵。传承和发扬红色文化有利于增强集体主义和爱国主义精神，增强文化自信和自强，扩大中华文化国际影响力，从而提升我国的文化软实力。

红色文化是中华民族传统文化之一，是中国先进文化的代表，是文化自信的源头，是具有鲜明特色的中国先进文化❸，是传承中国传统文化并与马克思主义相融合的文化形式，对马克思主义在中国的传播发挥了十分重要的作用。有的学者认为红色文化与马克思主义大众化在形成、发展的过程中相互促进，不仅对中国革命和建设发挥了巨大作用，也对推进当代中国马克思主义大众化有着不可替代的作用。❹同时，在当代中国马克思主义大众化过程中，红色文化的精神内涵得到升华，被赋予新的时代特征。❺

红色文化的传承是有非常重要的价值的，包括历史价值、当代社会价值、文明传承价值、开发利用价值和经济助推价值等❻，更为重要的是思想政治教育的价值。红色文化的历史价值主要是指以爱国主义为核心，进一步构建了忠诚爱国的民族情怀；以勤劳勇敢为基石，进一步培育了不惧艰难的坚强信念；以自强不息为动力，进一步铸就了自主进取的创新精神；以为民谋利为目的，进一步体现了执政为民的宗旨观念。它的当代社会价值是指对当代经

---

❶ 黄光文，朱龙凤.红色旅游资源开发中的红色文化传承[J].求实，2008（6）：92-95.

❷ 朱婷婷.文化强国视域下中国文化软实力的提升路径研究[J].实事求是，2016（3）：95-97.

❸ 胡枫，张超.红色文化引领大学生社会主义核心价值观教育的探析[J].科技风，2020（8）：228.

❹ 谷松岭.红色文化与马克思主义大众化关系要论[J].前沿，2011（8）：141.

❺ 钟利民，刘丽.红色文化与中国当代马克思主义大众化[J].老区建设，2009（2）：1-4.

❻ 王以第."红色文化"的价值内涵[J].理论界，2007（8）：149-150.

济发展、政治建设、文化建设、社会建设都有很强的精神鼓舞作用。它对思想政治教育的价值主要体现在是"理想信念教育""爱国主义""艰苦奋斗"和"集体主义"的宝贵资源，红色文化对世界观、人生观、价值观正处于形成期的大学生来说，思想道德教育的意义尤其重大。[1]要强调指出的是，红色文化是爱国主义教育的重要内容，也是对大学生开展爱国主义教育的重要载体。在开展爱国主义教育中，强化红色文化教育是重要途径，必不可少。2019年11月，中共中央、国务院印发了《新时代爱国主义教育实施纲要》。该纲要提出，培养社会主义建设者和接班人，首先要培养学生的爱国情怀。要强化爱国主义教育和红色教育功能，为社会各界群众参观学习提供更好服务。因此，我们要以《新时代爱国主义教育实施纲要》颁布实施为契机，大力利用好、发扬好、传承好红色资源，用好用活这一独特优势，发展好红色文化主题场馆，推动爱国主义教育向实处开展、向深处拓展，让红色文化激发奋斗新时代的强大力量。

大学生思想开放且包容性强，极易接受新鲜事物，导致价值观向多元化发展。随着全球进程的加速，国外的文化和价值观正通过各种方式渗透传播。红色文化的精神内涵能够引导大学生树立正确的世界观、人生观、价值观，正确定位自己的社会角色。红色文化是革命先辈用鲜血乃至生命留下的文化瑰宝，是民族精神、集体主义、爱国主义的集中体现，是中国人民在长期革命斗争中逐渐形成的文化，对大学生进行红色文化教育，是将高尚的民族气节、舍生取义的奉献精神、无畏的奋斗精神和与时俱进的时代精神融入他们的思想与生活中，有助于大学生明确政治方向、坚定理想信念、提升思想认知水平、培养吃苦耐劳精神，是弘扬民族精神、增强社会责任感和使命感、激发爱国之情的有效途径。

（二）建设红色文化主题教育场馆的价值

红色文化是具有中国特色的文化形式，是我国取得抗日战争胜利和解放战争胜利的重要精神信仰，是中华人民共和国发展过程中的重要精神文化组成部分，是中国共产党人的重要精神信仰和重要精神传承，也是建设社会主义精神文明的重要阵地，带有强烈的思想政治教育色彩。弘扬红色文化，将

---

[1] 白萍.浅谈陕北传统文化及红色文化的教育意义[J].金卡工程（经济与法），2010（12）：407.

红色精神传承和发扬下去,可以通过多种载体来实现,建设红色文化主题教育场馆是主要手段之一。

红色文化主题教育场馆是以红色文化为主要展示内容的展示空间,以"红色"为主基调,场馆主要展示红色文化包括的"人、物、事、魂"。"人"是在革命时期对革命有一定影响的革命志士和为革命事业而牺牲的革命烈士;"物"是革命志士或烈士所用之物,也包括他们生活或战斗过的革命旧址和遗址;"事"是有着重大影响的革命活动或历史事件;"魂"则体现为革命精神即红色精神。[1]这些展示了中国共产党产生、发展、壮大的宏伟历史和精神史诗,展示了中国共产党领导人民奋战、建设国家的优秀文化,提升国家文化软实力和人民对党的拥护力,具有重要的精神价值,对继承和传承红色文化有重要作用。

红色文化是爱国主义教育的重要内容,是对大学生开展爱国主义教育的重要载体,也对大学生的核心价值观教育起到至关重要的作用。大学生是祖国的未来和民族的希望,国家对大学生的思想政治教育高度重视。场馆学习(Museum Learning)理论认为,场馆是学校之外的第二教育系统,相对课堂授课,场馆学习资源丰富、环境轻松、时间灵活、学习随意,给学生提供了轻松自由、自主自导的非结构化学习方式。因此,我们要以红色文化主题教育场馆为契机,利用好、发扬好、传承好红色资源,用好用活这一独特优势,大力推动红色教育、爱国主义教育向实处开展、向深处拓展,让红色文化在大学生的思想政治教育中发挥重要作用,让红色文化激发奋斗新时代的强大力量,促进实现高校立德树人的根本目的。

目前,红色文化主题教育场馆存在的数量大,比如遍布全国的革命人物纪念馆、革命事件纪念馆、革命历史档案馆等,但精品比较少,不能很好地发挥弘扬红色文化、进行红色教育的作用。因此,红色文化主题展馆,要不断发掘现代科技对于红色文化的技术支撑功能,尤其是将新媒体技术作为其强大技术支撑,使红色文化与时代合拍,符合大众心理诉求,不但可以呈现丰富的历史档案、以珍贵文物再现历史场景来保证思想性与艺术

---

[1] 陈蝶.红色革命纪念馆开展红色文化传播情况调研——以建川博物馆为例[EB/OL].(2016-08-17). http://www.crt.com.cn/news2007/news/2012HSWH/168171633207DF8E2ID21I9J183JJH4.html.

性，而且可以通过新媒体的灵活互动形式来增加亲和力与情感性，使大学生更有兴趣去了解红色文化，更有效地学习红色文化，更好地用红色文化之魂滋养大众。

二、红色文化主题教育场馆的背景

党的十八大以来，习近平总书记曾多次强调：要把红色资源利用好、把红色传统发扬好、把红色基因传承好；要把理想信念的火种、红色传统的基因一代代传下去，让革命事业薪火相传、血脉永续。

2015年抗日战争胜利纪念日前夕，习近平总书记指出，伟大的抗战精神，永远是激励中国人民克服一切艰难险阻、为实现中华民族伟大复兴而奋斗的强大精神动力。❶2016年4月在安徽考察调研时，习近平总书记着重指出，"革命传统教育要从娃娃抓起，既注重知识灌输，又加强情感培育，使红色基因渗进血液、浸入心扉，引导广大青少年树立正确的世界观、人生观、价值观"❷。习近平总书记指出，"开天辟地、敢为人先的首创精神，坚定理想、百折不挠的奋斗精神，立党为公、忠诚为民的奉献精神，是中国革命精神之源，也是'红船精神'的深刻内涵"❸。2019年3月4日，习近平总书记看望参加政协会议的文化艺术界、社会科学界委员，并参加联组会。他强调，"不忘初心，方得始终啊！我们的初心是什么？上海石库门、南湖红船，诞生了中国共产党，14年抗战、历史性决战，才有了中华人民共和国。共和国是红色的，不能淡化这个颜色。无数的先烈鲜血染红了我们的旗帜，我们不建设好他们所盼望向往、为之奋斗、为之牺牲的共和国，是绝对不行的。不能被轻歌曼舞所误，不能'隔江犹唱后庭花'"❶。

---

❶ 索春艳，张耀灿.习近平思想政治教育主导性思想研究[J].学校党建与思想教育，2017（5）：8-13.

❷ 陈振凯，雷龚鸣，何美桦.习近平谈文化自信[N].人民日报（海外版），2016-07-13.

❸ 习近平.干在实处走在前列——推进浙江新发展的思考与实践[M].北京：中共中央党校出版社，2006：456.

❹ 习近平总书记看望文艺界社科界委员的微镜头——两会现场观察："共和国是红色的"[EB/OL].（2019-03-05）. http://cpc.people.com.cn/n1/2019/0305/c419242-30957311.html.

2019年11月，中共中央、国务院印发了《新时代爱国主义教育实施纲要》。该纲要提出，培养社会主义建设者和接班人，首先要培养学生的爱国情怀。要把青少年作为爱国主义教育的重中之重，将爱国主义精神贯穿于学校教育全过程，推动爱国主义教育进课堂、进教材、进头脑。要强化爱国主义教育和红色教育功能，为社会各界群众参观学习提供更好服务。该纲要同时指出，当代中国，爱国主义的本质就是坚持爱国和爱党、爱社会主义高度统一，强调要唱响互联网爱国主义主旋律。

习近平同志强调，一个国家、一个民族的强盛，总是以文化兴盛为支撑的，中华民族伟大复兴需要以中华文化发展繁荣为条件；要不断丰富人民精神世界、增强人民精神力量，不断增强文化整体实力和竞争力，朝着建设社会主义文化强国的目标不断前进。这些重要论述，为新时期社会主义文化建设提出了要求、指明了方向。在各种文化中，红色文化以其鲜明的政治立场、崇高的价值取向、深厚的群众基础、坚决的奋斗精神等，为实现中华民族伟大复兴提供强大精神动力。❶"历史是最好的教科书。学习党史、国史，是坚持和发展中国特色社会主义、把党和国家各项事业继续推向前进的必修课。这门功课不仅必修，而且必须修好。"❷习近平总书记在讲话中表示"青年是祖国的未来、民族的希望"，党的十九大报告中提出要"广泛开展理想信念教育，深化中国特色社会主义和中国梦宣传教育，弘扬民族精神和时代精神"。我们要让青年大学生上好历史这门必修课，就要让他们修好红色文化这门必修课，让他们好好学习和传承红色文化，把红色文化融入大学生的思想政治教育，学习红船精神、井冈山精神、遵义精神、长征精神、延安精神等红色精神，把理想信念贯穿始终，让大学生从红色精神中汲取精神力量。牢记历史，不忘使命，让当代大学生树立跟党走的坚定理想信念，砥砺奋进，助力中华民族伟大复兴。

---

❶ 从红色文化中汲取精神动力[EB/OL].（2015-11-13）. http://www.xinhuanet.com//politics/2015-11/13/c_128424068.htm.

❷ 学习党史国史是党员干部的必修课——《国史知识1000题》出版. [EB/OL].（2019-08-28）. http://dangshi.people.com.cn/n1/2019/0828/c85037-31323569.html.

三、将VR技术运用于红色文化主题教育场馆的必要性和可行性

（一）将VR技术运用于红色文化主题教育场馆的必要性

红色文化精神是激励人们奋勇前行的动力，也是我国我党在今后发展道路上的重要经验和信仰。红色文化主题教育场馆是红色文化的集中展示和传承窗口，是弘扬红色文化，将红色精神传承和发扬下去的主要手段之一，其建设的数量虽然比较多，但越来越多地显现出一些问题。一是只注重硬件建设忽视软件建设，重形式不重内容，只有共性没有个性，"千篇一律"，红色文化特色不突出，主题和重点不突出，同时内容的展示平台越来越狭小，发展空间受到限制，导致无法充分发挥其最大价值。二是场馆建设概念化的思维定式。展览的方式还比较传统，展现形式过于单一化，大多以静态物品作为主要参观物品，在视觉上需要观众自行联想，特别是一些宏大的革命场面，缺乏现代化的信息技术的配合，过于陈旧的展览方式不能更好地烘托革命的呐喊，也不能将红色文化的内涵更好地传递给观众，红色文化的表现力和震撼力不够，很难让参观者和展品之间产生互动与共鸣。三是展陈方式简单雷同、陈旧而杂乱，没有科学规划，对史实和艺术分寸的把握不均衡，没有做到动静结合，趣味性缺乏，展现对参观者"五感"调动不足，难以让人们有足够的积极性和理由保持对场馆的参观黏度。四是场馆建设和服务中本末倒置亟待改变。红色文化教育场馆的作用在于传承红色文化，所以不是"以物为本"，不是以展品为本，而应该是"以人为本"，充分发挥红色旅游的文化教育功能，传承红色文化。红色文化主题教育场馆主要展示红色文化包括的"人、物、事、魂"，但场馆一般关注"人""物""事"，却忽略了"魂"的展示，而"魂"体现的是革命精神即红色精神，是主题教育场馆的根本所在。尤其在各种现代科技手段不断冲击传统展示媒介的形势下，红色文化主题教育场馆的吸引力亟待提质升级。正是这些原因，大多数红色文化主题教育场馆在社会文化圈中处于边缘弱势地位，受众面也很小。

大学生是祖国的未来、民族的希望，红色教育有助于大学生明确政治方

向、坚定政治信仰，是大学生思想政治教育的重要组成部分。红色文化主题教育场馆是现阶段进行红色教育、爱国主义教育的主要载体。因此，大学生也应该是红色文化主题教育场馆的主要对象之一。但是，随着信息技术的进步、科技的发达及大学生各种需求的不断提升，这些传统的教育场馆所提供的交互设计理念及呈现方式已经表现出诸多的局限性与不适应性，一些红色文化主题教育场馆不能吸引大学生的学习兴趣。新媒体视阈下，大学生越来越追求个性的发展与独立人格的完善，强调主体意识，更加重视自我兴趣对人的驱动作用，这些传统的教育场馆的文化传播、弘扬仍沿用传统方案，以讲述、展览为主，忽视了学生的主体地位，缺乏对学生身心全面发展的人文关怀，忽略了其对"五感"体验、情感体验的需求，难以引起学生的兴趣，难以唤起他们内心的共鸣和认同，教育无法做到真正的入心入脑，难以触动心灵激发学生的爱国之情和报国之志，对新一代大学生的吸引力逐渐减弱。让学生对红色文化内容仅存留在对概念的一知半解甚至了解程度为零，不能引发关于红色教育的深度思考，无法深刻领悟红色教育的内涵。但是，红色文化的内核却有着永恒的价值，经久不衰，对大学生有极大的启迪作用。如何继续传承并发挥红色文化的作用在当今便显得尤为重要。正因为红色文化主题教育场馆的重要功能，随着科技的发展和进步，其展示空间设计也越来越受到研究者的关注，不断更新换代的展示设计理念，其展设更加多元化，增加人们的参与互动性，推动着展馆朝更科学的方向发展，也推动着红色文化的更好传播。场馆要符合当下学生心理、性格、精神需求的文化传播、弘扬途径，激发学生学习热情，全面提升教育效果。

因此，红色文化主题教育场馆需要与时俱进，跟随时代和科技的脚步，让红色文化与时代共同发展，传达方式要更加贴近青年一代的生活方式展现，对于大学生来说最好的方法便是让他们能够身临其境地去感受这种经久不衰的红色文化在历史的变迁中所拥有的深刻内涵与独特价值，让学生们回到历史中的场景去体会文化。[1]利用科技展示那段辉煌的历史，让历史的启迪永在，精神的价值长存，把理想信念的火种、红色传统的基因一代代传下去，

---

[1] 易雯静，张振，李流舟.浅析虚拟现实技术在高校党建思想政治教育中的应用[J].湖北函授大学学报，2018（4）:58-59.

让革命事业薪火相传、血脉永续。将新媒体的代表VR技术运用于红色文化主题教育场馆建设是必要的。

（二）将VR技术运用于红色文化主题教育场馆的可行性

红色文化是有中国特色的优秀历史文化，是社会主义精神文明、中国共产党先进思想的重要组成部分。因此，弘扬红色文化需要根植于中国国情，与时俱进。新媒体视阈下，现代科技的高速发展，在数字化领域中已经取得了非常大的进步和提高，目前最引人关注的是VR技术，它区别于以往的多媒体的最大特点是"虚拟现实"，它改变了传统的多媒体需要将事物扁平化处理，将事物从三维变成二维的文字、视频、动画、图片等展示并需要人们通过大屏幕观看的技术。VR技术是将所有的事物从二维变成三维，任何事物在VR展示过程中都是以立体的方式呈献，并且通过触觉、视觉、听觉、味觉、嗅觉"五感"体验，甚至增加了体感等更多的知觉体验。VR技术凭借其突出的技术优势，被不断地应用于教育教学过程中，并取得不错的效果。在主题场馆建设数字化的大趋势下，将VR技术应用在主题场馆建设中是一个重要的课题，这是将来主题场馆发展的方向之一，拥有广阔的发展前景。

国家还专门出台政策鼓励公共文化机构（图书馆、博物馆、艺术馆）构建互动体验空间，利用VR现实提升公共文化服务互动性和趣味性。2017年7月，文化部《关于印发〈文化部"十三五"时期公共数字文化建设规划〉的通知》发布，鼓励公共文化机构（图书馆、博物馆、艺术馆）构建互动体验空间，利用虚拟现实提升公共文化服务互动性和趣味性。2018年12月，工业和信息化部《关于加快推进虚拟现实产业发展的指导意见》发布，提出到2025年我国虚拟现实产业整体实力进入全球前列。随着信息技术的不断发展，虚拟产业在市场调节的推动下，VR技术的成熟度将会有很大的突破。

VR技术是信息产业的重要发展方向，它是一种可以创建和体验虚拟世界的计算机系统。随着科技的发展，VR技术作为一门新兴的综合信息技术，可以将现实立体地虚拟化，让人们亲自感受生活外的时空。它创造出了一种崭新的视觉体验和人机交互方式，融合了多媒体、传感器、显示、仿真技术、互联网和人工智能等多领域技术。VR技术具有沉浸性、多感知性、交互性、构想性和自主性等特点。沉浸性，勾勒出极度逼真的虚拟环境是虚拟交互技术最高目标，使用户看到此类展品就如同身临其境一般。VR技术的多感知性特点，主要表现在它对人的听觉、视觉、味觉、嗅觉和触觉等有感知能力，可以让观众在仿真的虚拟环境中拥有听觉、视觉、味觉、嗅觉和触觉等多方位、多感官体验，使临场感和沉浸感大大提升。交互性的特点，即在虚拟环境中的用户能够实现操作物体和得到反馈结果的特性，让学生在直观生动、形象逼真的图形、动画、三维场景构造的虚拟环境中通过插入交互任务的方式体验当时的历史场景，在"任务"驱动模式下，使参观者完成诸多体验。构想性特点，即可以使观众发散思维，使人们的认知范畴进一步扩大，既可以通过虚拟的方式让历史重现，也可以将现实环境虚拟，还可以虚拟不存在的环境。同时，VR技术自主性的特点，能够让人们以主人翁的角色，达到对三维虚拟空间环境更全面的体验。借助视觉传感、体感识别、语音识别、触觉反馈等众多感知技术，观众可以通过操作和互动来改变虚拟情境中的事物，给人们带来了更多的体验方式，让人们在体验的过程中感受到自己就是历史事件的参与者，仿佛亲眼见证了历史，提高了观众的参观学习兴趣。

VR技术打破了传统理念，改变了人们对世界的认知方式，而红色文化主题教育场馆是培养大学生以爱国主义为核心的民族精神和以改革创新为核心的时代精神的有效途径，将VR技术运用于红色文化主题教育场馆，极大地提高了红色文化主题展馆的科技性。传统场馆的展示平台狭小，发展空间越来越局限，导致无法充分发挥其最大价值，而主题场馆通过VR技术不受场地空间的限制，跨越时间与空间，让观众可以多角度、全方位地参观场馆。依托VR技术、多媒体人机交互、数据库和网络通信等技术，特定的场馆体验活动可以让观众置身于360°的环绕展示中，使一些大的历史事件在感官上有更强的冲击力，可以让观众更能"亲身体验"当时的震撼，让观众与场馆教育内容产生互动和共鸣。如将红船精神、长征精神、延安精神等中国共产党革命精神在场馆中虚拟呈现，学生可以在直观生动、形象逼真的情境中感受历史，感受革命先辈抛头颅、洒热血的无畏精神气概，体验红色文化，从而受到教育和启发，更加懂得珍惜现在来之不易的幸福生活，学习知识，掌握本领，在建设社会主义现代化国家的伟大事业中建功立业。

VR技术的沉浸感和交互性是红色文化主题教育场馆展示最吸引人之处，

也是这一展示手法区别于以往教育场馆里的影像介绍和视频展示的地方，VR技术展示能提升展项参观的趣味性和参与性，这些与大学生热衷于新兴技术的研究、好奇心强的心理特点相吻合。将VR技术运用于红色文化主题教育场馆，使所展示内容具有更高的接受度，使受众在认知层面和心理层面上都能达到良好的接受效果，可以让学生在主题场馆中沉浸式多感官地进行体验式学习。体验式学习是个体在形体、情绪、知识上的参与，在场馆学习中，学生通过参观、操作、使用场馆中的展品获取直接经验，并通过展品的文本、动画、视频等形式的解释性说明获取解释性经验。通过操作和互动，增加趣味性，提升学习专注度，加深感性认识和理解，改善传统场馆教育的弊端，用含蓄、隐蔽的形式让体验者在有意无意间受到触动、震动、感动，提高红色教育和思想政治教育的效果。

VR技术具有更好的表现和互动形式，VR技术运用于主题教育场馆能够使人们更好地通过体验来感受红色文化展品。人类生活水平和精神追求在不断提高，用户对于虚拟场馆不再仅仅要求简单的漫游交互与信息获取的互动，而是更多地追求参与其中的切身体验，虚拟空间切换的交互体验的核心价值理念在于用科技服务于人类的智慧与想象，科技的使用体验应当根据用户的感知、认知与运动能力来构造。主题教育场馆为观众增加体验感并为其留下深刻的印象，摆脱了传统场馆单一枯燥的文字叙述、文物展示与视频图像的形式，尽可能地有效利用VR技术，让观众"身临其境"地进入历史，与历史对话，能够满足人们的情感和精神需求，激起观众对场馆内教育内容的探知欲。

VR技术的进步与优化，也促进了不同理论的发展，如心理、生理等，而这些知识的发展，也会给VR技术带来积极影响。在红色文化主题教育场馆内建立"视阈"，是把展示的内容用静态或动态的方式展示出来，让观众通过漫游的方式参观整个场馆。由此，优化整个场馆"视阈"的设计，营造出教育场馆的氛围。运用VR技术建立的虚拟空间，在整个空间内，观众不仅可以通过不同的交互了解场馆内的红色场景，也可以利用遥感操作给自己带来逼真的体验，对馆内开放的展品进行虚拟体验，补充了展品展示的方式。把场馆内开放展区的物品做成虚拟影像，参观者可以有实际的触感，在虚拟空间与真实空间中建立交互。未来虚拟主题教育场馆的发展不仅需要丰富展示信息的呈现方式，而且更应打破传统的单一视觉体验，挣脱物理因素的束缚，将展示形式由单维拓展到多维，馆内的交互设计应更全面、更多样地发展，由传统的"静态"为主转变为"动态"为主、由"被动接受"到"主动参与"、由"隔屏观看"转为"身在其中"，观众在享受视觉带来的愉悦的同时，还可以同步感受到听觉、触觉等多方位、多角度的体验。因此，运用仿真交互、VR全景式漫游和三维立体等技术对红色文化主题教育场馆的展示内容进行开发设计，使学生可以不受时空的限制，具有强大的趣味性和吸引力，让更多学生喜欢走进红色文化主题教育场馆，在沉浸式体验中重温艰苦卓绝的革命历史，不断增强新时代大学生的历史使命感和责任感。

（三）VR技术在展馆等应用的案例

2010年上海世博会中国馆展出的巨型动态版《清明上河图》，融合了多种VR技术和手段。动态版《清明上河图》采用投影、三维成像、电影特技等多种数字化技术，用屏幕虚拟呈现出北宋宣和年间世界上最大城市汴京的繁盛景象，画卷中1000余个中国古代人物形象在日夜景交替中，举止各异、栩栩如生。动态版《清明上河图》成为最受欢迎的中国馆展项之一，令众多参观者观后仍意犹未尽，该展项获得英国国际视觉传播协会颁发的2011年度最佳现场和体验活动奖。❶

位于英国伦敦的世界四大博物馆之一的大英博物馆，通过与其虚拟现实技术合作伙伴三星公司合作，借助其虚拟头盔、平板电脑等设备，进行虚拟空间切换，让游客通过灯光和气氛体验青铜器时代，参与古人的各种仪式，如祭祀太阳等。柔和的灯光、远古时代的建筑设计及虚拟头盔设备的应用，让用户亦真亦假地从虚拟博物馆中切换到青铜时代，参与古人的各种仪式。

故宫博物院院庆92周年之际，"发现·养心殿——主题数字体验展"在故宫端门数字馆全新亮相。这是故宫博物院进一步将传统文化与现代科技相融合的又一次创新呈现。通过大型高沉浸式投影屏幕、虚拟现实头盔、体感捕捉设备、可触摸屏等，观众可以走进虚拟世界中的养心殿，运用AI、VR、

---

❶ 虚拟现实技术在博物馆的展陈中是什么样的，你了解吗？[EB/OL]．(2018-06-28). https://www.sohu.com/a/238380823_99896256.

语音图像识别等多种先进技术，观众更可以与"朝中重臣"自由对话，全方位鉴赏珍贵文物，甚至还能去皇帝的后寝殿里参观。❶

以红色教育虚拟漫游体验为例，随着VR技术的不断进步，逐步实现了从简单的沉浸式观看视频到能自行选择三维漫游路径，再到可以同场景内的建筑和人物等进行交互。漫游场景逼真的立体沉浸感强，情境中可以控制事物的移动和变化，从而实现交互，并通过VR头盔或计算机屏幕对虚拟场景进行感知，进而继续交互和体验，形成情感和认知。

四、将VR技术运用于红色文化主题教育场馆的策略

实现红色文化主题教育场馆的创新，提高场馆的受众率，使场馆同时兼备传播红色文化和进行思想政治教育的功能。国内大型红色文化主题教育场馆都开始尝试进行虚拟现实展项建设，理性选择运用VR技术手段，体现了展示形式为展陈内容服务的办展原则。当今信息社会，可实现视觉冲击、声响震撼、角色扮演、人机互动等效果的高科技手段诸多。如何让观众在参观展项时通过视觉、听觉、嗅觉、味觉、触觉和体感更深层面地感知展品的内涵，通过互动参与达到与观众情感上的"心灵沟通"，彰显"事实胜于雄辩"的价值，以及如何使虚拟和现实融合得更加紧密，这些都是红色文化主题教育场馆展陈创新中值得研究和解决的问题。

红色文化主题教育场馆的布置要依据科学的研究，运用VR技术将光荣事迹、革命精神等内容以具象化的方式呈献给观众。当观众徜徉在展馆内时，要有清晰的浏览脉络，有一个或多个"红色文化"主题，其中，构成元素包括人物事迹、革命事件、档案资料、生活布景、珍贵文物、生存环境等，要将红色文化的思想性与艺术性相结合，让观众深刻体会到红色文化所传达的精神及当时中国共产党人的精神面貌。❷红色文化主题教育场馆已成为高校思想政治教育实践教育中一种新的资源形式，正引起越来越多的学者和教师的关注。丰富多样化的虚拟交互设计可以激发大学生的好奇心与积极性，能够

---

❶ 故宫博物院92周年院庆 观众利用科技体验养心殿[EB/OL]．（2017-10-11）．https://www.sohu.com/a/197340702_162758．

❷ 薛强伟，刘建军．文化自信视域中的红色文化教育价值探究[J]．延边党校学报，2019，35（1）：64-68．

吸引更多的学生，让学生产生较强的浸入感和更自然的交互，激发学生的学习兴趣，提高教育效率，很好地实现了红色文化的教育意义，凸显了"人文与科技融合，学校和社会贯通"的理念。因此，我们应该更加重视红色文化主题教育场馆的建设。从设计的意义出发，深入分析场馆的红色文化主题，场馆设计要合理规划布局、交互性强、美观生动，能有效地吸引学习者的注意力。结合日益完善与不断更新的虚拟交互理念，设计与展品内容和展示形式相符合的富有新意的交互行为，学习者的易用性、易操作性、愉悦性和及时反馈感知对学习行为意愿有积极的影响。同时，在VR技术和VR设备的支持下，红色文化主题教育场馆要集展示、宣传、教育意义于一身，展示红色文化脉络、宣传先进事迹、传播革命精神，引导学生形成正确的世界观、人生观和价值观。通过科学设计和实施策略，应用VR技术开发出具有高层次、高水平和真正意义上的现代化红色文化主题教育场馆。

（一）充分应用VR技术的沉浸性和多感知性特点

红色文化主题教育场馆要有效地整合各种传播要素，展示空间氛围营造，要重视动态感官与展示心理氛围营造，重视多重感官与空间沉浸体验。卢浮宫虚拟博物馆和大英虚拟博物馆风靡全球证明了传统的主题场馆展示设计理念早已无法满足时代的需要，基于VR技术的红色文化主题教育场馆建设对场馆的推广至关重要。主题场馆与VR技术结合，是从用户体验角度出发，将展示信息以多感官、多层次、立体化的方式呈现给人们，使观众仿佛置身于虚拟场馆场景中，感受身临其境的意境。红色文化是历史财富，要传播的内容很多，展厅作为一种创新的教育形式，应将红色文化主题进行提取，并运用VR技术的方法和载体加以诠释，以人为本，使传播效果最大化。

1. 重视多重感官与空间沉浸体验

历史无法重演，但历史情境却可以通过VR技术重现。红色文化主题教育场馆以实体、虚拟、展板、模型、声像软件和图书音像资料等载体配合色彩、音乐等营造出红色氛围，对情境的创设、氛围的烘托是场馆的着重强调之处，通过视听觉震撼表达，让观众在思想上达到共鸣、在心灵上产生震撼。针对传统低层次视听感官展示，基于VR技术的展示设计不再是单单的文字、图片叙述，而是可以通过营造震撼的空间氛围，升级视听体验，增加沉浸感。同时，设计出相关用户能参与其中的、能够表达信息的活动，让用户自己去体会展品所体现出的内涵。利用投影式与自由立体式VR系统，不仅可以解决空间局限的问题，更可以摆脱静止对情境和氛围营造带来的"致命伤"，让静态的图像可以无比真实地流动起来，转变成动态版。动态版采用投影、三维成像、电影特技等多种数字化技术，让用户进入展品意境之中。比如，革命战争题材的展项，可以借助投影、现代声光电技术，震撼还原战争场景，让观众获得沉浸体验。在听觉方面，主题场馆可以融入3D声音解说，让观众达到完全沉浸其中的效果体验，甚至可以利用语音识别技术，实时地与虚拟导游进行语音提问与解答，或者多人同步游览进行语音交流，极大地增强了交互性，可以摆脱展品文字解释的空间限制，将展品完整、生动的内涵价值传达给游客。在触觉方面，借助虚拟设备，观众可以任意地拿起展品进行多角度、多方位欣赏，甚至利用虚拟仿真与3D建模技术，将展品进行手动拆解与组合，让用户更加深入地了解展品的内部构造，避免过去场馆给人的距离感和静止感。VR技术展示设计还可以调动观众更多的感官参与体验。在视听触觉以外，观众的味觉、嗅觉、动觉等都是很好的感官补充。多重感官调动开创了全新的参观教育模式，通过还原历史，彰显"事实胜于雄辩"的价值。VR技术可以让观众的感官被尽量多地调动，情绪情感被充分地激发，将红色文化和思想政治教育高境界地融入主题场馆学习，潜移默化、润物无声地进行思想引领、价值引领、道德教化、文化传承。

2. 重视动态感官与展示心理氛围营造

VR技术助力下的红色文化主题教育场馆文化展示，能够改进过去场馆固有的参观方式和展览条件，能够对场馆的展示方式进行很好的完善和补充，丰富了展示内容及展示形式，观众所体验到的不再是被刻意营造出来的镜像，而是本身就身处其中的真实。观众不仅能深刻地感受到红色文化的情境，而且更能让人们深入其中。自由立体式VR技术的支撑，引发从"呈现文化"向"模仿文化"、从"静态展台"到"交互观展"、从"人在馆中"到"人馆分离"的传播场域与红色文化遗产形态变迁，使红色文化遗产的保护与传播走向智慧型与"活态"化。VR技术应用于主题场馆中，可以改变场馆沉寂的氛围，VR技术可以使封闭在玻璃箱中的展品与观众近距离"接触"，使观众体验到身临其境的趣味，加强参观者的"沉浸感"。同时，可以运用VR技术使模型变成"实体"，使静态单一的图片"活"起来，增强参观者的感官体验，促进观众主动去了解每件藏品背后的故事，提高观众的感官体验。由此可见，在VR技术的助力下，主题场馆的参观方式发生了改变，由单向传播、说教式知识灌输转变为多维传播、探索式文化传达，呈现出"活态"传播的新特征，增加主题场馆的感染力和吸引力，观众的存在感与价值感也由此得到尊重。将VR技术创新地运用于红色文化主题教育场馆中，不仅极大地改进了主题场馆对于红色文化的宣传教育效果，而且可以提高主题场馆的受众面，吸引更多的当代青年大学生自觉地选择主题场馆作为获取红色文化知识的来源，促进红色文化的传播，提升红色文化教育水平。将红色文化传承与思想教育融合，促使大学生更加认识红色精神的重要意义。

（二）充分应用VR技术的展示互动体验

在基于VR技术的红色文化主题教育场馆开发设计中，交互设计多样性构想是场馆展示设计中最重要、最根本的属性，虚拟交互设计是其存在和发展的根本。互动性使主题场馆更加有趣，也是观众参与VR体验的重要原因。它可以实现可观、可触、可衡量、可感受的四位一体的多样化传达，激发观众去主动探索和参与红色文化教育。

红色文化主题教育场馆借助VR技术，使场馆创设具有临场感、沉浸感和交互性的参观教育情境，让学生在直观生动、形象逼真的图形、动画、三维场景构造的虚拟环境中通过插入交互任务的方式进行体验，不受时间和空间限制。VR技术优秀的临场性、可操作性和可创造性，可以实现观众同红色情境下文物、人物的交互。体验当时的历史场景，可以通过情境模式、智能导游、游戏闯关等巧妙的观众体验，实现由单纯场馆参观到红色情感教育的转变，使学生身临其境。可以根据红色文化历史资料和英雄事迹的需要构建相应的场景、人物、剧情和互动环节，让学生全方位了解和认识、审视与体验历史事件，增强历史认同感。如仿真体验展项，让学习者通过人机交互虚拟长征场景进行交互操作，让观众在虚拟情境里重走长征路，爬雪山过草地，身临其境地参与长征，在沉浸式学习中体验和感知如何坚定理想信念、传承长征精神，大学生在潜移默化中受到影响，从而激发学生爱国之情，树立报国之志。

为了让观众更好地去体验并参与其中，传统主题教育场馆需要不断发展创新，将VR技术应用于红色教育是很好的选择及突破。探索出新颖的、符合观众心理需要的沉浸式虚拟主题教育场馆的交互设计，通过VR技术与设备的交互设计改变了传统的理念，打破了时间与空间的束缚，更好地让观众与展品产生互动并参与其中，提高了观众的积极性，丰富了场馆的展示形式。虚拟主题教育场馆也逐渐成为一种新型场馆的构建模式，使传统的红色文化主题教育场馆在VR技术的辅助下更好地转型发展。通过VR技术的运用，观众可随时体验动态声画的感官刺激，迎合大学生的心理需求，充分调动了学生的热情，让学生从被动的受教育者变为主动的体验与探索者。

（三）探索红色文化主题教育从场馆内到场馆外的延伸和拓展

随着新技术的发展，主题教育场馆或学校中虚实融合的学习环境的教育意义日益显现出来。主题教育场馆学习的真实情境性、体验性，以实时互动的方式参观展览、感受历史、体验红色文化，获得身临其境的感觉，在促进学习者对红色文化的理解、发挥学习者主动性、培养独立的高阶思维能力等方面有积极影响。但是，受时间、空间、经费等因素的限制，大学生参观红色文化主题教育场馆的机会可能相对较少，导致学生接受红色教育途径减少。据调查，各大高校少有建立专门的红色教育网站或在官网上有红色专题宣传板块，即便已建立的红色教育网站也存在内容陈旧、更新慢、吸引力不强等问题，点击量少，不能充分发挥网络红色教育的作用，教育体系不够完善，校园红色教育实效性差。因此，新媒体视阈下，互联网发达的时代，在进一步完善红色文化主题教育场馆的基础上，除了发挥红色文化的线下教育作用，还应该积极探索通过VR技术将红色文化主题教育从场馆内到场馆外的延伸和拓展，开展网上看展的模式。

网上虚拟红色文化主题教育场馆突破了时空限制，开启了全新学习模式，不受现实条件制约，不受时空限制，内容丰富多彩，形式灵活有趣，线上可以充实红色教育网站资源，迎合学生心理需求，激发学生的参与热情，为学生提供自主学习和虚拟交互的新载体。VR技术因其新鲜灵活的形式、不受现实条件的制约和开放的开发平台，符合当代大学生的学习特点，提升了高校红色教育和思想政治教育的承载力，丰富了校园红色教育资源，将成为高校开展红色教育的有效途径。VR技术红色教育突破了师资、基地、时空和安全等现实条件的制约，大幅度提升了红色教育的承载力，"红色文化主题教育场馆"是虚拟的，但可以通过建立逼真的网上虚拟立体空间，模拟学生的视觉、听觉等多种感官信息，让学生通过虚拟现实设备沉浸式地感受和操作虚拟对象，获得身临其境的体验，实现"体验"是真实的。这种实践教育的新方式，可以让红色教育突破时间、空间及经费等因素的制约，学生可以随时通过互联网和虚拟现实设备进行自主学习，让大批学生体验到与实体红色文化主题教育场馆相同的感受，丰富红色教育资源，能帮助学生在学校红色教育的基础上深化学习，深刻理解红色教育的意义，避免红色教育流于形式。

随着社会的快速发展和人们生活水平的不断提高，VR技术在各行各业中越来越受到重视，其价值也愈发凸显。将VR技术应用到红色文化主题教育场馆展示中的交互设计是一种新的技术应用，符合大学生学习特点，激发了学习欲望，提升了教育承载力。网上虚拟红色文化主题教育场馆是开放式的平台，应用VR技术，在当前大学生思想政治教育过程中与红色文化革命精神相结合，对于提升大学生对红色文化的思想认知及提升红色教育质量具有非常积极的意义。

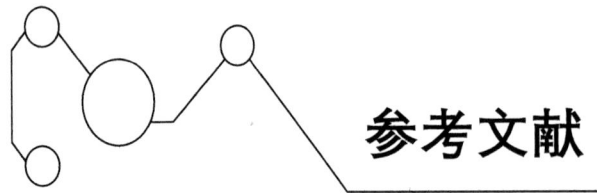

参考文献

[1] 张耀灿，陈万柏．思想政治教育学原理[M]．北京：高等教育出版社，2001．
[2] 谢海光．互联网与思想政治工作概论[M]．上海：复旦大学出版社，2001．
[3] 谢海光．互联网与思想政治工作实务[M]．上海：复旦大学出版社，2001．
[4] 张耀灿，郑永廷，吴潜涛，等．现代思想政治教育学[M]．北京：人民出版社，2006．
[5] 张蔚萍，张俊南．思想政治工作概论[M]．西安：陕西人民出版社，1983．
[6] 李小平．网络影视课程编导论[M]．北京：北京理工大学出版社，2016．
[7] 万光侠．思想政治教育的人学基础[M]．北京：人民出版社，2006．
[8] 邱伟光，张耀灿．思想政治教育学原理[M]．北京：高等教育出版社，1999．
[9] 平章起，梁禹祥．思想政治教育基本理论问题研究[M]．天津：南开大学出版社，2010．
[10] 江泽民文选：第3卷[M]．北京：人民出版社，2006．
[11] 教育部思想政治工作司．加强和改进大学生思想政治教育重要文献选编（1978—2008）[M]．北京：中国人民大学出版社，2008．
[12] 中共中央文献研究室．十六大以来重要文献选编（中）[M]．北京：中央文献出版社，2006．
[13] 中共中央文献研究室．习近平关于全面深化改革论述摘编[M]．北京：中央文献出版社，2014．
[14] 丁国富，王金诺，吴晓．基于虚拟现实的物料搬运机械远程操作理论及仿真[M]．成都：西南交通大学出版社，2007．
[15] 安维华．虚拟现实技术及其应用[M]．北京：清华大学出版社，2014．
[16] 曾来海．新媒体概论[M]．南京：南京师范大学出版社，2015．
[17] 科普中国·科学百科编写组．公务员核心能力提升培训教材[M]．北京：中国言实出版社，2014．

[18] 谭笑. 跨媒体营销策划与设计[M]. 北京：中国传媒大学出版社，2016.

[19] 吴满意，景星维，唐登蕓. 网络思想政治教育理论前沿问题研究[M]. 成都：四川大学出版社，2019.

[20] 冯达成. 思想政治教育论[M]. 南宁：广西人民出版社，2008.

[21] 陈万柏，张耀灿. 思想政治教育学原理[M]. 3版. 北京：高等教育出版社，2015.

[22] 马克思恩格斯选集：第4卷[M]. 北京：人民出版社，1995.

[23] 江泽民文选：第2卷[M]. 北京：人民出版社，2006.

[24] 王向峰. 文艺美学辞典[M]. 沈阳：辽宁大学出版社，1987.

[25] 车文博. 心理咨询大百科全书[M]. 杭州：浙江科学技术出版社，2001.

[26] 徐少锦，温克勤，王小锡，等. 伦理百科辞典[M]. 北京：中国广播电视出版社，1999.

[27] 萧浩辉，陆魁宏，唐凯麟. 决策科学辞典[M]. 北京：人民出版社，1995.

[28] 杜威. 民主主义与教育[M]. 王承绪，译. 北京：人民教育出版社，1990.

[29] 詹栋梁. 德育原理[M]. 台北：台湾五南图书出版公司，1997.

[30] 檀传宝. 学校道德教育原理[M]. 北京：教育科学出版社，2003.

[31] 石书臣. 现代思想政治教育主导性研究[M]. 上海：学林出版社，2004.

[32] 习近平. 习近平谈治国理政[M]. 北京：外文出版社，2014.

[33] 刘红梅. 红色旅游与红色文化传承研究[M]. 北京：人民出版社，2017.

[34] BURDEA G，COIFFET P. Virtual reality technology[M]. Hoboken：John Wiley & Sons，2003.

[35] 邓小平文选：第3卷[M]. 北京：人民出版社，1993.

[36] 马克思恩格斯选集：第1卷[M]. 北京：人民出版社，1972.

[37] 列宁全集：第18卷[M]. 北京：人民出版社，1988.

[38] 王英杰. 美育基础教程[M]. 2版. 北京：机械工业出版社，2009.

[39] 周鑫华. 凤凰新媒体手机阅读项目管理研究[D]. 长春：吉林大学，2014.

[40] 黄鑫. 基于VR技术的虚拟教学应用研究[D]. 武汉：华中师范大学，2005.

[41] Azimkulov Ayan. VR技术的虚拟教学应用研究[D]. 上海：东华大学，2017.

[42] 杨雪萍. 基于unity 3D的虚拟现实技术在中学物理教学中的应用研究[D]. 上海：上海师范大学，2015.

[43] 冀巧玲. 基于VR-Platform的中学物理虚拟实验的设计与开发[D]. 济南：山东师范大学，2011.

[44] 刘松梅. 基于虚拟现实平台的中学信息技术课程设计与应用[D]. 成都：四川师范大学，2012.

[45] 赵晶晶. 虚拟现实在对外汉语教学中的应用——以"第二人生"为例[D]. 济南：山东大学，2015.

[46] 曹佐. 数字化视域下红色文化主题展馆设计研究[D]. 长沙：湖南师范大学，2016.

[47] 习近平在全国高校思想政治工作会议上强调：把思想政治工作贯穿教育教学全过程 开创我国高等教育事业发展新局面[N]. 人民日报，2016-12-09.

[48] 习近平在全国宣传思想工作会议上强调：举旗帜聚民心育新人兴文化展形象 更好完成新形势下宣传思想工作使命任务[N]. 人民日报，2018-08-23.

[49] 刘益伶，等. 高校付费刷课灰色产业链背后[N]. 中国青年报，2019-07-15.

[50] 习近平在全国教育大会上强调：坚持中国特色社会主义教育发展道路 培养德智体美劳全面发展的社会主义建设者和接班人[N]. 人民日报，2018-09-11.

[51] 李林英. 运用虚拟现实技术增强时代感和吸引力，让思想政治理论课活起来[N]. 人民日报，2017-01-10.

[52] 雒树刚. 牢牢把握"两个巩固"根本任务 扎实推进宣传思想文化工作[N]. 人民日报，2013-09-09.

[53] 5G信号、全息投影、VR等新技术手段与教育教学深度融合——一场"智能+教育"的课堂变革[N]. 中国教育报，2019-04-10.

[54] 胡继红. 网络小说对大学生思想政治教育的挑战及应对策略[J]. 山东省青年管理干部学报，2016（4）.

[55] 徐礼平，李林英. 思想政治理论课虚拟现实技术教学：意义、局限与对策[J]. 思想教育研究，2017（9）.

[56] 刘衡，冯婷. 基于虚拟现实技术的体育教学模式的实践与思考[J]. 北京师范大学学报（自然科学版），2013（12）.

[57] 高媛，刘德建，黄真真，等. 虚拟现实技术促进学习的核心要素及其挑战[J]. 电化教育研究，2016（10）.

[58] 史小东. 博物馆的虚拟性分析——兼论意大利伦巴第大区集体记忆虚拟博物馆实践[J]. 装饰，2014（9）.

[59] 周忠，周颐，肖江剑. 虚拟现实增强技术综述[J]. 中国科学：信息科学，2015（2）.

[60] 杜婵. 虚拟交互技术在数字化展示中的实践研究[J]. 科技传播，2015（6）.

[61] 李春富，柴晶. 信息化时代下的交互展示平台设计[J]. 包装工程，2014（22）.

[62] 张秋莲，李涵. 360度全景展示在虚拟博物馆中的应用探索[J]. 中国国家博物馆馆刊，2011（9）.

[63] 黄秋儒，殷俊，吴垠. 经济型数字化博物馆展示建设研究——以无锡博物院360度全景虚拟展示为例[J]. 装饰，2015（5）.

[64] 郭晓燕，高锐涛，汪隽. 新媒体展示设计中的交互设计方法探索[J]. 包装工程，2016，（8）.

[65] 辛向阳. 交互设计：从物理逻辑到行为逻辑[J]. 装饰，2015（1）.

[66] 黄鑫，李女仙. 当代博物馆展示中的交互设计方式[J]. 装饰，2011（4）.

[67] 罗维安. 探究多媒体交互技术下的展示设计[J]. 包装工程，2014（6）.

[68] 吕屏，杨鹏飞，李旭. 基于VR技术的虚拟博物馆交互设计[J]. 包装工程，2017（12）.

[69] 习近平. 决胜全面建成小康社会　夺取新时代中国特色社会主义伟大胜利——在中国共产党第十九次全国代表大会上的报告[N]. 人民日报，2017-10-28.

[70] 张泰城，肖发生. 红色资源与大学生思想政治教育[J]. 教学与研究，2010（1）.

[71] 高军龙，寇荷超. "中国梦"视域下增强大学生红色教育实效性的路径探析[J]. 武夷学院学报，2015（4）.

[72] 董金权. 基于VR的高校思想政治理论课虚拟实践教学的意义与可能[J]. 重庆科技学院学报（社会科学版），2011（8）.

[73] 范文洁，张蕾，张璐. 虚拟现实技术在大学生红色教育中的应用探析[J]. 软件导刊（教育技术），2018（12）.

[74] 钟正，陈卫东. 基于VR技术的体验式学习环境设计策略与案例实现[J]. 中国电化教育，2018（2）.

[75] KING N，KUNAC A，MERCHANT A M. A review of endoscopic simulation：current evidence on simulators and curricula [J]. Journal of Surgical Education，2015，73（1）.

[76] 蒋庆全. 国外VR技术发展综述[J]. 飞航导弹，2002（1）.

[77] 郭祎. VR新闻：虚拟现实技术对新闻报道的多重影响及前景探究[J]. 西部广播电视，2016（14）.

[78] 季至宇. VR与AR技术教育应用研究[J]. 软件导刊，2017（10）.

[79] 郭占涛. 浅谈虚拟现实技术的发展现状[J]. 科研信息化技术与应用，2017（5）.

[80] 张志祯. 虚拟现实教育应用：追求身心一体的教育——从北京师范大学"智慧学习与VR教育应用学术周"说起[J]. 中国远程教育，2016（6）.

[81] 冯刚. 以问题为导向推进思想政治教育创新发展[J]. 思想教育究，2013（6）.

[82] 郑权，张立昌，郑汉柏. 基于虚拟情境的儿童观察学习循证研究[J]. 电化教育研究，2018（11）.

[83] 赵一鸣，郝建江，王海燕，等. 虚拟现实技术教育应用研究演进的可视化分析[J]. 电化教育研究，2015（12）.

[84] 王美倩，郑旭东. 具身认知与学习环境：教育技术学视野的理论考察[J]. 开放教育研究，2015（1）.

[85] 李小平，张琳，赵丰年，等. 虚拟现实/增强现实下混合形态教学设计研究[J]. 电化教育研究，2017（7）.

[86] 蔡苏，张晗，薛晓茹，等. 增强现实（AR）在教学中的应用案例评述[J]. 中国电化教育，2017（3）.

[87] LIAW S S, HUANG H M. Perceived satisfaction, perceived usefulness and interactive learning environments as predictors to self-regulation in e-learning environments[J]. Computers & Education, 2013, 60（1）.

[88] 上官剑，李天露. 美国STEM教育政策文本述评[J]. 高等教育研究学报，2015（2）.

[89] 刘革平，谢涛. 三维虚拟学习环境综述[J]. 中国电化教育，2015（9）.

[90] 黄超，田丰，褚灵伟. 沉浸式VR在教育培训领域中的应用综述[J]. 电声技术，2017（24）.

[91] 张帆，陈兵，赵森浩. 新媒体视阈下的大学生社会主义核心价值观培育研究[J]. 沈阳建筑大学学报（社会科学版），2016（6）.

[92] 张婉丽. 新媒体与大学生社会主义核心价值观培育互动模式探析[J]. 渭南师范学院学报，2014（8）.

[93] 年大琦. 新媒体环境下大学生社会主义核心价值观培育研究[J]. 河南工业大学（社会科学版），2014（4）.

[94] 范益民. 近十年大学生社会主义核心价值观研究述评——基于新媒体的视阈[J]. 安阳师范学院学报，2015（3）.

[95] 姜恩来. 新媒体环境下的大学生思想政治教育[J]. 高校理论战线, 2012 (6).

[96] 吴林龙. 思想政治教育学科理论建设的生长点——论学生思想政治教育整体视域的形成[J]. 思想教育研究, 2016 (2).

[97] 吴涛. 国外教育技术领域项目管理管窥及其启示[J]. 现代教育技术, 2008 (5).

[98] 赵果. 创新大学生社会主义核心价值观培育机制的路径探析[J]. 思想教育研究, 2013 (11).

[99] 李志飞, 孙明哲. 社会主义核心价值观融入国民教育的战略意义[J]. 思想理论教育导刊, 2016 (6).

[100] 刘蕴莲. 论新形势下加强大学生社会主义核心价值观教育[J]. 思想理论教育导刊, 2014 (10).

[101] MATSUMOTO M, HIKOSAKA O. Two types of dopamine neuron distinctly convey positive and negative motivational signals[J]. Nature, 2009 (11).

[102] TEPLUKHIN A, BABIKOV D. Visualization of potential energy function using an isoenergy approach and 3D prototyping[J]. Journal of Chemical Education, 2015, 92 (2).

[103] 朱高峰. 中国工程教育的现状和展望[J]. 清华大学教育研究, 2015 (1).

[104] 王济军, 魏雪峰. 虚拟实验的"热"现状与"冷"思考[J]. 中国电化教育, 2011 (4).

[105] 汪诗林, 吴泉源. 开展虚拟实验系统的研究和应用[J]. 计算机工程与科学, 2000 (2).

[106] 杨雪, 吴双, 宋金刚. 虚拟实验的感性设计研究[J]. 中国电化教育, 2012 (1).

[107] 商桑, 顾德均, 姜茂仁. 虚拟现实技术在网络教育中的应用——浅析远程虚拟实验室的建设[J]. 中国远程教育, 2000 (7).

[108] 刘园. VR技术在教育领域的研究与应用[J]. 电脑知识与技术, 2016 (16).

[109] 顾至欣. 虚拟现实环境中远程学习行为影响因素研究——以南京博物院数字虚拟馆为例[J]. 中国远程教育（综合版）, 2016 (8).

[110] 吴永春. VR技术的发展现状及应用领域研究[J]. 电子制作, 2017 (24).

[111] 邱亚萍. VR技术发展现状、应用前景与对策研究[J]. 黑河学院学报, 2017 (12).

[112] 王娜娜. 新媒体时代下VR技术嵌入高校思政课教学研究[J]. 南京广播电视大学学报, 2018（3）.

[113] 高义栋, 闫秀敏, 李欣. 沉浸式虚拟现实场馆的设计与实现——以高校思想政治理论课实践教学中红色VR展馆开发为例[J]. 电化教育研究, 2017（12）.

[114] 钟启泉. 学习环境设计：框架与课题[J]. 教育研究, 2015（1）.

[115] 吴学政. VR（虚拟现实）技术在大学生安全教育中的应用研究[J]. 中国新通信, 2016（20）.

[116] 尹睿. "互联网+"时代学习环境重构：技术后现象学的视角[J]. 现代远程教育研究, 2016（3）.

[117] 冯丽, 张宏. 虚拟现实技术在教育领域中的应用[J]. 信息与电脑（理论版）, 2016（13）.

[118] 郭勇陈, 贾佳丽, 王皎琳, 等. VR技术在高校经管类实验教学中的应用研究[J]. 实验室科学, 2016（2）.

[119] 高文. 情境学习与情境认知[J]. 教育发展研究, 2001（8）.

[120] 朱斌, 曹漫祥. VR技术及其在现代教学中的应用[J]. 中国教育信息化, 2007（9）.

[121] 赵立承, 刘国有. 可视化教学中VR技术在课件制作中的应用[J]. 黑龙江科学, 2017（17）.

[122] 王运武, 朱明月. 学习方式何以变革：标准与路径[J]. 现代远程教育研究, 2015（3）.

[123] 李本友, 李红恩, 余宏亮. 学生学习方式转变的影响因素、途径与发展趋势[J]. 教育研究, 2012（2）.

[124] 张倩苇, 黄曼琳, 葛会芳, 等. 基础教育信息化教学现状与推进策略：以贵州省为例[J]. 教育研究与实验, 2016（1）.

[125] 杜娟, 李兆君, 郭丽文. 促进深度学习的信息化教学设计的策略研究[J]. 电化教育研究, 2013（10）.

[126] 娜仁高娃, 柳海民. 基础教育"学习场域"的构建设想与反思[J]. 东北师大学报（哲学社会科学版）, 2010（3）.

[127] 克里斯·迪德, 余福海. 深度学习中数字技术的角色[J]. 数字教育, 2016（4）.

[128] 阎乃胜. 深度学习视野下的课堂情境[J]. 教育发展研究, 2013（12）.

[129] 陶侃. 虚拟环境中基于问题情境的认知活动与学习交互[J]. 开放教育研究, 2012 (4).

[130] 吴秀娟, 张浩. 基于反思的深度学习试验研究[J]. 远程教育杂志, 2015 (4).

[131] 吴南中, 李健苹. 虚实融合的学习场域: 特征与塑造[J]. 中国远程教育, 2016 (1).

[132] KOLB D A. Experiential learning: experience as the source of learning and development[M]. New Jersey: Prentice-Hall, 1984.

[133] 曾明星, 李桂平, 周清平, 等. MOOC与翻转课堂融合的深度学习场域建构[J]. 现代远程教育研究, 2016 (1).

[134] FREDRICKS J A, BLUMENFELD P C, PARIS A H. School engagement: potential of the concept, state of the evidence[J]. Review of Educational Research, 2004 (1).

[135] 郭继东. 英语学习情感投入的构成及其对学习成绩的作用机制[J]. 现代外语, 2018 (1).

[136] 周玉霞, 李芳乐, 谢永祥. 教育游戏"农场狂想曲2"中的学习迁移[J]. 中国远程教育, 2011 (4).

[137] 刘成新. 立体化课程的内涵及其特征解读[J]. 现代教育技术, 2010 (4).

[138] 卢伟刚. 信息化背景下的高校立体化课程教学探索[J]. 现代教育科学, 2009 (7).

[139] 王红成, 倪雁俊. 基于虚拟现实技术的大学英语读写立体化教材研究[J]. 疯狂英语 (教师版), 2015 (4).

[140] 张珂, 孙红, 张晓霞, 等. 立体化研究型教学模式在专业课程教学中的探索与思考[J]. 现代教育管理, 2009 (2).

[141] 王查利, 荆永君, 张朋辉. 虚拟现实技术在化学教学中的应用现状分析[J]. 中国教育信息化, 2012 (9).

[142] 胡克满, 张臻, 胡海燕. 虚拟现实技术在工业机器人教学中的应用研究[J]. 机械工程师, 2013 (2).

[143] 叶愫, 王昊鹏. 教育中虚拟现实技术的应用研究[J]. 电脑知识及技术, 2010 (8).

[144] 杨庆, 黄陈蓉. 虚拟现实与系统仿真实验教学改革探讨[J]. 实验技术与管理, 2011 (11).

[145] AZUMA R T. A survey of augmented reality[J]. Presence: Teleoperators and Virtual Environments, 1997 (4).

[146] JONASSEN D H. Thinking technology: toward a constructivist design model[J]. Educational Technology, 1994, 34 (4).

[147] 蔡苏, 王沛文, 杨阳, 等. 增强现实（AR）技术的教育应用综述[J]. 远程教育杂志, 2016 (5).

[148] DELUCIA A, FRANCESE R, PASSERO I, et al. Development and evaluation of a virtual campus on second life: the case of second DMI[J]. Computers & Education, 2009, 52 (1).

[149] LUO L, KEMP J. Second Life: Exploring the Immersive Instruct-ional Venue for Library and Information Science Education [J]. Journal of Education for Library and Information Science, 2008 (49).

[150] SKIBA D J. Nursing education 2.0: second life[J]. Nursing Education Perspectives, 2007, 28 (3).

[151] WU H K, LEE S W Y, CHANG H Y, et al. Current status, opportunities and challenges of augmented reality in education[J]. Computers & Education, 2013, 62 (3).

[152] 宗海勇, 潘晴雯. 交往实践：思想政治教育话语体系的哲学基础探析[J]. 湖北社会科学, 2011 (11).

[153] 张耀灿. 推进思想政治教育研究范式的人学转换[J]. 思想教育研究, 2010 (7).

[154] 李乾夫. 思想政治教育价值的"正"性解读[J]. 大理学院学报, 2013 (12).

[155] 颜军. 马克思人学理论：思想政治教育的哲学基础[J]. 求实, 2013 (10).

[156] 王智慧. 范式转换与思想政治教育原理的创生[J]. 传承, 2010 (6).

[157] 董雅华. 论思想政治教育的规训性与解放性：一种对思想政治教育特性的哲学探究[J]. 东南大学学报（哲学社会科学版）, 2014 (2).

[158] 沈浩杰. 经典歌曲融入高校思政教育的价值研究[J]. 宁波大学学报（教育科学版）, 2018 (6).

[159] 郭望舒. 试论VR技术条件下的大学生思想政治教育[J]. 党史博采（理论）, 2018 (5).

[160] 肖丽萍，张慧，胡翰，等．VR技术在井冈山红色历史与文化宣传中的应用[J]．电子技术与软件工程，2017（23）．

[161] 范征宇．VR技术条件下的大学生思想政治教育初探——以井冈山为例[J]．科技风，2019（33）．

[162] 代天喜．红色文化视域下的大学生社会主义核心价值观教育研究[J]．山东农业工程学院学报，2018（8）．

[163] 谈迎光．数字化视域下红色文化主题展馆设计研究[J]．建筑与结构设计，2019（16）．

[164] 高疏寒．基于VR技术下虚拟教学应用的思考[J]．视听，2018（1）．

[165] 董祥宾．思想政治教育同信息技术融合的路向、问题与原则[J]．教育评论，2019（9）．

[166] 于丽丽．大学生思想政治教育有效载体的研究[J]．华章，2014（16）．

[167] 何聚厚，梁瑞娜，韩广欣，等．基于虚拟现实技术的深度学习场域模型构建研究[J]．电化教育研究，2019（1）．

[168] 于丽丽．新媒体视阈下社会主义核心价值观教育研究[J]．宁波大学学报（教育科学版），2018（5）．

[169] 王学俭．把网络育人之脉 做立德树人新章——评《网络思想政治教育理论前沿问题研究》[J]．思想教育研究，2019（10）．

[170] 吴艳，刘卓，刘梦，等．基于VR技术的沉浸式教学的效果研究和推广[J]．数码设计，2018（1）．

[171] 蔡伟明．VR技术在汽车职业教育领域中的应用综述[J]．漳州职业技术学院报，2017（1）．

[172] 李细荣，李苏婷．VR技术中小学教育应用现状分析[J]．软件导刊（教育技术），2017（12）．

[173] 赵沁平．虚拟现实综述[J]．中国科学（F辑：信息科学）．2009（1）．

[174] 汪铮，车学娅，陈剑秋，等．绿色技术选择方法初探——以上海自然博物馆绿色建筑设计为例[J]．绿色建筑，2012（2）．

[175] 王林艳．VR技术在自然博物馆的应用[J]．技术应用，2017（10）．

[176] 索春艳，张耀灿．习近平思想政治教育主导性思想研究[J]．学校党建与思想教育，2017（5）．

[177] 张富良, 王丽霞. 网络时代思政教育的创新整合[J]. 思想教育研究, 2002 (10).

[178] 商树松. 论互联网环境下大学生的思想政治教育[J]. 湖北师范学院学报（哲学社会科学版）, 2004 (4).

[179] 刘亚鹏, 胡兴祥. 把握网络特点推进高校思想政治教育工作[J]. 合肥工业大学学报（社会科学版）, 2006 (6).

[180] 杨直凡, 胡树祥. 网络思想政治教育方法的构建与创新[J]. 思想理论教育导刊, 2007 (7).

[181] 汪灿德. 论互联网环境下思想政治教育的方法创新[J]. 湖北师范学院学报（哲学社会科学版）, 2008 (4).

[182] 叶新东, 仇星月, 封文静. 基于虚拟现实技术的语言学习生态模型研究[J]. 电化教育研究, 2019 (2).

[183] 张智洪. 再谈网络时代大学生理想信念问题[J]. 思想政治教育研究, 2007 (1).

[184] 刘开寿. 互联网与思想政治教育的创新初议[J]. 探索, 2000 (2).

[185] 李琳. 构建高校网络思想政治教育长效机制的思考[J]. 中国高教研究, 2007 (4).

[186] 王升臻. 关于思想政治教育载体几个理论问题的再思考[J]. 长春工业大学学报（高教研究版）, 2007 (1).

[187] 马德秀. 让网络成为大学生思想政治工作的载体——我们是如何开展大学生传媒素养教育的[J]. 上海青年管理干部学院学报, 2005 (8).

[188] 孟蕲翾. 微时代背景下微信、微博在高校艺术生思想政治教育中的作用及其应用策略[J]. 西部素质教育, 2016 (17).

[189] 申涛. 新媒体在高校思想政治教育工作中的创新运用[J]. 湖北经济学院学报（人文社会科学版）, 2016 (3).

[190] 谢启禧. 探讨微博在高校思想政治教育工作中的运用[J]. 当代教育实践与教学研究（电子版）, 2017 (3).

[191] 郑梦醒. 高校运用新媒体开展思想政治教育的可行性与必然性[J]. 河南教育（高教）, 2015 (6).

[192] 陈燕艺. 新媒体网络环境下高校思想政治教育探讨[J]. 教育教学论坛, 2016 (30).

[193] 贺军生．运用新媒体做好高校思想政治工作[J]．传媒，2017（5）．

[194] 胡宝征．互联网视角下高校新媒体思想政治教育创新研究[J]．教育教学论坛，2019（25）．

[195] 杨艳芳，柏强，刘志平，等．基于虚拟现实的立体化教学模式的课程体系平台研究[J]．物流工程与管理，2019（3）．

[196] WITMER B G，SINGER M J．Measuring presence in virtual environments：a presence questionnaire[J]．Presence，1998（3）．

[197] WANG Y F，PETRINA S，FENG F．VILLAGE—Virtual immersive language learning and gaming environment：immersion and presence[J]．British Journal of Educational Technology，2015（2）．

[198] 耿鹏，赵欣楠，郑向．虚拟现实技术在高等教育中的应用研究[J]．河北广播电视大学学报，2006（1）．

[199] 刘勉，张际平．虚拟现实视域下的未来课堂教学模式研究[J]．中国电化教育，2018（5）．

[200] 彭小兰，董建军．论思想政治教育中隐性教育的四个维度[J]．江汉论坛，2009（3）．

[201] 余双好．高校思想政治工作的新变化、新观点和新趋向[J]．青年发展论坛，2017（1）．

[202] 张桂芬，邵文祥，赵旭．浅析网络载体对高校隐性思想政治教育的作用[J]．商业文化（下半月），2012（9）．

[203] 周治中，周海燕．高校隐性思想政治教育研究[J]．创新与创业教育，2011（1）．

[204] 王伟，邢坤．微媒体时代高校隐性思想政治教育工作原则研究[J]．科技风，2019（11）．

[205] 顾海良．深化科学性加强针对性提高实效性——当前高校"两课"教育教学改革的根本问题[J]．中国高等教育，2004（11）．

[206] 袁贵仁．扎实推进高校思想政治教育进网络工作[J]．思想政治教育，2002（11）．

[207] 王素萍．大学生政治社会化的非正式社会支持：现状与建构[J]．重庆理工大学学报（社会科学版），2010（5）．

［208］张耀灿．对"思想政治教育原理"的重新审视[J]．学校党建与思想教育，2011（28）．

［209］李乾夫．论思想政治教育的哲学基础[J]．大理学院学报，2014（9）．

［210］刘新刚，裴振磊．虚拟现实技术运用于思想政治教育的学理考察——以马克思现实人理论为视角[J]．思想教育研究，2017（9）．

［211］廖志成．试论新媒体环境下高校思想政治教育创新原则[J]．文教资料，2015（1）．

［212］李勇．VR技术在高校思政课中的作用[J]．江西教育，2018（9）．

［213］秦一．虚拟现实技术在文物遗产保护和博物馆教育中的应用研究[J]．现代营销（下旬刊），2017（1）．

［214］张耀灿．新时代高校思想政治教育中的几个基本问题[J]．西北工业大学学报（社会科学版）2019（1）．

［215］赵志峰，孙国东，李志伟．红色旅游社会效应研究——基于认同视角的探讨[J]．四川师范大学学报（社会科学版），2016（1）．

［216］蔡苏，张晗．VR/AR教育应用案例及发展趋势[J]．数字教育，2017（3）．

［217］许微．虚拟现实技术的国内外研究现状与发展[J]．现代商贸工业，2009（2）．

［218］曾国屏．虚拟现实——一项变革认识方法的技术[J]．自然辩证法研究，1997（7）．

［219］林敏．新中国成立70年来思想政治教育理论的创新与发展——"2019年全国思想政治教育学术研讨会"综述[J]．社会科学动态，2019（12）．

［220］郭丽娜．重视非智力因素能够增强高校思想政治教育的实效性[J]．职业时空，2010（1）．

［221］杨立军，韩晓玲．基于NSSE-CHINA问卷的大学生学习投入结构研究[J]．复旦教育论坛，2014（12）．

［222］王秀丽．从"呈现"到"模仿"：VR技术视阈下的博物馆文化"活态"展示[J]．文博，2019（3）．